우리 겨레의 미학사상

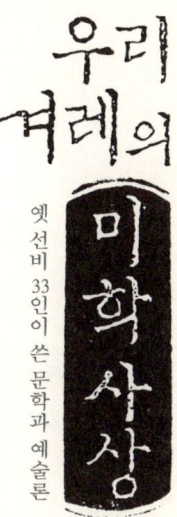

우리 겨레의 미학사상

옛 선비 33인이 쓴 문학과 예술론

최행귀, 이인로, 임춘, 이규보, 최자, 이제현, 서거정,
김시습, 성현, 차천로, 유몽인, 이수광, 신흠, 허균,
김만중, 김창협, 김창흡, 김춘택, 이익, 홍양호, 홍대용,
박지원, 이덕무, 박제가, 남공철, 정약용, 조수삼, 김려,
신위, 홍석주, 김정희, 이상적, 신재효 씀

보리

겨레고전문학선집을 펴내며

우리 겨레가 갈라진 지 반백년이 넘어서고 있습니다. 그러나 함께 산 세월은 수천, 수만년입니다. 겨레가 다시 함께 살 그날을 위해, 우리가 함께 한 세월을 기억해야 합니다.

옛부터 우리 겨레가 즐겨 온 노래와 시, 일기, 문집 들은 지난 삶의 알맹이들이 잘 갈무리된 보물단지입니다.

그동안 남과 북 양쪽에서 고전 문학을 되살리려고 줄곧 애써 왔으나, 이제껏 북녘 성과들은 남녘에서 좀처럼 보기 어려웠습니다.

북녘에서는 오래 전부터 우리 고전에 깊은 관심과 사랑을 보여 왔고 연구와 출판도 활발히 해 오고 있습니다. 그 가운데 〈조선고전문학선집〉은 북녘이 이루어 놓은 학문 연구와 출판의 큰 성과입니다. 〈조선고전문학선집〉은 가요, 가사, 한시, 패설, 소설, 기행문, 민간극, 개인 문집 들을 100권으로 묶어 내어, 고전을 연구하는 사람들과 일반 대중 모두 보게 한 뜻깊은 책들입니다. 한문으로 된 원문을 현대문으로 옮기거나 옛글을 오늘의 것으로 바꾼 성과도 놀랍고 작품을 고른 눈도 참 좋습니다. 〈조선고전문학선집〉은 남녘에도 잘 알려진 홍기문, 리상호, 김하명, 김찬순, 오희복, 김상훈, 권택무 같은 뛰어난 학자분들이 머리를 맞대고 연구한 성과를 1983년부터 펴내기 시작하여 지금도 이어 가고 있습니다.

보리 출판사는, 조선민주주의인민공화국 문예 출판사가 펴낸 〈조선고전문학선집〉을 〈겨레고전문학선집〉이란 이름으로 다시 펴내면서, 북녘 학자와 편집진의 뜻을 존중하여 크게 고치지 않고 그대로 내는 것을 원칙으로 삼았습니다. 다만, 남과 북의 표기법이 얼마쯤 차이가 있어 남녘 사람들이 읽기 쉽게 조금씩 손질했습니다.

이 선집이, 겨레가 하나 되는 밑거름이 되고, 우리 후손들이 민족 문화 유산의 알맹이인 고전 문학이 지니고 있는 아름다움을 제대로 맛보고 이어받는 징검다리가 되기 바랍니다. 아울러 남과 북의 학자들이 자유롭게 오고 가면서 남북 학문 공동체가 이루어지는 날이 하루라도 앞당겨지기 바랍니다. 그리고 이 자리를 빌려 어려운 처지에서도 이 선집을 펴내 왔고 지금도 그 작업에 몰두하고 있는 북녘의 학자와 출판 관계자들에게 고마운 마음을 전합니다.

2004년 11월 15일
보리 출판사 대표 정낙묵

차 례

옛 선비 33인이 쓴 문학과 예술론
우리 겨레의 미학 사상

■ 겨레고전문학선집을 펴내며   4

훌륭한 문장은 해와 달과 같아
눈이 있는 자는 보지 않을 수가 없다

우리 시와 중국 시 | 최행귀   19
해와 달이 빛나듯 | 이인로   20
배우는 자의 글쓰기 | 임춘   23
한낱 운율이 중요하랴 | 임춘   24
동명왕의 노래를 기록하며 | 이규보   25
시의 아홉 가지 좋지 못한 체 | 이규보   28
새 뜻을 새 말에 담으니 | 이규보   31
시인의 신령스러운 힘 | 이규보   33
시 귀신을 몰아내는 글 | 이규보   35
시에 대하여 | 이규보   40
시를 불사르고 | 이규보   43
펄펄 뛰어노는 물고기 | 이규보   45
손득지에게 다시 보내노라 | 이규보   47
쌍로도를 노래하노라 | 이규보   52

그대 재주를 시험관이 알아보지 못했으나 | 이규보　55

잘못 이음 | 이규보　57

솔을 그린 병풍을 두고 | 이규보　58

을지문덕의 시 | 이규보　60

이산보의 시 | 이규보　61

왕안석의 국화 시 | 이규보　63

시문에서 무엇이 중요한가 | 최자　65

이지심의 시 | 최자　69

오세문의 시 | 최자　71

최유의 시 | 최자　72

시를 짓는다는 것은 | 최자　73

시의 품격 | 최자　75

이규보의 시 | 최자　77

담담히 흐르는 물처럼 | 이제현　81

역옹패설 전편 머리말 | 이제현　82

역옹패설 후편 머리말 | 이제현　84

옛사람의 시 | 이제현　86

유우석의 시 | 이제현　88

작가들의 특징은 다 다르다 | 이제현　91

정지상의 시 | 이제현　93

여러 가지 표현 수법 | 이제현　95

시의 감상 | 이제현　99

날리는 배꽃을 두고 | 이제현　100

임춘과 최자의 시 | 이제현　102

시는 지향의 발현 | 이제현　104

시를 짓기는 어렵지 않으나 시를 알기는 어렵다

시를 짓는다는 것 | 서거정   107
이인로의 시 | 서거정   111
이제현의 악부시 | 서거정   113
시를 알기 어렵다 | 서거정   114
이승휴의 시 | 서거정   115
고조기의 시 한 수 | 서거정   117
시인마다 우열이 있느니 | 서거정   119
시의 기능 | 서거정   120
이규보와 이색의 장편시 | 서거정   122
번안법 | 서거정   123
문과 무의 관계 | 서거정   124
묘향산에만 진리가 있지는 않으이 | 서거정   126
문장은 책에서만 배우는 것이 아니다 | 서거정   127
책도 읽고 여행도 하기를 | 서거정   128
왜 문인들은 불우한가 | 서거정   129
시 | 김시습   130
느낀 대로 | 김시습   132
유자한 공께 | 김시습   133
굴원의 노래 | 김시습   135
옛것을 오늘에 적용하는 법 | 김시습   137
'전등신화'에 쓰노라 | 김시습   138
우리 나라의 문인들 | 성현   142
우리 나라의 화가들 | 성현   145

우리 나라의 음악인들 | 성현   147

시가 생활을 궁하게 만드는 것이 아니라
생활이 궁하기 때문에 그의 시가 이러한 것이다

작가란 가장 맑은 사람이다 | 차천로   153

곤궁한 처지에서 시가 나오는 것은 아니다 | 차천로   155

시의 사상 | 유몽인   156

시의 의의 | 유몽인   157

시가 생활을 반영한다 | 유몽인   158

김시습의 풍자시 | 유몽인   160

어려운 것은 구상이다 | 유몽인   162

왕을 풍자한 배우들 | 유몽인   164

그림과 문장 | 유몽인   166

안견의 대나무 그림 | 유몽인   168

시 짓기의 어려움 | 이수광   170

임제의 시 두 수 | 이수광   176

그림의 신묘한 경지 | 신흠   179

김생의 '관동도'에 쓴다 | 신흠   180

백광훈의 시 | 신흠   181

정철의 시 | 신흠   182

참과 거짓 | 신흠   183

노래 삼긴 사람 | 신흠   184

고요히 지내는 것 | 허균   185

시 두 편 | 허균　187
나무꾼 아이와 물 긷는 아낙네의 말 | 김만중　189
소설 쓰는 까닭 | 김만중　191
중국의 시 | 김창협　192
김만중의 문장 | 김창흡　194
자연과 마음의 소통 | 김창흡　195
산문이면서 시이고 시이면서 음악 | 김창흡　196
시를 아는 데 따로 재주가 있다 | 김창흡　197
문장 다듬기 | 김창흡　198
이해조의 문장 | 김창흡　199
최효건의 시 | 김창흡　200
우리 말로 쓴 노래와 소설 | 김춘택　201
뜻은 깊고 말은 얕으니 | 이익　205

참다운 시는 모두 자기 목소리를 낸다

모든 가요가 민요에서 나왔으니 | 홍양호　209
문장은 호수와 같아 | 홍양호　210
송덕문의 시 | 홍양호　211
문장이란 글귀를 꾸미는 것이 아니니 | 홍양호　212
옛날과 지금 | 홍양호　213
시는 터져 나오는 소리라 | 홍양호　215
우렛소리 | 홍양호　216
시 | 홍양호　218

비 오는 날 홀로 앉아 | 홍양호　219

《대동풍요》를 펴내며 | 홍대용　220

선배 시인들이 이룬 것 | 홍대용　223

육조음에게 부치는 편지 | 홍대용　224

손유의에게 부치는 편지 | 홍대용　226

반정균에게 부치는 편지 | 홍대용　227

좌소산인에게 | 박지원　228

방경각외전 머리말 | 박지원　236

옛것을 배우랴 새것을 만들랴 | 박지원　239

글은 뜻을 나타내면 그만이다 | 박지원　243

잃어버린 예법은 시골에서 찾아야 한다 | 박지원　246

시다운 생각 | 박지원　250

말똥구리의 말똥덩이 | 박지원　253

뒷동산 까마귀는 무슨 빛깔인고 | 박지원　257

이덕무의 시는 현재의 시다 | 박지원　260

아침나절에 도를 듣는다면 | 박지원　264

옛것을 상고하지 못했노라 | 박지원　266

비속한 일상이 다 현실이라 | 박지원　269

나를 비워 남을 들이네 | 박지원　272

몇 백 번 싸워 승리한 글 | 박지원　275

이름을 숨기지 말고 | 박지원　279

도로 네 눈을 감아라 | 박지원　281

그림을 모르는 자는 시를 모른다 | 박지원　283

김황원의 시 | 박지원　285

산수가 어찌 그림 같겠는가 | 박지원　287

열 가지 가소로운 것 | 박지원   290
송강 정철의 무덤에서 | 이덕무   292
이제현의 시 | 이덕무   294
지기와 지음 | 이덕무   295
이언진의 시 | 이덕무   297
기준조의 시 | 이덕무   299
뛰어난 묘사 | 이덕무   300
박제가가 준 시 | 이덕무   301
연암 박지원 | 이덕무   303
용인 가는 길에 | 이덕무   305
박제가에게 주는 노래 | 이덕무   306
참다운 시는 모두 자기 목소리를 낸다 | 박제가   307

새매의 눈으로 시대를 노래하라

모방한 것은 문장이 아니다 | 남공철   311
고전을 읽어 기백을 기른다 | 남공철   312
고문은 거짓이다 | 남공철   314
거문고가 시와 가깝다 | 남공철   315
유한준의 문장 | 남공철   316
문장을 배우는 순서 | 남공철   317
정기안의 시 | 남공철   318
문체도 시대에 따라 변한다 | 정약용   319
무엇이 진정한 문장인가 | 정약용   321

음악의 목적 | 정약용　323

음악의 효과 | 정약용　325

찬미와 풍자 | 정약용　327

윤용의 그림 | 정약용　328

문장만 연마해서는 안 되느니 | 정약용　330

시는 사상의 표현이다 | 정약용　332

문학 청년 이인영에게 | 정약용　333

시를 쓰는 마음가짐 | 정약용　337

글을 쓰려면 | 정약용　339

호남의 인재 유윤오 군 | 조수삼　341

내 젊은 날의 창작 버릇 | 조수삼　344

"나는 지금 사람이다" | 김려　346

이옥을 비난하는 것에 대해 | 김려　347

문장을 보는 것은 꽃을 보는 것과 같다 | 김려　348

곤궁하다고 시를 잘 쓰는 것은 아니다 | 김려　349

우리 나라의 시인들 | 신위　350

제 소리 없었노라 | 신위　353

덕 있는 자는 문장도 아름답다 | 홍석주　354

낡은 말과 새로운 말 | 홍석주　357

시의 사명 | 홍석주　361

도적도 본시 착한 백성이다 | 홍석주　365

문장의 묘리 | 김정희　366

자기를 속이지 말라 | 김정희　367

시대의 노래 | 김정희　368

문장에서 꺼릴 일 | 김정희　372

애꾸눈이의 평가 | 김정희　373

권돈인의 시 | 김정희　374

문학과 생활 | 김정희　375

시 '관악산'을 읽고서 | 김정희　378

글이 정에서 나는지 정이 글에서 나는지 | 이상적　379

시 | 이상적　380

광대가 | 신재효　382

부록

- 고전 작가들의 미학 사상에 대하여 — 신구현　389
- 원문　409
- 찾아보기　464

원문 차례

최행귀崔行歸　409
이인로李仁老　409
임춘林椿　410
이규보李奎報　410
최자崔滋　414
이제현李齊賢　417
서거정徐居正　419
김시습金時習　423
성현成俔　424
차천로車天輅　426
유몽인柳夢寅　427
이수광李睟光　428
신흠申欽　430
허균許均　431
김만중金萬重　432
김창협金昌協　432
김창흡金昌翕　433
김춘택金春澤　434
이익李瀷　435
홍양호洪良浩　435
홍대용洪大容　437
박지원朴趾源　439
이덕무李德懋　448

남공철南公轍　449
정약용丁若鏞　451
조수삼趙秀三　456
김려金鑢　457
신위申緯　458
홍석주洪奭周　458
김정희金正喜　461
이상적李尙迪　463

■ 일러두기

1. 《우리 겨레의 미학 사상》은 북의 문예 출판사에서 1964년에 펴낸 《우리 나라 고전 작가들의 미학 견해 자료집》을 보리 출판사가 다시 펴내는 것이다.
   보리 편집부에서 부를 나누고 몇몇 글은 제목을 다시 달았다.

2. 맞춤법과 띄어쓰기는 '한글 맞춤법'을 따랐다.
   ㄱ. 한자어들은 두음법칙을 적용했고, 모음과 ㄴ 받침 뒤에 오는 한자 '렬'은 '열'로, '률'은 '율'로 고쳤다.
      예 : 로인→노인, 류배살이→유배살이, 대렬→대열, 우렬→우열

   ㄴ. 'ㅣ' 모음동화, 사이시옷, 된소리 따위의 표기도 '한글 맞춤법' 대로 했다.
      예 : 꺼리여→꺼리어, 기와장→기왓장, 물을고→물을꼬

3. 남에서는 흔히 쓰지 않는 표현이지만, 북에서 흔히 쓰는 입말들은 다 살려 두어 우리 말의 풍부한 모습을 살필 수 있게 했다.
   예 : 데데하다, 머귀(오동), 몰강스럽다, 민살쩍이, 뽀롱뽀롱하다, 안받침되다, 헙술하다, 훌근거리다

훌륭한 문장은 해와 달과 같아
눈이 있는 자는 보지 않을 수가 없다

최행귀 | 이인로 | 임춘 | 이규보 | 최자 | 이제현

우리 시와 중국 시
―최행귀

한시를 중국 말로 지으려면 5언 7자로 갈고 쪼아야 하고 노래를 우리 말로 지으려면 3구 6명[1]으로 끊고 갈라야 한다.

두 나라의 시가가 성률로 보면 아주 서로 멀어서 분별하기 쉽지만 이치로 보면 각기 특성을 가지고 있어서 어느 것이 더 좋고 나쁘다고 할 수 없으며, 비록 문장의 칼날을 서로 사귀어 싸울지언정 진리의 바다로는 다 같이 돌아간다. 그들이 각기 제자리를 차지하고 있거니 무엇이 하찮을까.

― '보현십원가를 옮기며〔譯歌序〕'에서,《균여전均如傳》

■ 최행귀崔行歸는 고려 초 광종 때 사람으로 중국에서 공부하고 돌아와 벼슬을 했다. 향가와 향가 작가를 옹호했고, 향가도 한시처럼 형식이 다양하다는 것을 밝혔다.《균여전》의 보현십원가를 한시로 옮겨, 향가의 뛰어남을 중국인도 알도록 했다.

1) 3구句란 10구체 향가에서 4, 4, 2구의 세 분절로 갈라지는 구성을 뜻하며 6명名은 한 구가 여섯 자로 만들어진다는 뜻이다.

해와 달이 빛나듯
―이인로

  이 세상 모든 사물 가운데 귀천과 빈부를 기준으로 높고 낮음을 정하지 않는 것은 오직 문장뿐이다. 훌륭한 문장은 마치 해와 달이 하늘에서 빛나는 것과 같아서, 구름이 허공에서 흩어지거나 모이는 것을 눈이 있는 사람이라면 보지 못할 리 없으므로 감출 수 없다. 그리하여 가난한 선비라도 무지개같이 아름다운 빛을 후세에 드리울 수 있으며, 아무리 부귀하고 세력 있는 자라도 문장에서는 모멸당할 수 있다.

*

- 이인로(李仁老, 1152~1220)는 세력 있는 문벌 가문에서 태어났으나 무신란이 일어나자 몸을 피해 중이 되었다. 환속하여 벼슬길에 올랐고, 시와 문장에 뛰어나 이름을 떨쳤다. 임춘, 오세재 들과 어울려 시와 술을 나누었는데 사람들은 이들을 죽림고회竹林高會라고 한다. 《파한집》이 전한다.

전에 황정견[1]이 시를 논하면서 옛사람 시문의 뜻을 그대로 따서 자기 말로 삼은 것을 '환골換骨'이라 하고, 옛사람 시문의 뜻을 본뜨고 분칠해서 자기 것으로 삼은 것을 '탈태奪胎'라고 하였다. 이것은 비록 남의 것을 통째로 삼키는 것과는 큰 차이가 있으나 결국 남의 것을 교묘하게 표절한 데 지나지 않는다. 어찌 창발성을 발휘하여 옛사람이 이르지 못한 경지를 개척하였다고 할 수 있겠는가.

*

사람의 재주는 그릇과 같아서 모나고 둥근 것을 함께 갖출 수는 없다. 그런데 세상에는 우리 이목을 끄는 사물과 현상이 너무 많아서 만일 재능이 사상과 일치하지 않으면 마치 둔한 말이 천 리 길에 오른 것처럼 아무리 채찍질을 해도 멀리 달리지 못하는 것과 같다. 그러므로 옛사람은 뛰어난 재주가 있더라도 함부로 붓을 들지 않고 반드시 재주를 갈고 닦은 뒤에야 무지개 같은 광휘를 천고에 빛냈다.

*

고금 시인들의 탁물우의託物寓意 수법을 말할진대, 이규보와 임춘 두 시인이 꾀꼬리를 읊은 작품이 당초에 서로 약속한 것이 아니건만 그 내용이 매우 구슬퍼서 마치 한 사람 입에서 나온 것 같았다.

---

[1] 중국 송나라 시인인 황정견黃庭堅은 호가 산곡山谷이다. 기이하고 파격적인 시를 써 새로운 바람을 일으켰다.

시는 마음의 샘에서 흐른다는 말이 맞다.

*

　시인들이 시를 짓는 데 고사를 많이 인용하는 것을 '점귀부點鬼簿'라고 한다. 이상은李商隱이 고사를 인용하면서 어렵고 괴벽한 것을 썼는데 이를 '서곤체西崑體'라 하였다. 이것이 문학의 한 가지 병이다.
　요즘 소식蘇軾과 황정견이 그 법을 따라 숭상하면서도 시어를 잘 다듬어서 전혀 손질한 흔적이 없기 때문에 선배들을 넘어섰다고 할 만하다.

―《파한집破閑集》에서

배우는 자의 글쓰기
― 임춘

배우는 자는 마땅히 자기 역량에 따라 알맞게 쓸 뿐이다. 억지로 남을 본떠서 자기 개성을 잃어버리지 않도록 하는 것이야말로 글쓰기의 본령이다.

― '이인로에게 보내는 편지〔遣李仁老書〕'에서, 《서하집西河集》

- 임춘林椿은 의종 때 태어나서 30대 후반까지 살았던 것으로 추정된다. 스무 살 즈음에 무신란을 만나 가문이 화를 입자 몸을 피해 칠 년 넘도록 떠돌아다녔다. 과거를 보고 벼슬길에 오르려고 했으나 뜻을 이루지 못하고 가난하게 살다가 일찍 세상을 떠났다. 가전체 소설 '국순전麴醇傳', '공방전孔方傳'을 썼으며, 《서하집》이 전한다.

한낱 운율이 중요하랴
— 임춘

요즘 들어 선비를 선발하는 방법이 음조와 운율에 치우치기 때문에 가끔 하찮은 자들이 일이등에 뽑히고 박학한 선비들은 대부분 배척당하므로 사람들이 모두 한탄하며 원통히 여긴다. 나는 이런 폐단이 이미 오래되어 하루아침에 고칠 수 없을 것 같아 걱정이다.

— '황보항에게 보내는 편지〔遣皇甫沆書〕'에서,《서하집》

동명왕의 노래를 기록하며

―이규보

　동명왕에 대한 신기한 이야기는 세상에 널리 전파되어 아무리 어리석고 몽매한 사람이라도 이 이야기만은 잘 할 줄 안다.
　나도 일찍 이 이야기를 들었건만 그때는 웃고 말았다. 옛날에 공자는 괴상하고 요란한 귀신 이야기는 하지 않았다 하거늘, 이것도 역시 황당하고 괴이한 이야기라 우리들이 즐겨 말할 것이 아니라 생각하였음이라.
　그 뒤에《위서》와《통전》[1]을 읽으니 거기에도 이 이야기가 실려 있는데 내용이 간략하여 그다지 상세하지 못하였다. 자기네 중국 이

■ 이규보(李奎報, 1168~1241)는 호탕하고 생기 있는 시 작품으로 당대 사람들에게 많은 영향을 주었던 문장가이다. 몽고가 침입했을 때 예순이 넘은 나이에 전쟁터로 나설 만큼 기개가 높았다. 당나라와 송나라의 시문 형식을 그대로 따르지 않고, 스스로의 체험을 진술하게 담은 시를 써 새로운 문학의 길을 열었다. 쓴 글들이《동국이상국집》에 잘 갈무리되어 있다.

야기라면 상세히 썼으련만 다른 나라 이야기라 간략하게 쓴 것이 아니겠는가.

다음 해 계축년(1193) 4월 《구삼국사》를 구하였는데 그 안에 실린 '동명왕 본기'를 보니 신비로운 사적이 세상에 알려진 것보다 훨씬 더 많았다. 그러나 처음에는 역시 믿기지 않아 그저 괴상하고 황당한 이야기려니 하였다. 그러다가 여러 번 거듭 읽으면서 참뜻을 생각하고 그 근원을 찾아보니, 이것은 황당한 것이 아니요 성스러운 것이며 괴상한 것이 아니요 신비로운 것이었다. 하물며 나라의 역사를 기록한 정직한 필치에 무슨 거짓이 있겠는가.

김부식 공이 다시 《삼국사기》를 편찬하면서 동명왕의 사적을 자못 간략하게 다루었는데, 공은 아마 국사란 세상을 바로잡는 글이라 이상한 이야기를 기록하여 후세에 전하는 것은 옳지 않은 일이라고 여긴 모양이다.

생각건대 《신당서》의 '현종 본기'와 '양 귀비전'을 보면 거기에는 방사[2]가 하늘과 땅을 오르내렸다는 이야기가 없는데, 시인 백거이는 그 이야기가 희미하게 사라질까 두려워하여 '장한가'[3]를 지어 그 사연을 밝혀 두었다. 실상 그 이야기야 거칠고 음탕하고 황당한 것이지마는 그래도 시로 노래하여 뒷세상에 전하였거늘 하물며 우

---

1) 《위서魏書》는 중국의 역사책으로 북제北齊의 위수魏收가 저술하였다. 《통전通典》은 당나라 두우杜佑가 편찬한 제도사.
2) 방사方士는 고대의 도가道家들이 말하는 세상의 신비로운 이치를 알며 신들과 서로 통한다는 사람.
3) '장한가長恨歌'는 당나라의 시인 백거이白居易가 지은 서사시. 당 현종과 양 귀비에 관한 이야기다.

리 동명왕의 이야기랴. 동명왕의 이야기는 변화무쌍하고 신비한 것으로 사람들의 마음을 현혹하려는 것이 아니라, 실로 우리 나라가 처음 창건되던 때의 신성한 자취를 나타내려 한 것이다.

  이것을 이제 서술해 두지 않으면 뒷세상 사람들이 어떻게 알 수 있으랴. 그러므로 내 노래로 이 사적을 기록하니 우리 나라가 본디 성인이 이룩한 나라임을 온 세상에 알리고 싶어서다.

        — '동명왕편 머리말〔東明王篇幷序〕',《동국이상국집東國李相國集》

시의 아홉 가지 좋지 못한 체
―이규보

　시는 시상(意)이 기본이다. 때문에 구상이 어렵고 언어 묘사는 둘째로 된다. 구상은 또한 그 사람 기백이 높고 낮은 데 따라 깊고 얕은 것으로 구별된다. 그런데 기백이란 바탕에서 말미암은 것이요 배워서 되는 것이 아니다. 그러므로 기백이 낮은 자는 시구를 다듬어 맞추는 데만 힘쓰고 시상을 앞세우지 못한다. 이렇게 지은 작품은 조각한 듯한 문장과 그려 낸 듯한 시구가 참으로 아름답기는 하다. 그러나 깊고 함축된 시상이 없으면 처음 보기에는 잘된 듯하나 다시 음미하면 아무런 맛도 없어지고 만다.
　먼저 운을 달아 보다가 시상을 잡는 데 방해가 되거든 운자를 고치는 것이 옳다. 또한 먼저 생각한 구절에 다음 구절로 짝을 맞추기 어려워 오랫동안 생각해도 시상이 떠오르지 않을 때에는 먼저 구절을 아끼지 말고 버리는 것이 옳다. 왜냐하면 한 구절을 가지고 그렇게 오래 생각할 시간이면 오히려 전편을 지을 수도 있기 때문이다. 어찌 한 구절을 아껴서 전편을 지체하겠는가. 그러다가 시간이 급박하게 된 뒤에 바삐 서두르면 더욱 군색해질 뿐이다.

시를 구상할 때 외곬으로만 깊이 파고들면서 돌아설 줄 모르면 빠지게 되고(陷), 빠지면 고착되고(着), 고착되면 미혹되고(迷), 미혹되면 고집불통이 된다. 그러므로 오직 자유로이 드나들고 오고 가면서 전후좌우를 잘 살피어 변화를 마음대로 해야 걸리는 데가 없이 원만하고 능숙한 경지에 이를 수 있다. 앞 구절의 흠을 뒤 구절로 보충하기도 하고 글자 하나로 한 구절의 부족한 점을 살릴 수도 있으니, 깊이 생각지 않을 수 없다.

시의 품격에 대해 말한다면 순전히 맑고 소박한 것으로만 체를 삼으면 이는 산골 사람의 품격으로 되며, 곱고 아름답게만 전편을 꾸미면 이는 궁에 사는 하인의 품격으로 될 뿐이다. 오직 맑고 새롭고 웅건하고 호방하고 곱고 아름답고 그러고도 평범하고 담박함을 다양하게 섞어 쓴 다음에야 제대로 갖추어져서 남들이 한 가지 체로 지목하지 못하는 것이다.

시에는 아홉 가지 좋지 않은 체가 있으니 이는 내가 깊이 생각하여 깨달은 것이다. 시 한 편에 옛사람의 이름을 많이 인용한 것은 수레에 귀신을 가득히 실은 체(載鬼盈車體)요, 옛사람의 구상을 훔쳐 쓰는데 도적질을 능숙하게 했다 해도 옳지 않거니와 그 도적질조차 서투르게 한 것은 서투른 도적이 쉽게 잡히는 체(拙盜易擒體)요, 어려운 운을 근거 없이 억지로 단 것은 큰 활을 잘 당기지도 못하는 체(挽弩不勝體)요, 자기 재주를 헤아리지 못하고 운을 달아 운이 고르지 못한 것은 술을 지나치게 취하도록 마신 체(飮酒過量體)요, 어려운 말을 즐겨 써서 사람을 미혹하는 것은 구덩이를 파 놓고 소경을 인도하는 체(設坑導盲體)요, 남의 글을 인용하여 말이 순하지 못한데도 애써 인용하는 것은 억지로 남을 따르게 하는 체(强人從己體)

요, 세련되지 못한 말을 많이 쓰는 것은 촌 늙은이들의 이야기 체〔村父會談體〕요, 꺼려야 할 문구를 함부로 쓰는 것은 존경할 사람을 업신여기는 체〔凌犯尊貴體〕요, 거친 시구를 다듬지 않는 것은 밭에 가라지가 가득히 우거진 체〔莨莠滿田體〕다. 이런 좋지 않은 체들을 극복한 뒤라야 더불어 시를 이야기할 자격이 있다.

누가 자기 시의 결함을 지적하거든 받아들일 만한가를 살펴야 한다. 그의 말이 옳으면 받아들이고 옳지 않으면 내 주장대로 할 것이니, 구태여 듣기부터 싫어하여 마치 임금이 신하가 간하는 말을 듣지 않고 끝내 제 허물을 고치지 못하듯이 하겠는가.

시를 쓴 뒤에는 보고 다시 보되 자기가 쓴 것이 아닌 것처럼 보아야 하며, 남의 것처럼 보되 평생 매우 미워하는 사람의 시로 생각하고 결점을 찾기에 노력하여 결점을 찾을 수 없이 된 뒤에 발표해야 한다. 이것은 다만 시만 그런 것이 아니라 산문도 그러하다. 고시[1]처럼 유려한 문장으로 구절을 조직하고 운을 다는 것은 더욱 그렇다. 우선 시상이 넉넉하면 시어도 자유로워 거침이 없을 것이다. 그러므로 시거나 산문이거나 그 법은 한 가지인가 한다.

— '시상의 미묘함을 논한다〔論詩中微旨略言〕' 에서,《동국이상국집》

---

1) 고시古詩는 한시의 한 체. 압운과 음의 고저를 보지 않으며 시구에도 제한이 없는 형식.

새 뜻을 새 말에 담으니

―이규보

　대체로 서적이 점차 많아지는 것은 후진에게 도움을 주고자 함인데 만일 서로 본뜨기만 하면 이는 한갓 탁본에 지나지 않으니, 종이와 먹을 허비할 뿐이 아니겠습니까. 그대가 참신한 내용을 귀히 여기는 까닭도 이 때문이리라고 생각합니다.
　옛 시인들이 각별히 새로운 뜻을 창작하였을 경우에도 시어가 원숙지 않은 것이 없는 것은, 그들이 힘써 옛날 성현들의 글을 읽어 모두 마음에 새기고 입에 익숙하게 하지 않은 것이 없기 때문입니다. 그래서 시를 창작할 때에는 이것저것 마음대로 참작 인용하므로 비록 시와 산문이 서로 다르더라도 글자를 사용하여 말을 만드는 법은 한결같으니, 어찌 말이 원숙지 않겠습니까.
　그러나 저는 이와는 달리 옛 성현의 글에 익숙지 못할 뿐 아니라 또한 옛 시인의 체를 본받기를 부끄러이 여기므로, 이용하려고 쌓아 놓은 것이 없기 때문에 갑자기 창작을 하게 될 때에는 반드시 새 말을 창조하게 되어 말이 어색하고 우스운 때가 많습니다. 옛 시인들은 내용은 창조하나 말은 창조하지 않았는데 저는 내용과 말을 둘

다 창조하면서 부끄럽게 여기지도 아니하므로 많은 사람들은 눈을 흘기며 저를 배척하고 있습니다. 그런데 그대는 어찌하여 저를 이렇듯 지나치게 칭찬하십니까.

아, 세상 사람들은 너무도 눈이 어두워서 도적의 물건이라도 볼만한 것이면 바로 좋은 구경거리라고 덤벼들 뿐 누구도 그 유래를 따지는 이가 없습니다. 수백 년 뒤에 만일 그대 같은 이가 있어서 참과 거짓을 판단한다면 남의 글을 잘 훔친 것은 도적으로 잡힐 것이요, 저의 생경한 말이 도리어 오늘 그대가 칭찬한 것처럼 칭찬받을는지도 알 수 없습니다.

— '전이지의 글에 대답한다〔答全履之論文書〕'에서, 《동국이상국집》

시인의 신령스러운 힘
―이규보

　찬란한 글의 문체와 왕성한 시의 기백은 다 사람이 빚어내는 것이다. 문장과 시의 조화는 아름답게 수놓은 비단의 무늬 같고 웅장하게 드높이 솟은 절벽 같다. 펴지거나 말리며 붉거나 푸르러 마치 어지럽게 설레며 뭉치기도 하는 것이 흩어지는 구름과도 같아 천태만상으로 변하는 문장의 힘은 참으로 신령스럽고 괴이하다고 할 만하다. 그 신령함은 곧 사람이 만드는 것이요, 문장 솜씨가 사람을 신령하게 만드는 것은 아니다. 그러나 사람이 문장 솜씨에 의거하지 않고는 그 신령함을 나타낼 수 없다.
　뿔 없는 용은 구름을 일으키지 못하고 오직 신룡神龍이라야만 구름을 일으킨다. 그러므로 구름이 용을 신령하게 만드는 것이 아님이 확실하다. 그러나 용이 구름을 타지 못하면 그 신령함을 나타내지 못한다.
　용렬한 사람은 글의 문체와 시의 기백을 표현하지 못하고 오직 뛰어난 재주가 있는 사람이라야만 표현할 수 있다. 그런즉 문장이 사람을 신령하게 하는 것이 아님이 또한 확실하다. 그러나 사람도 문장에 의거하지 않고는 그 신령함을 나타내지 못한다. 그러므로 신룡과 시인의 조화 부리는 능력은 꼭 같은 것이다.
　　　― '한유의 잡설 끝에 쓴다〔書韓愈論雲龍雜說後〕'에서, 《동국이상국집》

시 귀신을 몰아내는 글
—이규보

무릇 흙이 쌓인 높은 언덕과 물이 막힌 깊은 물웅덩이와 그 밖에 나무와 돌과 집과 담장 들은 다 이 세상에서 생명이 없는 물건들이다. 그러나 여기에 혹 귀신이 붙으면 괴상하고 요사한 현상이 나타난다. 그러면 사람들은 그것을 미워하고 꺼려서 저주하며 귀신을 몰아낸다. 심하면 언덕을 파헤치고 물웅덩이를 메우며 나무를 베고 돌을 깨며 집을 헐고 담을 허물고야 만다.

사람에게도 귀신이 붙는 수가 있다. 사람이 처음 생겨날 때에는 그 바탕이 투박하여 꾸밈이 없으므로 순후하고 정직하였지만 한번 시 짓는 데 미치면 요사한 견해와 괴이한 말로 사물을 희롱하여 사람을 어리둥절케 하니 놀라운 일이다. 이것은 다른 까닭이 아니요, 오직 시 귀신이 붙었기 때문이다. 그러므로 나는 시 귀신의 죄를 폭로하여 그를 몰아내려 하노라.

"사람이 갓 나서는 인간이 처음 생겨나던 때 그대로 그 바탕이 소박하여 꾸밈이 없는 것이 마치 피기 전 꽃봉오리 같고, 지각이 발달되지 못한 것은 구멍이 막힌 듯 문이 닫히고 자물쇠가 잠긴 듯하다. 그랬던 사람이, 네가 엿보다가 느닷없이 붙으면 자기를 세상에 나타내려 하며 사람들을 혹하게 하려고 하여, 모든 사물을 칠하여 그 빛을 바꾸기도 하며 번개가 번쩍거리듯이 혹은 강조하고 혹은 묵살하며, 인형을 놀리듯 탈춤을 추듯 기괴한 것을 꾸며내며, 쓸쓸할 만큼 고요하기도 하고 분주할 만큼 떠돌기도 하며, 혹 아첨할 때에는 몸에 뼈 없는 듯이 굽실거리며 혹 성내어 소리칠 때에는 바람이 부딪치고 물결이 마주 찧는 듯하다.

세상에서 너를 장하다 하지 않는데 왜 그처럼 날뛰며, 남들이 네 공을 인정하지 않는데 왜 그다지도 찧고 까부느냐. 이것이 네 죄의 첫째다.

땅은 항상 고요하고 하늘은 형용할 수 없이 아득하다. 알듯 모를 것이 하늘 이치요, 보일 듯 볼 수 없는 것이 신명이다. 구별이 분명치 않고 넓고 캄캄하며 이치는 심오하여 나타나지 않는 곳에 있어 자물쇠가 잠긴 듯한데, 너는 이것을 생각지 않고 깊은 데를 들이파고 신비한 것을 파헤쳐 기밀을 누설하되 당돌하게 그칠 줄을 모르고 위협하여 다달이 병이 들며 마음을 꿰뚫어 세상을 놀라게 하니, 신이 기뻐하지 않고 하늘이 불평하여 너 때문에 사람들을 박대한다. 이것이 네 죄의 둘째다.

구름과 노을의 아름다움과 달과 이슬의 정기와 벌레와 물고기의 기이함과 새와 짐승의 기괴함과 움트고 꽃 피는 초목의 천만 가지 현상이 온 천지를 장식하는 것을 너는 서슴지 않고 닥치는 대로 취하며 열에 하나도 남김없이 보는 대로 읊어 웅긋중긋한 삼라만상을 네 붓끝으로 옮기지 않은 것이 없으니, 너같이 겸손함이 없는 것을 하늘땅도 싫어한다. 이것이 네 죄의 셋째다.

네 비위에 거슬리면 곧바로 공격부터 하니 무슨 무기와 무슨 보루를 가졌느냐. 반가운 사람이면 곤룡포 없이도 임금으로 꾸미며 미운 사람이면 칼 없이도 해치는구나. 네 무슨 부월[1]을 가졌기에 싸우고 죽이기를 네 마음대로 하며, 네 무슨 권리를 잡았기에 상 주고 벌 주기를 함부로 하느냐. 네 높은 벼슬자리에 있지 못하면서 국가의 정사를 논하며, 네 놀음쟁이가 아니면서 만물을 조롱하여 뱃심 좋게 뽐내며 거만하게 노니, 누가 너를 시기하지 않으며 누가 너를 미워하지 않겠는가. 이것이 네 죄의 넷째다.

네가 사람에게 붙으면 마치 병든 사람 같아서 목욕을 싫어하며 머리 빗기를 게을리하며 수염이 빠지고 몸이 파리해지며 신음 소리를 내고 이맛살을 찌푸리게 되며 정신이 흐려지고 가슴앓이를 하게 되니, 너는 온갖 근심의 중매쟁이요 평화의 원수다. 이것이 네 죄의 다섯째다.

이 같은 다섯 가지의 죄를 지고 어찌하여 사람에게 붙느냐. 조식에게 붙어서 형을 업수이여김으로써 팥이 가마 속에서 울게 하였으며,[2] 이백에게 붙어서 뱃전에 걸터앉았다가 미친 증세가 일어나 강물에 빠지게 하니 세상에서는 '달 잡으러 갔다'[3] 하나 강물은 아득하여 지금까지도 소식이 없다. 두보에게 붙어서 높은

---

1) 부월斧鉞은 도끼. 옛날 천자가 장수에게 특별한 권리를 위임하는 표시로 부월을 주었다.
2) 중국 위나라 문제文帝가 아우 조식曹植을 미워하여 일곱 걸음 사이에 시 한 편을 짓지 못하면 죽인다고 하니, 조식이 "팥깍지가 가마 밑에서 불타니 팥이 가마 속에서 우네. 본디 한 뿌리에서 난 처지로 서로 볶기를 이다지도 급히 하느냐." 하는 시를 지어 팥은 자기를, 팥깍지는 형을 비유하여 풍자하였다.
3) 이백李白이 채석강에서 뱃놀이를 하다가 술이 취하여 강물에 비친 달을 건진다고 뛰어들어 빠져 죽었다는 전설이 있다.

이의 미움을 받아 벼슬길에서 물러나 초라한 행장으로 객지를 헤매다가 억울하게 뇌양耒陽에서 객사하게 하였으며, 이하[4]에게 붙어서는 괴이하고 허탄하게 만들어 재주가 세상에 짝이 없건만 마침내 일찍 죽게 하였으며, 유우석劉禹錫에게 붙어서 권세 있는 이와 임금과 가까운 이들을 비방하다가 출세 길이 막혀서 한번 꺼꾸러지자 회복하지 못하게 하였으며, 유종원柳宗元에게 붙어서 화를 자초하여 유주柳州에 귀양 간 뒤 돌아오지 못하게 하였으니, 누가 그 불행을 동정하랴.

한심하다. 너 시 귀신아. 네 모양이 어떻게 생겼으며 예부터 지금까지 몇 사람이나 해치었더냐. 이제 나한테 와 붙으니 네가 온 뒤로는 온갖 것이 어렵고 귀찮아져서 까맣게 잊은 듯 멍하고 어리석은 듯하며 벙어리 같고 귀머거리 같으며 몸을 가누지 못하고 걸음을 휘적거리며 시장한 것도 목마른 것도 모르며 찬 것도 더운 것도 모르며, 게으른 계집종과 고집스런 사내종을 단속하지 않아서 텃밭이 묵어도 김매지 않으며, 집이 쓰러져도 바로잡지 않으며 구차히 사는 것도 네가 부른 것이다. 재산이 많고 벼슬이 높은 것을 업수이보며, 방자하고 거만하여 언성을 높여 겸손치 못하며 면박하여 남의 비위를 맞추지 못하며, 여색에 쉬이 혹하며 술을 만나면 행동이 더욱 거칠어지니, 이것이 다 네가 시킨 것이다. 어찌 내 마음이겠느냐. 호언장담하니, 내 그 때문에 너를

---

4) 이하李賀는 당나라 시인인데, 꿈에 붉은 비단옷 입은 사람이 널 쪽에, "하늘에서 옥황상제가 백옥루라는 다락을 짓고 그대를 불러 서문을 지으려 한다."고 써 가지고 온 것을 보았다고 하더니 곧바로 죽었다고 한다.

미워하며 저주하여 몰아 보내려 하는 것이니, 너 속히 도망하지 않으면 너를 찾아내어 베리라."

그날 밤에 피곤하여 자리에 누웠을 때에 베갯머리에서 버스럭버스럭 소리 나는 듯하고 어른거리며 무엇이 보이는 듯하더니 의복을 화려하게 차린 자가 와서 나한테 말하였다.

"그대가 나를 질책하고 배격함이 어찌 이다지도 심한가. 내 비록 하찮은 귀신이지만 역시 하늘이 아는 터다. 그대가 처음 날 때에 하늘이 나를 보내 그대를 따르라 하였으므로 그대가 아직 벌거숭이일 때에는 그대 집에 숨어 떠나지 않았고, 그대가 어려서 쌍상투 틀던 때에는 기회를 엿보았으며, 그대가 성년이 된 때에는 항상 그대 뒤를 따르면서 그대의 기운을 웅장하게 하고 그대의 문장을 화려하게 꾸몄으므로 과거에서 해마다 급제하여 명성이 사방으로 퍼져서 하늘과 땅을 뒤흔들어 벼슬아치와 귀족들이 그대의 얼굴을 보려 한다. 이만도 내가 그대를 도운 것이 헐하지 않으며 하늘이 그대를 돌보아 준 것이 적지 않다. 다만 말을 삼가지 않고 몸가짐을 단정히 못 하며 여색에 혹하고 술을 즐기는 것은 그것대로 다 까닭이 있는 일이지 내가 주장하여 그리 된 것이 아니다. 그대 어찌 삼가지 않고 미친 듯이 어리석은 듯이 하는가. 이것이야 그대의 허물이지 어찌 내 허물이겠는가."

거사가 이에 귀신의 말이 옳고 자기 말이 그르다는 것을 깨닫고 부끄럽고 황송하여 시 귀신에게 구부려 절하고 맞아 스승으로 모셨다.

— '시 귀신을 몰아내는 글〔驅詩魔文〕', 《동국이상국집》

시에 대하여
―이규보

시 짓기란 참으로 어려운 것
말과 뜻이 아울러 아름답기 힘드니라.
뜻이 함축되어 깊고 깊어야
씹을수록 그 맛이 순전해지느니.

뜻만 드러나고 말이 원활치 못하면
깔깔해서 뜻이 잡히지 않나니.
그중에서도 끝으로 돌릴 것은
다듬고 아름답게 꾸밈이니라.

아름다움을 어찌 나쁘다 하랴
이를 위해 곰곰이 생각해야 하느니.
그러나 꽃을 따고 알맹이를 버림은
시의 참뜻을 잃음이니라.

지금껏 많은 시인들이
시의 참뜻을 생각지 않고
겉으로 부질없이 울긋불긋 꾸미며
한때의 취미만을 찾고 있누나.

시의 내용은 진리에서 나오거늘
덤빈다고 해서 찾지 못하리.
찾기 어렵다고 지레짐작하고
저마다 화려함만 일삼느니라.

이렇게 사람들을 눈속임하여
빈곤한 내용을 가리려 하거니
이런 버릇이 이미 자리를 잡아
시 정신은 땅에 떨어졌어라.

걸출한 시인이 다시 나지 않으니
뉘와 더불어 진위를 가려내랴.
내 무너진 터를 쌓으려 하나
흙 한 삼태기도 돕는 이 없네.

《시경》 삼백 편을 외운다 한들
세상을 깨우치는 데 무슨 보탬 있으랴.
제 길을 걸어감이 천만 번 옳으리라
혼자 부르는 노래를 사람들은 아마도 웃으리.

—《동국이상국집》

論詩

作詩尤所難　語意得雙美
含蓄意苟深　咀嚼味愈粹
意立語不圓　澁莫行其意
就中所可後　雕刻華艷耳
華艷豈必排　頗亦費精思
攬華遺其實　所以失詩旨
邇來作者輩　不思風雅義
外飾假丹靑　求中一時嗜
意本得於天　難可率爾致
自揣得之難　因之事綺靡
以此眩諸人　欲掩意所匱
此俗浸已成　斯文垂墮地
李杜不復生　誰與辨眞僞
我欲築頹基　無人助一簣
誦詩三百篇　何處補諷刺
自行亦云可　孤唱人必戲

시를 불사르고
—이규보

내 젊어서 시를 지을 때는
붓을 들어 아무런 의심도 없었노라.
주옥과 같이 아름답거니
누가 감히 흠잡으랴 했노라.

훗날 다시 시 묶음을 뒤져 내 보니
어느 한 편도 좋은 것 없어라.
내 부끄러움을 참을 수 없어
아침밥 짓는 아궁에 던졌노라.

내년에는 올해 지은 시를
또 이처럼 버려야 하리.
그러기에 어떤 이는
쉰 살이 되어 처음 시를 지었다네.

—《동국이상국집》

焚藁

少年著歌詞　下筆元無疑
自謂如美玉　誰敢論珈疵
後日復尋譯　每篇無好辭
不忍汙箱衍　焚之付晨炊
明年視今年　棄擲一如斯
所以高常侍　五十始爲詩

펄펄 뛰어노는 물고기

―이규보

물은 고기의 세상이거니
물을 잃으면 솥 안의 생선이라.
물고기를 그린 이 적지 않으나
솥 안의 생선을 보여 줄 뿐이었네.
헤엄치는 모양을 그리려 했으나
물 없는 바닥에 놓인 고기라.

이제 정 군의 묘한 필치는
그 솜씨 어이 그리 조화스러운가.
한 번 휘두르면 수십 마리가
참치며 전어며 펄펄 뛰어노누나.

물속에 뛰노는 모양도 기운찬데
잔잔한 물결조차 출렁이누나.
지느러미는 힘차게 너불거리고
눈 정기는 구슬처럼 반짝이어라.

그대는 동해의 여러 섬을 다녀온 듯
물속에서 몇 해나 살다 왔는가.

늘 보던 물고기에 아주 익어서
마음대로 자유롭게 솜씨를 부렸구나.
손을 내밀어 만져 보고 싶으나
뛰어나가 깊은 소에 숨을까 두려워라.

비록 내 시의 기운은 약하다만
어엿이 산 고기를 노래하노라.
―《동국이상국집》

淵首座方丈觀鄭得恭所畵魚簇子

水爲魚所家　失則鼎中鮮
人畵水中魚　如向鼎中傳
雖爲游泳態　尙類失水然
鄭君信神筆　妙手得於天
一掃數十尾　發發皆鮪鱣
得水勢已足　何必寫瀰漣
鬐鬣欻欲動　目力珠光旋
疑君蓬島客　久作水中仙
看魚飽且熟　應手隨所沿
擧指欲捫觸　猶恐跳藏淵
吾詩氣力薾　敢作活魚篇

손득지에게 다시 보내노라
— 이규보

예부터 글 짓는 자
구름같이 많기도 하여
뽐내며 풀과 나무
제각기 노래하나
글귀나 다듬고
말마디나 골라내어
스스로는 신기타 하련만
읽는 사람의 입맛에는 안 맞는다네.

손 군이 지은 시는
꽃답고도 풍미 있어
곰의 발처럼 맛이 있으니
그 누가 즐기지 않으랴.

아마 옥황상제도
은근히 그대를 궁 안에 불러
은대에 앉혀 두고
시를 짓게 하고 싶으리.

그대의 자질은 까마득히 높은
천 길 소나무와도 같거니
나 같은 자는 거기 비기면
감아 오르는 칡이라고 할까.

문득 일찍 싹 트는 차에 대해
노래를 지었는데
어찌 뜻하였으랴
내 노래 그대 손에까지 들어갈 줄을.

그대의 시를 보니 문득 생각나라
화계 기슭에서 함께 노닐던 일.
옛 생각 가슴속에 스며들어
눈시울이 자꾸만 뜨거워지누나.

그대 노래한 찻잎을
자세히 따지고 살펴보니
그 옛날 남쪽 나라에서
함께 맛보던 바로 그것이로구나.

화계 기슭에서 찻잎 따던
그날 그 광경을 이야기해 보세.
관리들 집집마다 싸다니며
늙은이 젊은이 되는대로 몰아내어

첩첩한 높은 봉우리
아찔아찔 잎을 따서
멀고 먼 서울 길을
어깨로 져 날랐네.

이것은 만 백성의
기름과 살이라
그 얼마나 사람을 괴롭혀
찻잎이 여기까지 왔으랴.

그대의 시 편마다 구절마다
사람을 깨우치는 숨은 뜻이 있고
시가 가져야 할 힘과 빛깔이
하나도 빠짐없이 갖추어 있네.

내 한가로운 몸
거리낌 없이 살아가며
한평생 술과
함께 늙자 했네.

술 먹고 취해 자면
이 맛이 제일이라.
무엇 하러 차는 끓여
맹물을 축내랴.

일천 가지에서 따 모은 잎이
한 모금에 넘어가는 찻잔에 떠 있다니
생각할수록 억울해라
양반들의 소일거리에
백성들 몰리며 고생하는 것이.

그대 다음날 벼슬하여
간할 자리에 서거든
잊지 말게 내 시 속에
간절한 부탁이 숨어 있음을.
산에 들에 차나무 모조리 불태워
남방의 백성들 차를 따서
어깨로 져 날라 세금을 바치는
이런 제도는 없애도록 하게.
　　　　　―《동국이상국집》

孫翰長復和次韻寄之

古今作者雲紛紛　調戲草木騁豪氣
磨章琢句自謂奇　到人牙頰甘苦異
壯元詩獨窮芳腴　美如態掌誰不嗜
玉皇召入蓬萊宮　揮毫吮墨銀臺裏
君材落落千丈松　攀附如吾類縈虆

率然著出孺茶詩　豈意流傳到吾子
見之忽憶花溪遊　懷舊淒然爲酸鼻
品此雲峰未嗅香　宛如南國曾嘗味
因論花溪採茶時　官督家丁無老稚
瘴嶺千重眩手收　玉京萬里纈肩致
此是蒼生膏與肉　臠割萬人方得至
一篇一句皆寓意　詩之六義於此備
隴西居士眞狂客　此生已向糟丘寄
酒酣謀睡業已甘　安用煎茶空費水
破却千枝供一啜　細思此理眞害耳
知君異日到諫垣　記我詩中微有旨
焚山燎野禁稅茶　唱作南民息肩始

쌍로도를 노래하노라
―이규보

그 옛날 강남에서
작은 배를 포구에 대었을 때
서리 맞은 고미[1]가 물에 비치는데
거기 백로 한 쌍 서 있었네.
고요히 푸른 옥색 다리를 들고
흰 깃을 고즈넉이 다듬었네.

이에 내 시구를 다듬느라
오래도록 고심에 잠겼으나
그 모양을 비슷이 그렸을 뿐
진경에는 암만해도 이르지 못했노라.

여기 화공의 솜씨는 능란하여
내가 미치지 못하는 곳에 이르렀구나.
눈은 정기 있고 힘이 있어서
오뚝이 서 멀리 앞을 바라보고
살은 파리하나 뼈가 마디져

---

1) 꼭두서니라고 하는 산과 들에 절로 나는 풀.

일어날 듯 높은 곳을 생각하느니.
그중에도 소리는 그리기 어려운데
우는 모습을 잘도 그렸어라.

내 어찌 시를 씀에
한갓 그림 속 운치만 읊을 뿐이랴.
그림은 저저마다 갖기 어렵고
시는 어디나 퍼질 수 있거니
시를 봄이 그림을 봄과 다름이 없을진대
시도 또한 영원히 전해지리라.
　　　　　　ー《동국이상국집》

朴君玄球家 賦雙鷺圖

憶昔江南天　扁舟泊烟浦
霜菰映淸淺　中有雙白鷺
靜翹綠玉脛　閑刷白銀羽
擬將詩句摹　久作猿吟苦
寫形雖髣髴　佳處殊未遇
畫工眞可人　到我所未到
眼活而有力　聳立勇前顧
肉瘦而有骨　未起已遐慕
就中畫聲難　解作啼態度

我詩豈好事　聊寫畫中趣
畫難人人蓄　詩可處處布
見詩如見畫　亦足傳萬古

그대 재주를 시험관이 알아보지 못했으나

―이규보

대체로 공부하는 사람이 시험관에게서 시험받는 것은 비유해 말하면 농사짓는 것과 같소. 만일 혼자 생각으로 하늘의 혜택이 반드시 시기를 맞추지 못하리라고 지레짐작하며, 땅의 소출도 반드시 볼 것이 없으리라고 미리 의심하여 호미와 낫, 쟁기와 보습 따위 도구를 손질하지도 않고 밭을 갈지도 심지도 않고는 말하되, "농사짓지 못하는 것은 하늘과 땅이 돕지 않은 때문이지 내 잘못은 아니다." 하면 그것이 옳겠소.

반드시 호미와 쟁기 들을 수리하고 밭을 갈고 부지런히 김을 매 시기를 놓치지 않으려고 애쓴 뒤에 하늘이 시기를 맞춰 주지 않고 땅이 심은 대로 길러 주지 않았다면 그것은 하늘과 땅의 허물이요 밭갈이한 사람의 죄는 아니오.

지금 그대는 어릴 때부터 글방에서 설경[1]의 쟁기를 갈아 시험관에게서 시험받았으나 시험관이 알아보지 못하였으니 그것은 시험관

---

[1] 글을 공부하는 것을 농사짓는 데다 비유하여 '설경舌耕', 곧 혀로 밭갈이하였다고 했다.

의 수치요 그대의 수치는 아니오.

   그대 물러가서 설경의 쟁기를 좀 더 예리하게 갈고 닦아서 눈 밝은 시험관을 기다려 재주를 겨룬다면 아침에 심고 저녁에 추수한 것이 천백 창고에 쌓일 것이니 어찌 풍년이 오지 않으리라고 걱정하겠소. 그대 힘쓰시오.

   외기러기 남으로 날고 나뭇잎은 반나마 떨어졌는데 이때에 그대를 보내니 어찌 서글프지 않겠소.

   백운거사가 쓰노라.

       — '과거에 낙방한 최 선배에게〔送崔先輩下第西遊序〕', 《동국이상국집》

잘못 이음

―이규보

옛사람이 옛일을 그릇 인용한 것을 뒷사람이 그대로 잇고 또 뒷사람이 그대로 하면서 이를 '잘못 이음'이라 하여 과히 허물하지 않았다. 하지만 나는 이를 그르다고 생각한다. 왜냐하면 사람이란 잘못이 없을 수 없다. 비록 큰 솜씨라도 더러 잘못이 있을 수 있으니 그런 잘못은 거울로 삼아 경계해야 하는데 도리어 그것을 이어서 쓴다는 것은, 잘못하였다고 허물하면서도 도리어 본받는 것과 무엇이 다르랴. 이런 잘못은 조그마한 것이지만 만일 이보다 훨씬 더 큰 잘못이 있더라도 앞사람도 그리 했으니 하면서 그 잘못을 그대로 잇겠는가? '잘못 이음'을 비록 옛사람 중에 더러 긍정한 이가 있더라도 나는 본받지 않겠다.

― '잘못 이음〔承誤事議〕'에서, 《동국이상국집》

솔을 그린 병풍을 두고
—이규보

그 누가 푸른 산 아래 집을 지어
만 길 높은 소나무와 마주 앉아
아침저녁 눈이 아프도록 바라보다
마침내 맑은 술에 솔 그림자를 넣어
이리저리 꿈틀거리는 그림자를 마셨다가
여섯 폭 비단에 토해 놓았는가.

만일 그렇지 않다면
어느 누가 천 년토록 죽지 않을
억센 이 나무를 붓으로 그렸으랴.

안개 자욱한 깊은 산골에
검은 뱀 갈 길 몰라 꾸불거리듯
바닷물 말라 육지가 되어
고래 뼈 구렁에 서로 엉켜 있듯
속 빈 나무 입 벌리고 있는 모습
구름 낀 날엔 번개 치며 용이 나올 듯.
온 하루 턱을 괴고 생각해 보나
물과 먹만으로 이렇게 그렸을까.

세상에 이런 솜씨 다시 없으리.
-《동국이상국집》

璨首座方丈 所蓄畫老松屛風 使予賦之

何人結宇靑山旁　坐對高松萬丈長
日看月賞眼力盡　驅入驫狂一斗觴
千蟠百蟄急欲吐　吐向鮫人六幅素
不然安向寸毫端　寫此磊魂千年不死之老樹
我恐山盲谷暗煙霞裏　鐵色黑蛇欲走未走低復起
又恐波乾浪涸海變田　鯨鯢瘦骨塡坑跨壑枕相峙
枵然罅縫呀口鼻　雲陰之日疑有風雷作龍吼
竟日支頤未信水墨摹　世間那得有此手

을지문덕의 시
— 이규보

《요산당외기堯山堂外紀》에 을지문덕 장군의 사적을 기록하고 그가 수나라 장수 우중문于仲文에게 보낸 오언절구 시를 기록하였다. 그 시는 다음과 같다.

> 신기한 책략은 천문에 정통하고
> 기묘한 전술은 지리를 꿰뚫어 아는도다.
> 싸워 이겨 공이 이미 높았으니
> 만족한 줄 알고 물러감이 어떠한가.
> 神策究天文　妙算窮地理
> 戰勝功旣高　知足願云止

이 시는 글 짓는 법이 깊고 기묘하면서도 꾸민 자국이 없으니 뒷사람이 미치지 못할 경지이다.

— '백운소설白雲小說'에서, 《동국이상국집》

이산보의 시

―이규보

《서청시화西淸詩話》에 이산보[1]가 한나라 역사를 보고 지은 시가 실려 있다.

> 왕망[2]이 세상을 희롱하매
> 일찍이 반만 빠졌더니
> 조공[3]이 장차 갈 무렵에는
> 문득 아주 잠기고 말았다.
> 王莽弄來曾半沒　曹公將去便平沈

매우 잘된 글귀이다. 그런데 고영수高英秀라는 자가 흉보기를, "이는 파선시破船詩다."[4]

---

1) 이산보李山甫는 9세기 당나라 사람.
2) 기원후 8년에 한나라의 왕위를 빼앗아 신新이라고 나라 이름을 고치고 17년 동안 임금 노릇을 하였으나 곧 망하였다.
3) 한나라 재상 조조曹操를 가리킨 것. 한나라를 멸망시키고 위魏나라를 세웠다.

하였다.

　내 생각에는, 무릇 시는 사물의 본질을 말하는 수가 있으며 혹은 본질은 말하지 않고 바로 동태를 말하는 수도 있는데, 이산보의 시는 자못 한나라를 배에 비기면서 바로 그 동태를 말하여 "반만 빠졌더니 아주 잠겼다."고 한 것이다.

　만일 그때 이산보가 고영수의 말을 들었다면,

　"자네는 내 시가 파선시 같다고 했는가? 그렇다. 내가 한나라를 배에 비겨 이른 것인데 자네가 잘도 안 것이다."

하였을 것인데, 고영수가 무슨 말로 대답했겠는가?

　《서청시화》에서도 고영수를 경박한 무리로 여긴 것을 보면 그의 말을 인정한 것은 아니다. 그런데 《서청시화》에서 이 대목에 대해 별 언급을 안 했으니 나는 그 까닭을 모르겠구나.

— '이산보 시에 대하여〔李山甫詩議〕', 《동국이상국집》

---

4) 이산보의 시는 역사를 읊었다기보다 배가 파손된 것을 읊은 데 지나지 않는다는 뜻이다.

왕안석의 국화 시
―이규보

《서청시화》를 보니 왕안석의 시를 실었다.

해 질 녘 비바람에
동산 숲이 어두운데
시든 국화가 떨어지니
황금이 땅에 가득 찬 듯.
黃昏風雨暝園林 殘菊飄零滿地金

구양수가 이 시를 보고,
"무릇 온갖 꽃이 다 떨어져도 국화는 홀로 가지에 붙은 채 마르는데 어찌 떨어진다 하였는가?"
하였다.
구양수의 말도 또한 크게 그르다고 할 수 없는데, 왕안석이 크게 성내어,
"이는 《초사》[1]에 '저녁에 가을 국화 떨어진 꽃잎을 먹는다.〔夕飱

秋菊之落英〕'한 것도 모르는 게다. 구양수가 배우지 못한 허물이다."

하였다.

 나는 논한다. 시라는 것은 느낀 바를 그대로 나타내는 것이다. 내가 일찍이 큰 바람이 불며 모진 비가 올 적에 국화가 떨어지는 것을 보았다. 왕안석의 시에 이미 "해 질 녘 비바람에 동산 숲이 어두운데" 하고 일렀으니, 이는 보고 느낀 대로 나타낸 것이어서 구양수의 말에 반대함 직하다. 그러나 구태여 《초사》까지 끌어다 말할 터이면 "구양수가 어찌 이것을 못 보았는가." 하면 좋을 것인데, "배우지 못한 자"라고까지 했으니 이는 너무 심하지 않은가. 구양수가 만일 널리 배우고 많이 들은 자가 못 된다고 하더라도 《초사》가 특별히 보기 어려운 책이 아닌데 구양수가 보지 못했겠는가. 하물며 구양수는 당대 이름난 선비인데 배우지 못했다고 지적한 것은 너무 심하지 않은가. 나는 왕안석을 점잖은 어른이라고는 할 수 없다.

— '왕안석의 국화 시〔王文公菊詩議〕', 《동국이상국집》

---

1) 《초사楚辭》는 초나라 굴원屈原의 사辭와 부賦, 제자와 후인들의 작품을 모아 엮은 책.

시문에서 무엇이 중요한가
—최자

시는 항상 기백이 생생하고 언어가 원숙해야 한다. 처음 시를 배울 때부터 기백이 생생해야 장년에 뛰어나게 되며 장년에 기백이 뛰어나야 늙어서도 기백이 호방해진다.

*

작가는 먼저 언어의 의미를 정확히 파악하고, 그것이 고전에서나 대가들이 어떻게 썼는지를 헤아려 자세히 살핀 뒤에 붓을 들어야 한다. 언어 구사가 정밀하고 힘차야 어려운 기교가 피어날 수 있다. 만일 언어 구사가 정밀하지 못하거나 힘차지 못하면 아무리 뛰어난 감

■ 최자(崔滋, 1188~1260)는 무신정권 때 뛰어난 행정가였다. 이규보의 추천으로 최씨 정권에서 벼슬을 시작했고, 최씨 정권이 무너진 어지러운 시국에 수상을 지냈다. 시문에 뛰어났으며, 이규보의 문학관을 잇고 문학 비평을 본격적인 궤도에 올려놓았다. 《보한집》이 전한다.

정이나 기백이라도 피어나지 못하고 마침내 졸렬하고 거칠고 서툰 시 작품으로 되어 버릴 것이다.

*

예술적 재능이 감정보다 우세할 때에 말은 원숙할 수 있으나 고상한 사상-감정〔意〕은 없을 것이다. 그런데 감정이 예술적 재능보다 우세할 때에는 말이 졸렬한 데 흘러 사상-감정도 좋은 줄 모르게 된다. 감정과 예술적 재능이 아울러 갖추어졌을 때에야 그 시는 볼만한 작품으로 된다.

*

시문에서 중요한 것은 시인의 기백이다. 기백은 개성에서 피어나며 사상적 내용〔意〕은 기백에 의하여 표현된다. 말이란 개성에서 일어나는데, 개성은 곧 사상적 내용이다.
참신한 내용은 표현하기 어려워 흔히 생경하고 난삽해지기 쉽다.
오직 이규보는 고전을 널리 연구하여 깊이 체득하였기 때문에 표현이 자연 풍부하고 아름다워 비록 새로운 내용이 매우 심오하여 형상하기 어렵더라도 남김없이 곡진한 언어로 드러낼 수 있어서, 매우 정밀하고 원숙하다.

*

학자가 고전과 대가들을 연구하는 것은 다만 사상-감정을 체득하고 이치를 전수하는 데 그치는 것은 아니다. 거기 표현된 말을 익혀 어휘를 풍부하게 하고 문체를 본받아 마음에 새기고 입에 익숙해지도록 해서 시가를 창작할 때에는 마음과 입이 상응하여 말하면 시로 될 수 있게끔 되어야 조금도 생경한 바가 없는 것이다. 옛사람을 모방하지 않고 새롭고 훌륭한 작품을 만들어 내기 위해서는 오직 사상-감정을 잘 이끌어 내고 문장 조직을 잘 해야 한다.

*

재능 없는 사람이 작품을 빨리 쓰려 하면 표현이 속되고 난잡해진다. 속되고 난잡한 작품을 서둘러 만드는 것은 오래 걸리더라도 잘 다듬어진 작품을 만드는 것만 못하다.

*

시를 짓는 데서 남의 말을 빌려 비유하는 것보다 더 좋은 방법은 없다. 그러나 노련한 사람이 이 방법을 쓰면 시어가 원숙하고 내용이 정교로우나 서투른 사람이 이 방법을 쓰면 말이 설고 내용이 거칠게 된다.

*

김신정[1]이 말하기를,

"내용이 아무리 웅건하고 심오하더라도 이미 낡은 것이라면 평범한 데 그치고 만다. 비록 심오하지는 못하더라도 새 경지를 개척한 것이라면 그것은 우수한 것이다."
하였다. 나는 그때 옳은지 그른지 말하지 못하였으나 지금 다시 생가하니 김신정의 말이 옳다.

*

사물 현상을 묘사할 때 고사를 인용하는 것은 사리를 밝히는 것만 못하고 사리를 밝히는 것은 모습을 형용하는 것만 못하다. 그러나 묘사가 잘 되고 잘 못 되는 것은 구상과 언어 표현에 달렸다.

*

학사 이인로의 시는 언어의 품격이 높고 고사 활용이 묘하여 옛사람의 경지까지 밟아 들어갔는데, 그의 세련된 기교는 오히려 옛사람을 능가하는 데가 있다.

—《보한집補閑集》에서

---

1) 김신정金莘鼎은 고려 고종 때에 내한內翰 벼슬을 한 사람으로 시를 많이 지었다.

이지심의 시
―최자

　벽시[1]는 시어가 간결하고 감정이 곡진해야 좋다. 과장하거나 현란하게 늘어놓는 수법은 필요 없다.

*

　학사 이지심[2]은 풍주豐州의 성 위에 있는 다락집에 다음과 같은 시를 썼다.

　　하늘과 바다는 끝이 없어라.
　　아득히 바라봐도 다함이 없어라.
　　사방 천 리를 바라보노니

---

1) 벽시壁詩는 무엇을 기념하여 누다락 같은 데에 써 붙이는 시.
2) 이지심李知深은 관직이 국자감 대사성에 이르렀는데, 1170년 정중부의 무신란 때 다른 문신들과 함께 살해되었다.

유월에도 가을바람 맞는 듯하구나.

그려도 묘한 풍경 다 그릴 수 없거니
시로야 어찌 재주를 다 부리랴.
어느덧 몸에 나래가 돋아
훨훨 하늘을 나는 듯하구나.
天與海無際　茫茫望不窮
四方千里目　六月九秋風
圖畵應難妙　篇章豈得工
只疑生羽翼　身在大虛中

당시 사람들이 이 시를 평하기를, 시어를 가지고 재주를 부리지 않았으나 기백이 호방한 작품이라고 하였다. 그런데 표현 가운데 "끝이 없어라" 하고서는 또 "다함이 없어라" 하였으며, 또 첫 절에서 "바라봐도 다함이 없어라" 하고서는 다음 절에서 "천 리를 바라보노니" 하였다. 내용이 겹치는 듯하지만 읽어도 겹치는 줄 모르는 것은 성운聲韻에 흠집이 없기 때문이다. 옛사람들이 성운에 흠집이 나지 않도록 조심하는 것을 최상의 규범으로 삼은 것은 이 때문이다.

―《보한집》에서

오세문의 시
―최자

비승¹⁾ 오세문吳世文이 녹양역綠楊驛에 대하여 읊은 시가 있다.

꽃이 피니 마을은 한결 아름답구나
버들 한 그루도 없는 역이 외롭지 않으랴.
높은 나무 끝에 아침 볕이 먼저 비치고
뽕나무 마른 가지에서 바람이 외친다.
有花村價重　無柳驛名孤
喬木日先照　枯桑風自呼

이 시는 매우 담박하고 흥미롭다. 그러나 흥미로운 것은 사상-감정[意]이 곡진한 것만 못하다.

―《보한집》에서

---

1) 비승秘丞은 고려 시대에 왕의 명령 지시를 받아 내고 받아들이던 비서감秘書監의 벼슬로 비서승의 준말.

최유의 시
—최자

진사 최유崔裕가 도원역桃源驛에 쓴 시가 있다.

> 진나라를 피해 온 네댓 집이
> 여기 모여서 도원역이 되었다.
> 맞이하고 보냄이 괴롭다 해도
> 장성 쌓는 고역보다는 낫다는구나.
> 避秦三四家　仍作桃源驛
> 自言迎送勞　却勝長城役

이 시는 소탈하면서도 풍자하는 뜻이 있어 모두 우수한 작품이라고 평가하였다. 최유는 과거 시험에 응시할 때마다 답안을 훌륭히 썼으나 급제하지 못하였다. 옛사람들이 문장을 보면 그 사람의 행동거지를 알 수 있다고 한 것도 꼭 믿을 만한 말은 아니다. 그러나 최유의 시를 보면 뜻이 너무 신산하여 넉넉하고 장대한 기백이 없다.

—《보한집》에서

시를 짓는다는 것은
―최자

　문학은 진리를 밟아 나가는 길인 만큼 그릇된 말을 쓸 수 없다. 그러나 기백을 고무하며 사람들을 격동시키기 위해서는 때로 거세고 신기한 표현을 하지 않을 수 없다. 하물며 시를 짓는다는 것은 다른 사물에 견주거나 비유로 풍자하는 것이므로 반드시 탁물우의의 수법이나 비범한 표현을 적용해야만 작품의 기백이 장쾌하고 내용이 심오하며 표현이 정확하여 사람의 마음을 흥분시킬 수 있으며 오묘한 진리를 나타내어 마침내 바른 데로 나가게 될 것이다.
　남의 글을 표절하여 이리저리 꾸미거나 부질없는 자랑을 요란스럽게 하는 것은 본래 선비가 할 일이 아니다. 시인들이 시의 네 격〔四格〕[1]을 숙달하는 데서 얻는 것은 다만 시구를 다듬으며 시의 의미를 연마하는 데 있을 뿐이다.
　그런데 지금 시를 배우는 사람들은 운율과 시구만을 숭상하면서 시어를 기어이 새롭게 하려고 하므로 표현은 자연 생경해지며, 대구

---

1) 한시 짓는 형식으로 기승전결을 말한다.

는 반드시 같은 종류로 하고자 하므로 내용은 졸렬해진다. 그리하여 웅걸하고 노련한 풍격은 차츰 없어졌다.

— '보한집에 부쳐〔續破閑集序〕'에서, 《보한집》

시의 품격
— 최자

 산문에서 기백은 호매하고 장중하며 품격은 굳세고 맑아야 하며 사상–감정(意)은 솔직하고 말은 풍부하고 자유로워야 하며 문체는 소박하고 힘차야 하되 조금이라도 생경하거나 천박하거나 난잡한 것은 탈이다.
 시를 두고 말하면 신기新奇, 절묘, 일월逸越, 함축, 험준, 고매, 호장豪壯, 풍부, 웅심雄深, 고아古雅한 것이 으뜸이며, 정밀, 긴절緊切, 상쾌, 청신淸新, 표일飄逸, 경직勁直, 굉섬宏贍, 화유和柔, 화려, 격렬, 담박, 고상, 우한優閒, 광대, 청아, 교묘한 것은 그 다음이다. 그리고 졸렬, 생소, 건삽蹇澁, 한고寒枯, 비속, 조잡, 쇠약, 음란한 것은 탈이다.
 시를 평하는 사람은 먼저 시의 품격과 내용을 보고 마음으로 시어와 운율을 보아야 한다. 같은 내용이라도 시어와 운율의 차이가 있는 법이니 한 작품이 내용과 형식이 함께 우수하기는 그리 흔하지 않기 때문에 평론가들의 평가도 한결같지 않은 것이다.
 《시격詩格》에 "구격句格이 노련하여 어구가 속되지 않고 사리가 깊어 내용이 잡되지 않고 마음대로 재주를 부리되 기상이 사납지 않고 언어가 간결하되 사실이 모호하지 않으면 바로 시로 될 수 있다." 하였는데, 이 말은 사표로 삼아 본받을 만하다.

*

세상에서 범상한 것만 즐겨 좋아하는 사람과는 더불어 시를 이야기할 수 없다. 하물며 붓으로는 그릴 수 없이 뛰어난 시의 기백에 대해서랴.

―《보한집》에서

이규보의 시
—최자

내가 일찍이 문안공文安公 유승단[1]을 방문하였더니 공은 이런 말을 내게 들려주었다.

"이즈음 학사 이규보의 시 작품을 보았는데 매우 우수하여 자못 참신한 내용이 많았다. 그의 장편시를 관통하는 기백은 작품 마지막에 이를수록 더욱 장쾌하여 마치 천 리를 달리는 준마가 바야흐로 네거리를 달려 나가다가 중도에서 굳건하게 우뚝 멈춰 선 듯한 그런 기상이다."

*

문안공 유승단은 일찍이 이런 말을 했다.
"지극히 묘한 문장은 오래 씹어야 맛을 알되 범속한 작품은 첫눈에 즐겁다. 그러나 학자가 글을 읽을 때에는 마땅히 꼼꼼히 읽고

---

[1] 유승단兪升旦은 고려 고종 때 사람. 박학다식한 학자로서 벼슬이 참지정사에까지 올랐다.

깊이 생각하여 사상-감정(意)을 이해하도록 하여야 한다."

*

이규보는 일찍이 사람들을 보고 자기 창작은 해마다 발전해서 작년에 쓴 작품을 올해 보아도 가소롭게 여겨지는데 거의 해마다 그러하다고 하였다.

이규보는 젊었을 때에 붓을 달려 시를 빨리 쓰면서 거의 치밀한 구상을 하지 않았다. 어구가 시의 형태를 갖춘 것이 있으면 사람들은 모두 베껴 가지고 다니면서 읊었다. 늘그막에 이르러서 이규보는 시 창작에 심중히 대하여 구상도 깊이 하고 시어도 다듬었지만 도리어 사람들은 심오한 맛을 즐길 줄 몰랐다. 그러고 보니 시를 이해하기는 어려운 일이다. 어려운 일 중에서도 어려운 일이다.

*

무릇 시의 기교에 대하여 말한다면 두보와 같이 하면 아름답기는 하다. 그러나 솜씨가 서투른 자는 애써 다듬을수록 도리어 더욱 졸렬해져 공연히 정력을 허비할 뿐이다. 그러기에 시인은 각각 자기 재능에 따라 진정을 토로할 것이며 갈고 다듬은 흔적이 없도록 해야 한다.

*

문순공 이규보의 문집이 편찬되었다. 이규보의 시문을 보면 마치 해와 달과 같아서 칭찬할 말을 이루 다 찾을 수 없다. 근대의 율시는 오언율시거나 칠언율시거나 성운을 붙이고 대를 놓아야 하므로 반드시 아래위를 살피고 다듬어서 격률에 맞추어야 한다. 아무리 걸출한 시인이라도 마음먹은 대로 표현할 수 없고 반드시 온축을 기울여야 하는데 그렇지 못할 때에는 작품이 씩씩한 기백을 잃게 된다.

이규보는 젊었을 때부터 붓을 달려 작품을 빨리 썼는데도 한결같이 참신한 내용을 내놓았으며 어구의 표현이 다채로워 기백이 마치 천리마의 기세와 같았다. 성운과 격률을 조직하는 데도 치밀하고 교묘할 뿐 아니라 호방하고 기발하였다. 그러나 우리가 이규보를 우리 나라의 걸출한 시인이라고 하는 것은 그의 율시에 대해서 하는 말이 아니다. 고시와 장편시의 어렵고 곤란한 운율이라도 자유분방하게 한꺼번에 수백 장씩 써 나가면서 결코 옛사람을 답습하지 않고 훌륭히 하였기 때문에 우수하다고 하는 것이다.

*

기암거사棄菴居士 안순지安淳之가 이규보의 문집을 보고 서문을 다음과 같이 지었다.

"빛나는 문장은 잠시 동안에도 백 편의 시를 지어 내며 신묘한 재능은 참신하고 뛰어났다. 사람들은 이규보를 이백과 같다고 하는데 과연 그렇다. 내가 보기에는 그가 시를 쓸 때에는 물결치는 바다인 양 자유분방하며 작품은 비단결같이 빛나는 점이 이백과 비슷한 것 같다. 그리고 율격이 엄격하면서도 정제되고 대구가 적절하여 급히 서둘러 쓰는 중에서도 노력한 흔적이 나타나는 점은 이백보다 우수한 듯하다."

―《보한집》에서

담담히 흐르는 물처럼
―이제현

보는 바가 넓으면 서는 바도 높으며 체험한 바가 따가우면 지키는 바도 확고하다. 그리하여 언제나 침착하게 행동하며 담담한 물이 흐르듯이 하면서도 그칠 때는 그칠 줄을 알게 한다. 이렇게 되면 전날에 의심하던 자는 부끄럽게 여기고 비방하던 자는 마음으로 순종하여 따라올 것이다.

― '대선사 호공을 보내며〔送大禪師瑚公之定慧社詩序〕'에서,《익재집益齋集》

- 이제현(李齊賢, 1287~1367)은 고려 후기의 대표 문인이다. 삼십 년에 걸쳐 다섯 차례나 중국에 다녀오면서 많은 시를 썼다. 백성들이 즐겨 부르던 노래를 수집하여 '거사련', '사리화', '처용가' 같은 작품을 기록으로 남겼는데, 이들 소악부는 오늘날에도 소중한 자료다.《익재난고》와《역옹패설》이 전한다.

역옹패설 전편 머리말
— 이제현

　임오년(1342) 여름에 장맛비가 달포를 끌어 문밖 출입을 못하였으며 또 찾아오는 사람도 없었다. 하도 갑갑하여 견딜 수 없기에 벼루에 낙숫물을 받아 가지고 무슨 심심풀이나 할까 하였다. 우선 친구들끼리 주고받은 서신들을 모아 정리하고 있었는데 내가 일찍이 끼적거려 두었던 이것저것 종이쪽지들도 나왔다. 그것을 한데 묶어 종이 뒷등 끝에 '역옹패설櫟翁稗說'이라고 썼다.
　이 도토리 '력櫟' 자는 즐거울 '락樂' 자를 몸으로 하였으니, 그 음을 취한 것이기도 하다. 그러나 도토리나무는 재목으로 쓰기에는 좋은 것이 못 되기 때문에 베어 쓰는 해를 입지 않는다. 이것이 나무에게는 즐거울 일이 아니겠는가? 그러므로 '도토리 력' 자는 '즐거울 락' 자나 같다.
　내가 일찍이 벼슬아치들의 뒤를 따르다가 벼슬길을 그만두고 혼자 수양하면서 호를 '역옹'이라 하였다. 말하자면 도토리나무와 마찬가지로 재목감이 못 되니 오래 살 수 있지 않을까 하는 뜻에서였다.
　'패稗'의 소리는 '비卑'와 같다. 그러나 뜻을 따지면 곡식 중에서 가장 하찮은 것이 피이다. 내가 젊어서는 글공부를 힘써 했으나 마흔에 들어서면서부터는 공부를 폐하다시피 하였고 지금은 늙어서도 함부로 끼적거리기를 좋아하니, 아무 맺힌 것, 속살 있는 것이 없어서 하찮은 바가 피와 다를 것이 없다. 그러므로 이 기록들을 하나로 묶어 '패설'이라고 이름을 붙이고 스스로 머리말을 쓰노라.

— '역옹패설 전편 머리말〔櫟翁稗說 前集序〕', 《익재집》

역옹패설 후편 머리말
— 이제현

어느 사람이 역옹에게 물었다.
"자네가 전편에 쓴 것은 멀리 조종[1]에 관한 것에서 시작하여 이름난 공경들의 언행도 그 가운데 어지간히 실었지만 결국 골계[2]의 이야기로 마감하였으며, 후편에는 경전과 역사에 관련한 것은 얼마 없고 대개 다 문장과 시구를 아로새기는 것뿐이니, 어찌 그렇게 특별한 신조가 없는가? 이것이 어찌 단아한 선비이자 점잖은 어른이 마땅히 할 바이겠는가?"
역옹이 대답하였다.
"둥둥 울리는 북소리도 《시경》의 '국풍'에 올라 있으며 갖은 춤이 너울거리는 것도 '아송'[3]에 편입되어 있다. 하물며 이 기록은 본래 심심풀이로 붓 가는 대로 쓴 것이니 거기에 희롱이 있다 해서

---

1) 조종祖宗은 왕의 선조.
2) 우스운 이야기 속에 풍자가 섞인 것.
3) '국풍國風'과 '아송雅頌'은 《시경》의 편명이다.

무엇이 괴이하겠는가.

　공자가 장기와 바둑을 즐기는 자도 아무것도 아니 하는 자보다는 낫다고 하였다. 문장이나 시구를 새기고 다듬는 것이 장기와 바둑에 비할 때 오히려 낫지 않을까? 또 이렇지 않다면 패설이라고 이름 붙이지도 않았을 것이다."
이 대답으로 중사[4]는 서를 삼는다.

― '역옹패설 후편 머리말〔櫟翁稗說 後集序〕', 《익재집》

---

4) 중사仲思는 이제현의 자.

옛사람의 시
―이제현

옛사람의 시는 눈앞의 풍경을 그리면서도 뜻은 말 밖에 있어 말은 끝나도 그 맛은 끝나지 않는다.
도잠의 시를 보자.

> 동쪽 울 밑에서 국화를 캐다가
> 하염없이 남산을 보도다.
> 採菊東籬下　悠然見南山

또 간재簡齋 진여의陳與義의 시를 보자.

> 문을 여니 언제 비가 왔구나
> 늙은 나무 반나마 젖었나니.
> 開門知有雨　老樹半身濕

나는 "못가에 봄풀이 나온다.〔池塘生春草〕"는 시구를 특별히 애송

한다. 말로는 전할 수 없는 한없는 묘미가 들어 있기 때문이다.

  내가 옛날 중국 절강 지방에 갔을 적에 어떤 이가 난초 심은 화분 하나를 주기에 받아다가 책상 위에 놓았다. 손님을 응대할 적이나 사물을 논의할 때에는 향기가 있는 줄을 깨닫지 못한다. 그러나 밤이 깊어 고요히 앉아 있을 때 달빛이 창에 들 제면 그윽한 향기가 코에 풍긴다. 맑고 먼 운치를 사랑할 수는 있으되 말로 형상할 수는 없다.

  나는 홀연히 혼잣말로 "아아, 사령운謝靈運이 읊은 '봄풀〔春草〕'의 시구가 바로 이것이로구나." 하였다.

— '역옹패설 후편' 에서, 《익재집》

유우석의 시
— 이제현

유우석이 금릉金陵을 읊은 시들이 있다.

산은 옛 나라 둘러
겹돌아 있고
조수는 빈 성을 치곤
적막히 돌아온다.

회수 동편
옛적 그 달이
밤 깊으면 또다시
여장[1]을 넘어오누나.
山圍故國周遭在　潮打空城寂寞回
淮水東邊舊時月　夜深還過女墻來

---

1) 성 위에 쌓은 작은 담장.

주작교2) 가에는
들풀이 꽃 피고
오의항3) 어구에는
석양이 비꼈네.

옛날 왕도와 사안4)의 큰 집에
깃들던 제비들이
예사로 백성들 집에
날아드누나.
朱雀橋邊野草花　烏衣巷口夕陽斜
舊時王謝堂前燕　飛入尋常百姓家

생전엔 공의 설법
귀신도 듣더니
죽은 뒤 빈집을
밤에도 걸지 않네.

적막한 예좌5)엔
티끌만 앉았는데
오직 뜰 가운덴

---

2) 중국 옛날 동진東晉의 서울 건강建康에 있던 다리 이름.
3) 주작교와 가까운 거리에 있던 지명. 동진의 유명한 왕도王導, 사안謝安 등이 살던 곳.
4) 왕도와 사안의 가문에서 나라에 공훈을 세우거나 글을 잘하는 사람들이 많이 나왔다.
5) 절간의 부처가 앉은 자리.

달빛이 밝구나.
生公說法鬼神聽　身後空堂夜不扃
貌座寂寥塵漠漠　一方明月可中庭

하였는데, 세 편이 다 훌륭한 작품이다.

　백거이는 "조수는 빈 성을 치곤 적막히 돌아온다."를 특별히 사랑하여 머리를 끄덕거리며 곰곰이 읊다가 뒷날 시인들이 이에 대하여는 다시 더 손을 댈 수 없을 것이라고 다시금 감탄하였다. 소식은 어떤 사람이 세 번째 시 끝구에서 "밝은 달빛이 뜰에 가득 찼구나.〔明月滿中庭〕"하고 '찰 만滿' 자를 쓰지 않고 '가할 가可' 자를 썼느냐고 물었을 때 웃을 뿐, 대답하지 않았다.

　옛사람들의 시에 대한 감상과 태도가 이러하였다.

— '역옹패설 후편'에서, 《익재집》

작가들의 특징은 다 다르다

—이제현

구양수가 스스로 자신을 긍정한 말이라 하여 전하는 것이 있다.
"나의 '여산고廬山高'는 지금 사람들은 아무나 지을 수는 없을 것이고 오직 이백이라면 할 수 있을 것이며, 나의 '명비후편明妃後篇'은 이백도 못 지을 것이고 두보라면 지을 수 있을 것이다. 그러나 전편은 두보라도 못 지을 것인데 나는 지었다."
하지만 이는 뒤에 일을 꾸미기 좋아하는 사람들이 '여산고'의 음절이 이백의 것과 비슷하고 '명비후편'이 두보의 것과 비슷한 까닭에 함부로 지어낸 말이다.
소순[1]이 구양수에게 보낸 글에 "맹자나 한유의 글과 달리 구양수의 독특한 글"이라고 한 것과 같이, 글은 모두 특징이 있어 서로 다르다. 시도 또한 그런 것이니, 이백과 두보에게 구양수의 시를 지으라면 반드시 다를 것이다. 또 구양수에게 이백과 두보의 시를 지으라면 마치 우맹[2]이 손뼉 치고 담소하며 손숙오[3]의 흉내를 내는

---

1) 소순蘇洵은 송宋나라의 문인.

것과 같을 것이다. 이를 진짜 손숙오라고 하겠는가?

— '역옹패설 후편'에서, 《익재집》

---

2) 우맹優孟은 중국 초나라 장왕莊王 때 배우.
3) 손숙오孫叔敖는 초 장왕의 어진 신하.

정지상의 시
— 이제현

사간 정지상의 시에 이런 것이 있다.

   비 멎은 긴 방축에
   풀빛이 푸른데
   남포에서 그대를
   슬픈 노래로 보내노라.
   대동강 물이야
   어느 땐들 마르리오.
   이별의 눈물 해마다 흘러
   물결을 짓거니.
   雨歇長堤草色多　送君南浦動悲歌
   大同江水何時盡　別淚年年添作波

원나라 양재梁載라는 이가 일찍이 이 시를 베낄 적에 "이별 눈물은 해마다 흘러 물결을 넘치게 하네.〔別淚年年漲綠波〕"로 고쳤다. 나는 원작의 '짓거니〔作〕'도, 양재의 '넘치게 하네〔漲〕'도 모두 원활치 못하다고 생각한다. 이것은 마땅히 '물결을 보태거니〔添綠波〕'라고 하는 것이 좋을 것이다.

— '역옹패설 후편'에서, 《익재집》

여러 가지 표현 수법
—이제현

장간공 장일[1]의 '승평 연자루'[2] 시에 다음과 같은 것이 있다.

바람 좋고 달 좋아도
처량하구나, 연자루야
낭군이 한번 간 후
꿈속같이 세월 흘러

그 시절 놀던 객들
뉘 아니 늙었으리.
누각 위 꽃이었던
가인마저 백발일세.

---

1) 장일張鎰은 고려 고종 때 사람. 충렬왕 때까지 벼슬길에 있으면서 지첨의부사 보문서태학
사 수국사까지 지냈다. 장간章簡은 시호.
2) 승평昇平은 전라도 순천의 옛 이름. 연자루燕子樓는 순천 남대문 위에 있던 누각 이름.

風月淒涼燕子樓　郎官一去夢悠悠
當時座客何嫌老　樓上佳人亦白頭

밀직密直 곽예[3]가 쓴 '수강궁이 새매를 잃었기에〔壽康宮逸鷂〕'라는 시가 있다.

여름은 서늘하게 겨울은 따습게
먹이는 건 신선한 살진 고기
무슨 일로 구름 높이
가고 돌아 안 오는가.

보아라 제비들은
곡식 한 알 주잖아도
해마다 정든 들보
또다시 찾아온다.
夏涼冬暖飼鮮肥　何事穿雲去不歸
海燕不曾資一粒　年年還傍畵樑飛

문안공 이승휴[4]의 '구름〔詠雲〕'이라는 시가 있다.

---

3) 곽예郭預는 고려 때 청주淸州 사람. 고종 때 벼슬길에 나서서 지밀직사사 감찰대부까지 올랐으며 글을 잘하고 글씨도 유명하였다.
4) 이승휴李承休는 고려 의종 때 사람. 강직하고 청렴하며 학식과 문장이 훌륭했다. 벼슬은 밀직부사 감찰대부 사림학사승지에 올랐다. 문안文安은 시호.

한 조각 스스로
땅 위에서 문득 생겨
동서남북 마음대로
가로세로 퍼져 난다

그러다가 비가 되면
마른 초목 살리건만
부질없이 중천에서
해와 달만 가리누나.
　一片忽從泥上生　東西南北便縱橫
　謂成霖雨蘇群槁　空掩中天日月明

밀직 정윤의鄭允宜가 쓴 '안렴사에게〔贈廉使〕'라는 시가 있다.

새벽빛 헤치며 말을 급히 달려
외로운 성으로 들어가니
사람 없는 마을에
살구 알만 달렸구나.

나랏일 급한 줄을
뻐꾹새야 어찌 알리.
숲을 찾아 종일토록
봄갈이만 권하누나.
　凌晨走馬入孤城　籬落無人杏子成

布穀不知王事急　傍林終日勸春耕

　이 시들을 사람들은 사랑하였다. 그러나 장일의 시는 감회를 읊었을 뿐 다른 뜻은 없지만 다른 세 편은 모두 풍자하는 뜻을 품고 있다. 그중에서도 정지상과 곽예의 시는 그윽하고도 완곡하다.

— '역옹패설 후편'에서, 《익재집》

시의 감상

—이제현

    평보平甫 홍간洪侃의 시는 한 편이 나올 적마다 누구나 좋아하여 전하였다.
    《논어》에,
    "마을 사람들이 모두 좋아해도 아직 좋다고 못 할 것이며, 모두 미워해도 아직 그렇다고는 못 할 것이니, 진실한 사람이 좋아하고 진실치 아니한 사람이 미워함만 같지 못하다."
하지 않았는가. 시문을 평하는 것도 어찌 이와 다르겠는가.
    옛사람이 이르기를,
    "시는 만고에 전하여 내려갈 수는 있어도 수긍을 받기는 어려우며, 사방의 문인들이 모인 자리를 놀랠 수는 있어도 혼자 앉아 감상하는 이의 뜻에 맞기는 어렵다."
하였으니, 참으로 명언이다.

— '역옹패설 후편'에서, 《익재집》

날리는 배꽃을 두고
—이제현

탄지坦之는 과거에도 뽑혔고 시에도 이름을 남겼다. 중이 된 뒤에는 호를 취봉鷲峰이라고 하였다. 그는 '날리는 배꽃[賦落梨花]'이라는 시에서 이렇게 썼다.

> 흰 용 백만 마리
> 구슬 다퉈 싸울 적에
> 바다 밑 물귀신이
> 떨어진 비늘을 주웠다가
> 슬그머니 봄바람에게
> 꽃으로 팔았기에
> 봄철 신이 호화롭게
> 이 세상에 뿌린다네.
> 玉龍百萬爭珠日　海底陽侯拾敗鱗
> 暗向春風花市賣　東君容易散紅塵

이야말로 시골 훈장의 글이다. 그런데 문정공文貞公 김구金坵가 쓴 '날리는 배꽃〔落梨花〕'이라는 시도 있다.

나는 듯 춤추는 듯
문득 가던 길 되돌아섬은
행여나 가지에
다시 올라 피렴인가.
뜻밖에 꽃잎 하나
거미줄에 걸리었네.
거미는 재빠르게 말려드누나
아마도 나비인 줄 아는가 보다.
飛舞翩翩去却回　倒吹還欲上枝開
無端一片黏絲網　時見蜘蛛捕蝶來

위의 두 작품은 작가의 수단이 원래 같지 않다는 것을 보여 준다.

— '역옹패설 후편'에서, 《익재집》

임춘과 최자의 시
— 이제현

서하 임춘의 '꾀꼬리 소리를 듣고(聞鶯)'라는 시는 다음과 같다.

농촌에 오디 익고
보리도 성했는데
녹음 우거진 수풀에서
꾀꼬리 소리 새로 들리네.

서울의 꽃그늘 거닐던 나그네를
네 정녕 알았느냐.
지성껏 지저귀며
그칠 줄 모르네.
田家椹熟麥將稠 綠樹初聞黃栗留
似識洛陽花下客 慇懃百囀未能休

문청공 최자는 '숙직하다가 채진봉에서 학 우는 소리를 듣고(夜

直聞採眞峰鶴唳)'에서 이렇게 읊었다.

한 점 구름도 없는 창공에
달빛은 정히 밝기도 하다.
솔가지에 깃들인 흰 두루미라
맑은 이 저녁을 어찌 그저 보내리오.

산에 하 많은 새며 짐승들
어찌 그의 울음 알아들으랴.
두루미는 혼자 제 깃을 다듬으며
한밤중에 우누나.
雲掃長空月正明　松巢宿鶴不勝淸
滿山猿鳥知音少　獨刷疎翎半夜鳴

두 편 다 불우한 처지에 있는 시인의 감정을 표현하였다. 그런데 최자의 시가 보여 주는 기백은 임춘의 시로는 견줄 바가 아니다.

― '역옹패설 후편'에서, 《익재집》

시는 지향의 발현
—이제현

시는 지향의 발현이다. 마음에 먹은 것이 지향인데, 이것이 말로 표현되면 시로 된다.

— '사찬史贊'에서, 《익재집》

시를 짓기는 어렵지 않으나
시를 알기는 어렵다

서거정 | 김시습 | 성현

시를 짓는다는 것
―서거정

시는 감정이 피어나는 것이며 기백이 넘치는 것이다. 옛사람들이 시를 읽으면 쓴 사람의 사람됨을 알 수 있다고 하였는데 과연 옳은 말이다.

*

시에서 고사를 인용할 때에는 반드시 출처가 분명해야 한다. 경솔하게 제 의견을 내놓으면 말이 아무리 공교로워도 남의 웃음을 면치 못한다.

- 서거정(徐居正, 1420~1488)은 조선 전기 세종에서 성종 대까지 활동한 학자이자 벼슬아치였다. 서거정의 학문과 사상은 15세기 관학의 분위기를 대변하고 정치에서는 훈신의 입장을 보였다. 우리 땅에 대한 자부심과 역사 전통에 대한 신뢰를 바탕으로 쓴 《동국여지승람》, 우리 나라 한문학의 독자성을 내세우며 정수를 모은 《동문선》을 편찬했으며, 《동인시화》, 《필원잡기》 들을 남겼다.

　시를 짓는 것은 어렵지 않다. 그러나 능히 정경을 만들고 형용을 묘사하여 한마디로 나타내는 것, 이것을 옛사람도 어렵게 여겼다.

*

　시를 짓는다는 것은 자그마한 일이다. 그러나 옛사람은 시를 지으면 반드시 후세에 남길 것을 기약하였다.

*

　옛사람은 시에서 격조를 다듬고 시구를 다듬고 시어를 다듬었다. 그리고 또 스승과 벗에게 보이고 허물을 찾아내어 고쳤다.

*

　시는 남의 것을 답습하는 것을 꺼린다. 옛사람은 "문장은 마땅히 제 생각대로 써야 한다." 하였다. 내 형상을 어찌 남과 같이 만들어 낼 수 있겠는가.

*

　무릇 시의 기교는 어구 하나를 묘하게 쓰는 데 있다. 때문에 옛사람은 어구 하나를 지적해 주는 이를 스승으로 삼았다.

*

시는 내용을 직접 드러내지 않고 함축성 있는 것이 좋다. 그러나 희미하고 은밀한 말은 명쾌하지 못하니 또한 시의 큰 흠집이다.

*

시는 마땅히 기백을 앞세우고 기교는 다음으로 해야 한다.

*

옛사람들이 고사를 인용할 때 사실을 직설적으로 인용하기도 하고 본래의 의미와 반대로 인용하기도 한다. 고사를 바로 인용하는 것은 누구나 할 수 있으나 의미를 반대로 인용하는 것은 재능이 탁월한 사람이 아니면 할 수 없다.

*

옛 시인들은 시에서 흔히 사물에 의탁하여 정황을 보여 주는 수법을 썼는데 표현에 그럴듯한 것이 많았다. 예컨대, 문정공 최항[1]은

---

1) 최항崔恒은 15세기 중엽에 활동한 문학자. 문정文靖은 시호.

'검은 팥〔詠黑豆〕'이라는 시에서 "흰 눈은 속된 것을 미워하는 듯, 복수심을 안고 세상을 흘긴다.〔白眼似嫌憎俗意. 添身還有報仇心〕" 하였다. 문인, 열사를 검은 팥에 비유한 표현이 특이하다.

―《동인시화東人詩話》에서

이인로의 시
―서거정

대간 이인로의 '천수사 벽에 쓴다〔題天水寺壁〕'가 있다.

　기다려도 기다려도
　벗들은 오지 않고
　중을 찾아보아도
　중들도 간데없네.
　오직 수풀 속
　산새들만
　지종지종 친절하게
　지저귀누나.
　待客客未到　尋僧僧亦無
　唯餘林外鳥　疑曲勸提壺

옛날 시를 평하는 사람들은 이렇게 말하였다.
"시란 것은 그리기 어려운 정경을 눈앞에 보듯이 묘사해야 한다.

이루 다 표현할 수 없는 내용이 시어 밖으로 나타나도록 해야 좋은 작품이다."
나는 이인로의 시에서 그런 경지를 보았다.

―《동인시화》에서

이제현의 악부시
—서거정

대간 이인로의 시 '소상팔경瀟湘八景'은 청신하고 화려하며 묘사가 능숙하다. 그리고 우사간 진화陳澕의 칠언 장시는 건실하고 웅장할 뿐만 아니라 기묘하고 특이하다. 둘 다 걸출한 시인으로서 뒷사람들이 따르지 못할 만큼 우수하였다. 오직 문충공 이제현의 절구와 악부시만이 심오하고도 전아하며 자유로워 두 시인과 더불어 고금 수백 년 간에 걸쳐 서로 재능을 겨루어 왔다.

*

악부시는 마디마디 구절구절이 모두 음률에 맞아야 하는 것으로 옛날부터 시에 능란한 사람들도 짓기 어려워하였다. 이규보, 이인로, 최해崔瀣, 이색李穡과 같은 시문의 대가들도 감히 손을 대지 못하였다. 오직 익재 이제현만이 여러 가지로 악부시를 썼는데 그 수법이 매우 엄정하였다. 그런데 요즈음 학자 중에는 음률도 배우지 않고 악부시를 짓는 사람이 있다.
—《동인시화》에서

시를 알기 어렵다
―서거정

    시를 짓기는 어렵지 않으나 시를 알기는 더 어렵다. 일찍이 이규보가 옛사람의 시를 평할 때 매요신[1]의 시를 좋지 못하다고 하였으며, 사령운의 "못가에 봄풀이 나온다.〔池塘生春草〕"를 우수한 작품이 아니라고 하였다. 그리고 서응徐凝이 폭포를 노래한 시를 좋다고 하였다.
    그러나 소식은, 서응의 시를 나쁘다고 하였으며 구양수는 매요신의 시를 잘되었다고 했고, '봄풀〔春草〕'을 고금의 절창이라고 하였다.
    이규보의 평가와 대비하면 이렇듯 서로 다르다. 시를 이해하는 일이 어찌 어렵다고 하지 않겠는가.

―《동인시화》에서

---

1) 매요신梅堯臣은 중국 송나라 시인.

이승휴의 시
—서거정

동안거사動安居士 이승휴李承休의 '구름[詠雲]'이라는 시가 있다.

한 조각 스스로
땅 위에서 문득 생겨
동서남북 마음대로
가로세로 퍼져 난다.

그러다가 비가 되면
마른 초목 살리련만
부질없이 중천에서
해와 달만 가리누나.
一片纔從泥上生 東西南北便縱橫
謂爲霖雨蘇群枯 空掩中天日月明

이 시는 다분히 풍자하는 뜻을 담고 있다.

이승휴는 충렬왕 때에 어사로 있으면서 왕을 충고하다가 벼슬에서 물러난 뒤에는 두타산頭陀山에 살면서 죽을 때까지 다시 벼슬하지 않았다. 그는 자기 시에서 구름이 해와 달을 가리는 것으로 당시 간신배들이 임금의 총명을 가리는 것을 비유하였던 것이다.

실제로 이승휴의 시는 중 봉충奉忠의 시에서 영향을 받은 것인데 내용과 표현이 아울러 원활하다. 옛사람이 "예전의 것을 기술하는 것이 반드시 창작만 못하다고 할 수 없다."고 한 말이 그럴듯하다.

―《동인시화》에서

고조기의 시 한 수
―서거정

당나라 시에 이런 것이 있다.

안방 색시에게 무슨 걱정 있으랴
화장도 곱게 봄 언덕에 올랐어라.
푸르러 오는 버들 숲을 바라보며
괜시리 남편더러 출세하라 했네.
幽閨少婦不知愁　春日凝粧上小樓
忽見陌頭楊柳色　悔敎夫婿覓封侯

이 시를 모두가 절창이라고 하였다.
 일찍이 평장사 고조기高兆基는 '먼 곳에 부치는 시〔寄遠〕'에서 이렇게 썼다.

정성 들여 글월을 닦아
계신 곳에 보냅니다.

부디 몸 조심하고
끼니를 챙기소서.
변방을 지키는 일이야
장한 일이 아닙니까.
원수를 치기 전에는
돌아올 길 생각도 마소.
錦字裁成寄玉關　勸君珍重每加餐
封侯自是男兒事　不斬樓蘭未擬還

먼저 읽은 당나라 시는 좋기는 하나 남편을 깊이 생각하며 사랑하는 사사로운 감정을 형용한 데 불과하다. 그러나 고조기의 시는 수법이 당나라 시에 미치지 못하나, 거기에는 우선 간절한 그리움과 글월을 보내는 데 대하여, 다음에는 국방에 이바지하는 것과 음식을 조심할 것에 대하여, 마지막에는 그의 일이 성공하기를 바랄 뿐으로, 한마디도 사사로운 애정에 대하여 언급하지 않았다. 그의 시에는 은연히 《시경》의 정신이 남아 있다. 시를 다만 기교의 우열만으로 논할 수 있겠는가.

―《동인시화》에서

시인마다 우열이 있느니
—서거정

　이숭인李崇仁의 시문은 갈고 다듬어서 정밀하고 아름다우며 권근權近의 시문은 소박하고 온후하여 자연스럽다. 이숭인의 갈고 다듬는 솜씨는 권근도 넉넉히 할 수 있을 것이나 권근의 소박하고 진실한 맛은 이숭인으로서는 암만해도 따르지 못할 것이다.

*

　논자의 의견에 의하면, 이색의 시는 웅건하고 고상하며 품격이 뛰어나서 배워서 따라갈 수 있는 경지가 아니다. 이곡의 시는 정밀하고 소박하며 자연스러울 뿐 아니라 격률이 엄정하다. 두 시인의 작품은 각각 우열이 있는데 시를 볼 줄 아는 이들은 잘 분변할 것이다.

—《동인시화》에서

시의 기능
― 서거정

시는 자그마한 기예이다. 그러나 만일 사람들을 교양하는 데 관련이 있다면 뜻있는 이들은 마땅히 이를 이용해야 한다.

보궐補闕 진근陳瑾의 '왕에게 충고하다 벼슬에서 떨어져 옥천으로 가면서〔言事落職將赴沃川〕'라는 시가 있다.

> 백성이 바다라면 임금은 배이거니
> 이 사실을 알려 주려고
> 내 충성을 다해
> 방탕한 놀음을 고쳐 주려 했노라.
> 임금을 간하는 말 하기도 전에
> 멀리로 귀양 가는 몸 되었으나
> 아무런 시름 없이 떠나려노라.
> 欲知民水載君舟　要盡忠誠戒逸遊
> 諫院未能陳藥石　長沙見謫不須愁

여기에는 귀양 가는 사람의 원한은 표현되지 않고 임금을 경계하며 충고하는 성실한 내용이 있을 뿐이다.
간의諫議 오순吳洵은 '관가정觀稼亭'에서,

봄갈이가 끝나면
여름 볕에 김매기 더욱 힘들고
추수가 끝나기도 전에
추운 겨울은 다가오누나.

어쩌면 이 정자를
행차 지나는 큰길에 옮겨
농민들의 가난한 살림을
임금께 한번 보여 줄거나.
春耕易耨夏多熱　秋斂未盡冬已寒
安得玆亭移輦道　君王一見此艱難

하였다. 이 시에서는 농사짓는 농민들이 얼마나 고생하는가를 보여 주었다.
위의 작품들에서 보는 것과 같이 시를 어찌 조그만 기예라 하여 소홀히 여길 수 있겠는가.

―《동인시화》에서

이규보와 이색의 장편시
— 서거정

　일찍이 나는 이규보의 장편시를 읽었는데, 웅건 장쾌하며 기세가 용감하여 마치 맨손으로 맹수를 때려잡고 오르는 용을 휘어 쥐는 듯하니 기이하고 놀랄 만하다. 그러나 시가 다소 거친 점이 있다.
　이색의 장편시는 변화가 자유롭고 고금을 관통하여 마치 도도한 바다의 물결이 온갖 기괴를 다 부리는 것 같다. 그러나 그는 속어를 즐겨 썼다.
　시를 배우는 사람들이 만일 이색을 배우다가 실패하면 결국 비속한 데로 흐르게 될 것이며, 만일 이규보를 배우다가 실패하면 마치 바람을 잡고 그림자를 얽어매는 것 같아서 몸 둘 곳을 모르게 될 것이다.

—《동인시화》에서

번안법
―서거정

조수[1] 선생이 쓴 시 '수확을 노래한다〔詠秋穫〕'에 "낫 모양이 초승달 같다.〔磨鎌似新月〕"는 구절이 있다. 그가 나에게 이르기를, 한유의 시에 "초승달이 낫과 같다.〔新月似磨鎌〕"는 말이 있는데 이 말을 쓰면서 반대로 해 보았노라고 하였다. 이런 것을 번안법飜案法이라고 하는데 시를 배우는 사람들은 반드시 알아야 할 것이다.

―《동인시화》에서

---

1) 조수趙須는 조선 태종 때 사람.

문과 무의 관계
―서거정

옛날에 시를 논하는 사람이 말하기를, 벼슬아치들의 시가 있고 산림 초야에 묻힌 사람들의 시가 있다고 하였다. 생활 처지가 다르기 때문에 표현되는 시가 다르지 않을 수 없다.

*

천지의 정기가 사람에게 집중되면 훌륭한 문장이 된다. 문장이란 인간 언어의 정화다. 그러므로 좋은 시대를 만나 기쁨을 노래하는 경우에도 문장은 마치 하늘의 다섯 별[1]과 같이 빛이 찬란하며, 불우한 때를 당하여 세상을 개탄하고 자연을 읊조려도 문장은 마치 골짜기에 버린 구슬같이 빛나 그 빛을 가리지 못한다. 그러므로 사람들의 이목을 놀래며 명성을 후세에 전하는 것은 어느 경우에나 마찬가지다.

---

1) 금성, 목성, 수성, 화성, 토성 다섯 개의 별.

　시는 뜻을 말하는 것이다. 뜻이란 마음의 지향을 이른다. 그러므로 시를 읽으면 그 사람을 알 수 있다.

*

　문과 무의 관계는 마치 음양이 서로 떠나지 못하는 것과 같다. 그러므로 한편으로 당기고 한편으로 늦추는 것을 문무의 도라고 하는 것이다.
　대개 문이라는 것은 글귀나 읽고 고전에 해석이나 하는 것을 이르는 것이 아니며, 무라는 것은 적장을 베고 깃발을 앗아옴을 이르는 것이 아니다. 문으로 일체 활동의 본체를 확립하고 무로 그 운용을 활달하게 하면, 백성들의 생활을 편안히 하고 국방을 튼튼히 하는 데 아무런 부족함이 없을 것이다. 그런 뒤에야 문과 무를 말할 수 있다.

—《사가문집四佳文集》에서

묘향산에만 진리가 있지는 않으이
— 서거정

모르겠구나, 상인[1]이 떠나는 것은 무엇을 찾으려 함인가? 상인은 진리를 찾을 뿐이라고 한다. 나는 다시 말하노니 벽돌장과 기와 조각도 진리 아닌 것이 없고 강산풍월도 진리 아닌 것이 없으며 언어, 행동, 의복, 음식이 모두 진리 아닌 것이 없거늘, 그대는 어찌 혼자 멀리 떠나고자 하는가? 어찌 가만히 절간에 앉아 명상만 하려고 하는가?

— '묘향산으로 가는 준 상인에게〔送峻上人遊妙香山序〕'에서,《사가문집》

---

1) 상인上人은 중을 존대하여 이르는 말.

문장은 책에서만 배우는 것이 아니다
— 서거정

　소철蘇轍이 일찍이 논하기를, "문장이란 기백이 나타나는 것이다." 하였다. 맹자는 호연한 기운을 잘 길렀으며 사마천은 먼 곳을 여행하면서 문장의 기백을 키웠다. 그러므로 사마천의 문장은 해박하고 소탈 호탕하였다. 소철 또한 여러 고장, 여러 가지 사물을 관찰함으로써 장쾌한 기운을 기르려 하여, 종남산의 숭고한 모습과 황하수의 분방한 흐름을 구경한 뒤 북경에 이르러 장엄하고 화려한 건물들과 구양수나 한유같이 걸출한 인물들의 문장을 보았다. 그는 "천하의 문장은 바로 여기에 있다."고 감탄하였다.
　마자재馬子才도 또한, "사마천의 문장은 책에서 배운 것이 아니라 여행 중에서 배운 것이다. 여행과 현실에서 배우지 않은 문장은 곧 낡고 썩기 쉽다." 하였다.
　나 자신도 일찍부터 여러 고장을 여행하면서 기백을 기르며 문장을 빼어나게 하려고 생각하였다. 그러나 이제는 이미 늦었다.

　　　　　　　— '송도 여행기 머리말〔遊松都錄序〕', 《사가문집》

책도 읽고 여행도 하기를
—서거정

　작가는 멀리 여러 곳을 여행해야 하는가? 생각건대 수만 권의 책을 읽으면 문밖에 나서지 않고도 천하 고금의 일을 알 수 있는데 어찌 반드시 먼 여행을 해야겠는가?
　그러면 작가는 먼 여행을 하지 말아야겠는가? 생각건대 나라의 사명을 띠고 사방으로 다니면서 산천을 유람하면 문장과 기백을 더욱 장하게 할 수 있는데 어찌 먼 여행을 하지 않겠는가?
　수만 권의 책을 읽어 근본을 다지고 여러 고장을 여행하여 쓸 만한 능력을 기르면 자기에게 주어진 문학의 임무를 완성하게 될 것이다.

— '서장관 이 모를 보내는 시에 부쳐〔送李書狀詩序〕'에서,《사가문집》

왜 문인들은 불우한가
— 서거정

나는 일찍이 천지에 가득한 정기가 사람에게 모여서 문장을 이루고 그것이 발현되어 공명과 사업을 이루게 한다고 여겼다. 만일 하늘이 사람들에게 문장의 재능을 주었으면 마땅히 그들의 행운을 빼앗지 말아야 할 것이어늘, 어찌하여 세상에 많은 문인 재사들이 혹은 가난에 시달리고 혹은 불우한 처지에 빠지며 혹은 고칠 수 없는 병으로 신음하며 혹은 일찍 세상을 떠나 자신의 뜻을 실현하지 못하게 하는가? 예나 지금이나 항상 이런 일이 있으니, 조물주가 사람을 희롱하는 것이 어찌 이렇듯 심한가?

— '진일집에 부쳐〔眞逸集序〕'에서, 《사가문집》

시
―김시습

시란 무엇인가.
시는 샘물
돌에 부딪히면 흐느껴 울부짖고
못에 고이면 거울처럼 비치더라.
(……)
보기엔 심상한 풍격이나
그 묘리는 말하기 어려워라.
　　　　　―《매월당집梅月堂集》

■ 김시습(金時習, 1435~1493)은 세조가 어린 단종의 왕위를 빼앗자 의롭지 못한 세상에 절망하고 벼슬길에 나아가려는 뜻을 접었다. 평안도로, 강원도로, 전라도로, 경상도로 전국을 누비며 방랑하다 경주 금오산 기슭에 초막을 짓고 그곳에서 소설 《금오신화》를 썼다. 2천여 편의 시와 정치 견해를 밝힌 산문들이 《매월당집》에 실려 있다.

學詩

客言詩可學　詩法似寒泉
觸石多鳴咽　盈潭靜不喧
勸斷尋常格　玄關未易言

느낀 대로
―김시습

우리 나라는 옛날 삼한 때부터
습속이 중국과는 달랐노라.
설총과 최치원이 대를 이어
이 나라 문학의 터를 닦았어라.
―《매월당집》

感興詩

我國自三韓　俗與中國異
薛聰致遠輩　文章從此始

유자한 공께
―김시습

　이번에 쓴 상소문은 구상이 아주 아름다워 저 풋내기 벼슬아치들로서는 엄두도 내지 못할 글월이라고 생각합니다. 이는 실로 흉년살이를 구제하는 중요한 대책으로 될 것입니다.
　제가 부탁을 받을 때는 바로 초를 잡아 중로에서 써 드릴까 하였는데 돌아오는 길에 비를 만나 그만 서둘러 산골 서재로 돌아오고 말았습니다. 나중에 심사숙고하여 초 잡아 드리겠으니 자세히 살펴 주시기 바랍니다.
　무릇 글을 쓰려면 군더더기는 되도록 깎아 버리고 다만 실속 있는 이론을 전개하여 앞뒤 논리가 일관되어 글자마다 정성스러운 마음이 넘쳐흐르게 해야 읽는 이의 마음을 휘어잡게 될 것입니다.
　제갈량이 쓴 '출사표[1]'나 호전이 고종에게 올린 글[2]을 기억하실

---

1) '출사표出師表'는 중국 촉한蜀漢 때의 전략가인 제갈량이 부대를 동원하여 출정의 길을 떠나면서 왕에게 올린 글이다.
2) 호전胡銓은 송나라 때 사람. 여기에서 고종에게 올린 글이란, 금金이 송나라를 침략하려 할 때 화의를 주장하는 보수파들을 비판하여 왕에게 올린 '상고종봉사上高宗奉事'를 말한다.

겁니다. 비록 끝내 뜻을 이루지 못했을망정 천 년 뒷날에 이르기까지 그들의 충성이 확연히 전달되고 있습니다. 그 글을 읽을 적마다 제갈량과 호전의 정신과 드높은 정열이 영원히 살아 있는 것을 느끼게 되는데 이 어찌 글 쓰는 자의 모범이 아니겠습니까.

요즘 과거장의 글월은 얼른 보면 화려한 듯하나 필경 따지고 들어가면 아무런 의의가 없는 것입니다. 다만 '갈 지之' 자나 '말 이을 이而' 자, '입겿 호乎' 자, '입겿 야也' 자 따위 허사들로 내용 없는 말들을 수식하여 놓았을 뿐입니다. 그 수사만은 비록 입술에 미끈하게 흘러내리나 그 뜻은 새벽이슬, 봄 서리와도 같이 실속 없습니다.

이러기에 당나라 한유가 고문을 부흥시켰으며 송나라 주자가 위백양의 《참동계》3)를 가리켜 선진先秦 시대의 글에 가깝다고 높이 찬양하였던 것입니다.

전날 드린 글월이 내용은 좋으나 문장 구성이 절실한 논리로 안받침되지 못한 것 같아서 차일피일 단안을 내리지 못했던 것인데, 이번 글월은 실정에 맞도록 하기 위해서 무척 애를 썼습니다. 당신께서는 어떻게 생각하시는지요? 상세히 검토하여 주시기 바랍니다.

— '유자한에게〔與柳自漢〕', 《매월당집》

---

3) 《참동계參同契》는 위백양魏伯陽이 쓴 것으로, 《주역》, 《황제내경黃帝內經》, 《노자老子》의 이론을 종합한 것이다.

굴원의 노래
—김시습

어떤 이가 또 따져 물었다.
"굴원은 초나라의 충신이었소. 그가 임금을 간하여도 듣지 않으므로 멱라수 기슭에 노닐면서 귀신에게 제사 지내는 노래를 지었댔소. 그 노래는 아홉 장이나 되는데 천지조화를 일으키는 신령들과 산귀신, 들귀신, 또 전쟁터에서 죽은 영혼들을 일일이 들어 위로하면서 자기 심정을 토로하였소. 사마천은 굴원을 가리켜서 '매미가 오물 구덩이 속에서 허물을 벗고 멀리 날아 나가 너저분한 세상의 누를 입지 않았다. 이와 같은 지조를 미루어 논한다면 굴원의 절개야말로 해와 달과 더불어 빛을 다툰다고 해도 될 것이다.' 하였소. 과연 사마천의 말대로 한다면 굴원은 귀신을 배격했어야 할 것이 아니겠는지? 굴원이 어째서 성심성의를 다하여 귀신에게 제사 지내면서 심지어는 악장까지도 이렇게 애써서 지었겠소?"
나는 대답하였다.
"굴원이 불우한 신세로 되어 소상강 남쪽으로 추방당하자 자기 심정을 하소연할 길이 없기 때문에 귀신에게 제사 지내는 노래의 형식을 통하여 충신으로서 현명한 군주를 만나지 못한 억울한 심정을 표현한 것이오. 이리하여 행여나 군주가 자기 잘못을 깨닫기를 염원하면서 일생을 끝마쳤던 것이오. 그러므로 그의 노래에는, '원수에는 지초가 있고, 풍수에는 난초가 있네. 그리워 님이 그립건마는, 말을 하려다 말도 못 하네.〔沅有芷兮 澧有蘭 思公子兮 未敢言〕' 하는 구절이 있소. 이 구절에서 그의 충성심과 애국심을 잘 볼 수 있소. 굴원이 어찌 귀신에게 지내는 제사에 미혹되어 황당무계한 사실을 퍼뜨리려 했겠소?"

— '귀신론鬼神論'에서, 《매월당집》

옛것을 오늘에 적용하는 법

― 김시습

  옛날 성인이 천하의 아름다운 정치를 이룩한 것을 보고 이제 덮어 놓고 "어째 오늘날은 옛날만 못한가?" 한다면 잘못이다.
  오늘날 예악이 잘 갖추어져 더 이상 보탤 것이 없다며 "옛날 제도라서 오늘날 실정에 맞지 않는다." 한다면 그것도 잘못이다.
  만일 옛것을 그대로 답습하고 풍토와 습성에 맞추어 알맞게 적용하지 않는다면 이는 옛것을 연구하여 현실에 적용하는 옳은 방법일 수 없다. 다만 역대로 움직일 수 없는 원칙적인 문제들은 그 격식들이 신중하고 엄격하니 이런 것까지도 고쳐야 한다는 것은 아니다.

― '천지편天地篇'에서,《매월당집》

'전등신화'[1]에 쓰노라
― 김시습

산양 군자[2]가 글발을 희롱하여
촛불을 돋워 가며 이 책을 지었구나.

산문, 가요, 기사체에
재담, 해학 어울리어
아름다운 꽃봉오리 피어오르는 구름발
풍류로운 이야기를 한껏 펼쳐 놓았네.

얼른 보면 뜬소리나 다시 보면 진담이라
다채로운 경개들이 경개마다 새롭구나.

용전,[3] 귀차,[4] 구치[5] 편을

---

1) 중국 명나라의 구우瞿佑가 1378년쯤에 쓴 소설집.
2) 《전등신화》의 저자 구우의 별명.
3) 《주역》에 "용이 뜰에서 싸우매 그 피가 흘러 질펀하였다.〔龍戰于野 其血玄黃〕고 하는 이야기가 있다.
4) 《제동야어齊東野語》에 '귀차鬼車'라는 새는 털빛이 불꽃처럼 붉고 몸집은 둥그렇게 생겼는데 주위에 머리가 열 개나 붙어 한꺼번에 날개를 치며 날아간다고 한 전설이 있다.
5) 구치雊雉는 《서경》에, "고종이 제사 드리는 날에 꿩이 우는 변고가 있었다.〔高宗肜日 越有雊雉〕"는 기록을 가리킨다.

공자가 남겨 둠도 뜻이 있는 일일레라.

잡된들 어떠랴 교훈이 있고
뜬소리도 재미있네 사람을 감동시키느니.
하간전[6] 그 사연도 남녀 사이 연정이요
모영전[7] 그 사람도 허구의 인물이거니.

큰 함박 옛 우화는 장자의 수법[8]이요
이소, 천문 가사는 굴원의 필력이라.
여기에 전등신화 옛 수법을 본받으니
도깨비 뛰놀며 어룡도 춤을 추네.

위로 굴원, 장자, 한유, 유종원을 본받으니
무산 열두 봉우리에 구름, 비가 내리는 듯[9]
도간이 낚은 북이 용이 되어 날아가듯[10]
온교의 횃불 아래 동굴 모습 드러나듯[11]

---

6) 중국 당나라 작가 유종원의 작품. 하간河間이라는 여자의 음행에 대하여 허구적으로 묘사하고 이 내용과 결부하여 작가가 교양적 의의가 있는 결론을 덧붙였다.
7) 중국 당나라 작가 한유의 작품. '모영毛穎'은 붓의 별명인데 의인적 수법에 의하여 허구의 인물을 등장시킨 전기 작품의 일종이다.
8) 《장자莊子》에, "위나라 임금이 나에게 박씨를 주기에 심었더니 닷 섬이나 들 만한 큰 박이 열렸다. 쪼개어 함박을 만들었더니 너무나 커서 쓸모가 없었다."는 우화가 있다.
9) 무산은 중국 사천성에 있는 산. 초나라 양왕襄王이 꿈에 무산 선녀를 만났는데 그는 아침이면 구름으로 되고 밤이면 비로 되어 양대陽臺에 내린다는 전설이 있다.
10) 중국 진晉나라 사람 도간陶侃이 고기잡이를 하다가 물속에서 얻은 북을 벽에 걸어 두었더니 뒤에 용이 되어 날아갔다는 전설이 있다.

귤수가 처음으로 신선 음식 만났구나.[12]

이글이글 가슴 속에 조화가 서려 있고
뭉게뭉게 붓끝에서 연기가 일어난다.
김취묘 무덤 앞엔 강산도 아름답고[13]
나조택 집 안에는 이끼만 끼어 있네.[14]
취경원 꽃동산엔 연꽃 피어 향기롭고[15]
추향정 정자 가엔 달빛이 밝으매라.[16]

이 글 한 편 볼 적마다 마음은 멀리 내달리니
환상과 기적들을 눈앞에 보는 듯하네.
호올로 산속에 누워 봄꿈을 설핏 깨니
나는 꽃 두어 잎이 책상머리 떨어진다.

---

11) 온교溫嶠는 중국 진나라 사람. 일찍이 우저기牛渚磯에서 물 깊이를 몰라 당황하던 차에 서각犀角을 태워 비추었더니 물속 온갖 현상들이 환히 들여다보였다고 한다.
12) 귤수橘叟는 귤 속에서 나온 늙은이. 《유경록幽經綠》에 파공이라는 자가 귤밭에서 항아리만 한 큰 귤을 발견하고 그것을 쪼개니, 그 속에서 두 늙은 영감이 장기를 두며 즐기고 있었다는 이야기.
13) 《전등신화》 '취취전翠翠傳'의 내용. 김정金定과 그 아내 취취는 전란을 만나 객지에서 죽었는데 그들의 무덤을 '김취묘'라 하였다.
14) 나씨와 조씨의 집. 《전등신화》 '애경전愛卿傳'의 내용이다. 나애경의 남편 조씨가 벼슬길을 찾아 서울로 떠난 뒤 애경은 권력자의 음모에 의하여 희생되었다. 조씨가 뒤에 처가로 돌아오니 아내는 없고 이끼만 끼었을 뿐이었다.
15) 《전등신화》의 '등목이 취경원에서 취하여 놀던 이야기[滕穆醉遊聚景國記]'의 내용. 등목이 연꽃이 만발한 취경원에서 선녀를 만나 놀았는데 그는 곧 송나라 때 궁녀인 위방화衛芳華였다.
16) 《전등신화》 가운데 '추향정기秋香亭記'의 내용. 이 작품은 상생商生과 그의 애인 양채채揚采采가 달 밝은 추향정에서 사랑을 약속하는 것으로 시작한다.

한번 펴 훑어보니 흥미 더욱 진진하여
이내 몸 평생 원한을 씻어 주는 듯하여라.
―《매월당집》

題剪燈新話後

山陽君子弄機杼　手剪燈火錄奇語
有文有騷有記事　遊戲滑稽有倫序
美如春葩變如雲　風流話柄在一擧
初若無憑後有味　佳境恰似甘蔗茹
龍戰鬼車與雛雉　夫子不刪良有以
語關世敎怪不妨　事涉感人誕可喜
會見河間記淫奔　復見毛穎錄亡是
濩落大瓠漆園吏　怪詭天問三閭子
又閱此話踵前踐　夔罔騰連魚龍舞
上駕屈莊軼韓柳　六六巫山走雲雨
陶壁飛梭溫然犀　橘叟初嗅龍根脯
輪囷肝膽貯造化　澹蕩筆下烟蜂午
金翠墓前溪山麗　羅趙宅中苔草細
翠景園外荷香馥　秋香亭畔月色白
使人對此心緬邈　幻泡奇踪如在目
獨臥山堂春夢醒　飛花數片點床額
眼閱一篇足啓齒　蕩我平生磊塊臆

우리 나라의 문인들
―성현

　우리 나라의 문학은 맨 처음 최치원 때부터 유명해지기 시작했다. 최치원은 당나라에 가서 과거에 올랐는데 문학으로 나라 안팎에 이름을 크게 떨쳤다. 지금 문묘에 배향되어 있다.
　이제 그의 작품으로만 본다면 비록 시를 잘한다고 하나 뜻이 섬세하지 못하고 사륙문체[1]에 능란하다고 하나 사연이 자세하지 못하다.
　그 뒤로 김부식은 풍부하나 화려하지 못하고 정지상은 명랑하나 기운이 뻗지 못하고 이규보는 억세나 수습을 잘 하지 못하고 이인로는 가다듬을 줄 아나 펴서 나아가지 못하고 임춘은 아주 정밀하나

▪ 성현(成俔, 1439~1504)은 15세기 후반에 활동한 학자이며 시인이다. 음악에 조예가 깊어 그때까지의 음악을 집대성하고 구전 가요들을 모아 《악학궤범》을 펴냈으며, 우리 겨레의 민화와 속담을 모아 패설집 《용재총화》를 냈다. 시와 글은 문집 《허백당집》에 전한다.

시원하지 못하고 이곡은 진실하나 영롱치 못하고 이제현은 건강하나 고운 맛이 없고 이숭인은 얌전하나 줄기차지 못하고 정몽주는 순수하나 절실하지 못하고 정도전은 부품하기는 하나 단속할 줄을 알지 못한다. 세상에서는 이색이 능히 집대성하여 시와 문이 모두 우수하다고 하지마는 거친 듯한 태도를 적지 않게 가지고 있다. 권근과 변계량은 비록 문학을 책임지고 있었으나[2] 이색을 따라가지 못하는데 변계량이 더욱 떨어진다.

 세종이 처음으로 집현전을 설치하고 문학하는 선비들을 맞아들였는데, 신숙주, 최항, 이석형, 박팽년, 성삼문, 유성원, 이개, 하위지들이 모두 한때 이름들을 날렸다. 성삼문은 산문에서 호방하나 시에 재주가 없고, 하위지는 소疏와 책策에 익으나 시를 전연 모르고, 유성원은 조숙한 천재인데도 본 것이 넓지 못하고, 이개의 글은 맑고 재기가 있으면서 시도 정묘하기 짝이 없었는데, 그들 사이에서 모두 박팽년을 집대성으로 쳤으니, 경서나 글짓기나 글씨 쓰기에 두루 능했던 까닭이다. 그러나 모두 사형을 당해서 작품도 세상에 드러나지 못했다. 최항은 사륙문에 솜씨가 있었고, 이석형은 과거 문체에 능란했는데, 신숙주는 글로 도덕으로 일세에 존경을 받았다.

 그 뒤를 계승해 나온 사람으로는 서거정, 김수온, 강희맹, 이승소, 김수녕과 내 큰형님(성임)뿐이다. 서거정은 시와 글이 화려하고 아름다웠다. 그는 오랫동안 문학을 책임지고 있었다. 김수온은 글 짓

---

1) 주로 넉 자로 된 구와 여섯으로 된 구를 규칙적으로 배열하여 쓰는 문장으로, 변려문騈儷文이라고도 한다.
2) 조선 시대에, 대제학이란 벼슬을 두어 문학 관계의 일체 사무와 과거 시험을 관장하는 일까지 책임지게 하였다.

는 형식을 알아서 글이 웅장하고 호방하였으니 누구도 그와 겨루려 덤비지 못하였다. 단지 성질이 꼼꼼하지 않기 때문에 운을 다는 데 착오가 많아서 통용되는 격식에 맞지 않았다. 강희맹은 시와 문이 점잖고 아담해서 자연스러운 기분에 차 있으며 제자백가[3]에 가장 정통하였다. 이승소는 시나 문이 모두 아름다워 마치 교묘한 미술가의 조각품과 같아서 칼과 끌을 댄 자국이 나타나지 않았다. 내 큰형님의 시는 떠가는 구름이나 흐르는 물과 같이 거침이 없었다. 김수녕은 글이 노숙하고 건실하였다. 일찍이 《세조실록世祖實錄》을 편찬할 때 대체로 사실을 서술하는 글 가운데 많은 글이 그의 손에서 나왔다. 이 몇 사람의 작품이 다 한 세대의 문학을 빛내고 있다.

— '문장에 대하여〔論文章〕', 《용재총화慵齋叢話》

---

3) 《노자老子》, 《장자莊子》 같이 춘추전국시대 학자들이 쓴 책.

우리 나라의 화가들
―성현

물건의 형상을 그리는 데는 자연의 이치에서 얻어 오지 않고는 정교해질 수 없으며, 또 한 물건에는 정교할 수 있어도 여러 가지를 모두 정교히 하기는 어렵다.

고려 때 공민왕의 그림이 아주 품격이 높으니, 지금 도화서에 보존된 노국대장공주의 초상과, 홍덕사興德寺에 있는 '석가가 산에서 내려오는 화폭(釋迦出山像)'이 모두 왕이 친필로 그린 그림이다. 간혹 산수를 그린 것도 전해 내려오는데 아주 기묘하기 짝이 없다.

윤평尹泙이란 사람이 또한 산수를 잘 그려 지금 많이들 가지고 있으나 평범해서 특별한 맛은 없다.

조선에 이르러서는 고인顧仁이란 사람이 중국서 와서 인물화를 잘 그렸고 그 뒤 안견安堅과 최경崔涇을 함께 쳤는데 안견의 산수와 최경의 인물은 모두 신묘한 경지이다. 지금 사람들이 안견의 그림을 마치 금이나 옥처럼 소중하게 보관하고 있다. 내가 승지가 되었을 때 대궐 안에 보존된 '청산백운도青山白雲圖'를 보니 참으로 둘도 없는 보배였다. 안견이 늘 말하기를, "한평생 정력이 이 그림에 들어 있다." 하였다.

　최경도 산수와 고목을 잘 그렸으나 안견을 따라가지 못한다.

　그 나머지 홍천기洪天起, 최저崔渚, 안귀생安貴生과 같은 이들은 비록 산수를 잘 그린다고 하지마는 모두 속된 그림이다. 오직 선비로서 그림을 그리는 김서金瑞의 말 그림이나 남급南汲의 산수가 좀 나은 폭이다.

　강희안姜希顔은 자연 이치의 높고 미묘함을 그대로 옮겨 옛사람이 생각지 못하던 곳을 파고들어 갔으니, 산수나 인물이나 무엇이고 훌륭했다. 일찍이 그가 그린 '여인도麗人圖'를 보니 터럭 끝 하나 범연한 데가 없었으며 그의 청학동靑鶴洞, 청천강淸川江의 두 화폭과 경운도[1]는 모두 진기한 보배다.

　배련裵連이란 사람이 산수와 인물을 다 잘 그렸는데, 강희안은 배련의 그림에 아담한 맛이 있다고 항상 말하였다. 이장손李長孫, 오신손吳信孫, 진사산秦四山, 김효남金孝男, 최숙창崔叔昌, 석령石齡이 지금 비록 이름들은 나고 있지만 그림이라고 말할 정도에는 이르지 못한다.

— '그림에 대하여〔論畵〕'에서, 《용재총화》

---

1) 경운도耕雲圖는 높은 산에서 밭을 가는 그림.

우리 나라의 음악인들
―성현

여러 가지 기예 가운데 음악이 제일 배우기 힘든 것이니 천품을 타고나지 못한 사람으로서는 참다운 속을 얻지 못한다. 삼국시대에 각기 음률과 악기가 있었으나 세대가 아득히 멀어서 자세한 것은 알 길이 없다. 오직 지금의 거문고로 말하면 신라에서 나온 것이요, 가야금은 가야에서 나온 것이다.

대금[1]은 소리가 가장 굳세서 기악의 중심이 된다. 비파[2]는 줄을 골라서 당기고 퉁기는 등 배우기가 까다로울 뿐 아니라 서투르게 타는 소리는 차마 듣기 어렵다. 전악[3] 송태평宋太平이 잘 타더니 아들 송전수宋田守가 그 법을 계승하여 아버지보다 더한층 교묘하였다. 내가 젊었을 때 큰형님 댁에서 그 소리를 들은 일이 있었는데 마치 마고 할미[4]가 가려운 곳을 긁어 주는 것과 같아서 들어도 들어도 싫

---

1) 대금, 중금, 소금이 향악의 삼죽三竹이니, 모두 우리 나라의 독특한 관악기.
2) 거문고, 가야금, 향비파가 향악의 삼현三絃이니, 모두 우리 나라의 독특한 현악기.
3) 전악典樂은 장악원掌樂院에 소속된 정6품의 벼슬.
4) 마고麻姑는 중국 옛 전설에 나오는 선녀인데 손톱이 새 발톱처럼 생겼다고 한다.

지 않았다. 도선길都善吉이 송전수에게 미칠 수 없는 것은 사실이나 송전수 다음에는 그래도 오직 도선길이 괜찮고 그 나머지는 말할 것이 못 된다. 이제 와서는 제법 탄다고 하는 사람조차 없다.

양반이나 보통 사람이나 음악을 배우면서 비파를 배우건만 특별히 뛰어난 사람은 없다. 오직 김신번金臣番이 도선길의 타는 법을 배웠는데 호탕한 품이 그보다 나으나 또한 지금 세상에서나 제일가는 명수로 칠 것이다.

거문고가 악기 중에서 가장 듣기도 좋거니와 음악을 배우는 사람에게 첫 번 들어가는 대문이다. 눈먼 악공인 이반李班이라는 사람이 거문고로 세종에게 인정받아서 대궐 안에 나든 일이 있었다. 김자려金自麗란 사람도 거문고를 잘 탔는데 내가 젊었을 때 그의 거문고 소리를 듣고 흉내를 내 보려 하였으나 되지 않았다.

광대로는 김대정金大丁, 이마지李亇知, 권미權美, 장춘張春이 모두 한때의 명수들이다. 그 당시 평하는 말에 의하면 김대정의 간결하고 정확함과 이마지의 정성스러움과 미묘함은 모두 극치에 도달한 것이라고 하였다. 김대정은 일찍이 사형을 당하여 내가 들을 수 없었고 권미와 장춘은 모두 보통 솜씨에 지나지 않고 오직 이마지가 양반들에게 대접을 받은 것은 물론이요, 임금의 총애까지 입어서 두 번씩이나 전악이 되었다.

내가 희량希亮,[5] 백인伯仁, 자안子安, 침진琛珍, 이의而毅, 기채耆

---

5) '희량' 부터는 모두 성현 친구들의 자字인데 오자가 좀 있는 것으로 추정된다. 채수蔡壽의 자가 기지耆之인데, 기채耆蔡와 주지籌之는 채기지蔡耆之의 오자로 보일 뿐 아니라 또 '기채耆蔡' 란 두 자가 본래 자로 흔히 쓰는 것도 아니기 때문이다.

蔡, 주지번籌之와 함께 이마지에게 거문고를 배웠다. 날마다 집으로 데려왔고 간혹 같이 자기까지 하면서 그의 거문고를 귀가 젖도록 들었는데, 소리가 거문고 밑에서 나오는 것 같고 줄이 울리는 것 같지 않았다. 죽은 뒤에도 그의 쩨[6]는 세상에 많이 퍼져서 지금 양반집 여종들로 제법 거문고를 타는 자가 있으니, 모두 이마지의 방식을 계승한 까닭에 장님들의 비속한 버릇은 없다. 전악 김복金福, 악공[7] 정옥경鄭玉京이 더욱 잘 타니 지금 제일가는 명수이고, 상림춘上林春이란 기생도 그럴듯한 정도에 이르고 있다.

가야금은 황귀존黃貴存이라는 사람이 잘 탔다고 하는데 듣지 못했고, 오직 김복산金卜山이 타는 소리는 들었는데 그때는 듣고 아주 감복했으나 지금 와서 생각하면 또한 너무나 질박하다. 근래 늙은 여인네 하나가 대갓집에서 쫓겨나 비로소 자기의 가야금 소리를 세상에 퍼뜨렸는데 정묘한 소리는 누구도 겨룰 수가 없었다. 이마지도 정중한 태도로 자기가 따라가지 못한다고 고백하였다. 요사이 정범鄭凡이란 사람이 판수로서는 가장 잘 타는 축이니 이름이 세상에 널리 알려지고 있다. 세종 시대에는 허오계許吾繼가 있었다. 또 이승련李勝連과 서익성徐益成이 있었는데 이승련은 세조에게 인정받아서 군직[8]을 하였고 서익성은 일본 갔다가 죽었다. 지금 김도치金都致란 사람은 나이 여든이 넘었건만 가야금 타는 소리는 변함이 없어 대가

---

6) 어떠한 사람이 성악이나 기악에서 독특하게 창시한 것을 그의 '쩨'라고 한다.
7) 양인으로서 음악에 종사하는 사람을 악생樂生이라고 하는 데 대해 천인으로 음악에 종사하는 사람을 악공樂工이라고 한다.
8) 중추부中樞府와 오위도총부五衛都摠府의 벼슬을 가리키는 것으로, 본래는 군사 관계의 직무였으나 조선 초기부터 한가한 벼슬자리로 되어 버렸다.

로 떠받들고 있다.

  아쟁은 옛날 김소재金小材란 사람이 잘 타더니 그 역시 일본 갔다가 죽고 그 뒤로 끊어진 지 벌써 오래다. 지금 임금이 거기까지 생각이 미쳐서 주력하고 있으니 잘 타는 사람이 다시 계속해서 나온다.

— '음악에 대하여〔論音樂〕'에서, 《용재총화》

시가 생활을 궁하게 만드는 것이 아니라
생활이 궁하기 때문에 그의 시가 이러한 것이다

차천로 | 유몽인 | 이수광 | 신흠 | 허균 | 김만중
김창협 | 김창흡 | 김춘택 | 이익

작가란 가장 맑은 사람이다
―차천로

　천지의 정기(氣) 중에서 가장 맑은 것을 타고난 것이 사람이며 사람 가운데서도 작가는 또한 가장 맑은 사람이다. 시란 정묘한 문장으로 맑은 기백을 드러내는 글이다.

　세상에 인재가 나타나는 것은 고금의 구별이 없는데 언제나 걸출한 인물은 시대의 성쇠를 가리지 않는다. 그러므로 비록 후세의 학자라고 하여 옛사람을 따르지 못한다는 법은 없다. 역사책을 보면 언제나 주목할 만한 인물은 있었다.

　우리 나라는 문학이 발전하기 시작한 이래 이루 헤아릴 수 없이 많은 작가가 나왔는데, 신라에는 최치원이 있었고 고려 시대에는 이

- 차천로(車天輅, 1556~1615)는 16세기 후반에 활동한 문인이다. 서경덕의 제자였던 아버지 차식車軾과 아우 차운로車雲輅와 함께 삼소三蘇로 불렸다. 임진왜란 때 외교 문서를 맡아 쓰는 제술관으로 활동했으며, 시가 뛰어나 중국에서 높은 평가를 받았다. 한글 가사 '강촌별곡'을 썼으며, 《오산집》이 전한다.

규보 같은 이가 가장 저명하였고 그 뒤에도 이색, 이숭인, 정몽주와 같은 이들이 나타났는데 모두 걸출한 시인들이었다.

— '지봉 시집 뒤에 쓴다〔題芝峰詩卷後〕'에서, 《오산집五山集》

곤궁한 처지에서 시가 나오는 것은 아니다

─ 차천로

　시는 재능의 높낮이에 따라 그의 사상·감정〔性情〕을 표현하는 것이다. 시는 지식으로 구하지 못하며 또 억지로 되는 것도 아니다. 혹은 궁한 처지에서 시의 재능을 발휘하는 이도 있으며 혹은 높은 지위에서 발휘하는 이도 있으며 혹은 궁한 처지거나 높은 지위거나 재능을 발휘하지 못하는 사람도 있다.
　대개 문장이란 것은 불후의 성사盛事이니, 시도 그 가운데 하나이다.
　　　─ '시가 사람을 곤궁하게 한다는 데 대해〔詩能窮人辯〕'에서, 《오산집》

시의 사상
─유몽인

시란 사상-감정(志)의 표현이다. 제아무리 시어를 잘 다듬었다 하더라도 정작 사상적 내용과 그 지향성이 결여되었다면 시를 알아보는 사람은 이를 취하지 않는다.

─《어우야담於于野談》에서

▪ 유몽인(柳夢寅, 1559~1623)은 선조와 광해군 때 두루 벼슬을 했으며, 특히 왜란 때 대명 외교를 맡는 등 공이 컸다. 인조반정 때 벼슬자리에서 물러났으나, 광해군 복위 음모를 꾸민다는 모함을 받아 죽었다. 야담을 모은 《어우야담》과 시문집 《어우집於于集》이 전한다.

시의 의의

—유몽인

  시는 시속을 일깨우는 데 의의가 있다. 풍물이나 경치만 읊는 것이 아니다.
  요즘 정승 민몽룡閔夢龍이라는 이는 시인을 배격하면서, "시란 많은 경우에 시속을 풍자하다가 남의 미움을 받기도 하고 더러 시화詩禍를 일으키기도 하니 배울 것이 못 된다." 하였다. 뿐만 아니라 그 자신도 시재가 없는 것은 아니었으나 평생 시 한 편을 쓰지 않았다. 상서 정종영鄭宗榮이라는 이도 자기 자제들을 훈계하면서 시를 배우지 말라고 했다 한다.
  이 두 사람은 자기 한 몸을 위한 처세술에는 능란한 셈이었으나 단연코 시가 가지는 의의를 알았다고는 할 수 없다.

—《어우야담》에서

시가 생활을 반영한다
―유몽인

모든 현상을 묘사하고 형상하는 것은 시인의 재간이다. 나의 벗 성여학[1]은 나라 안에 견줄 이가 없을 만큼 시재가 높건만 나이가 예순에 나도록 벼슬 한 자리도 하지 못한 채 궁하게 살았다.

시의 품격은 대개 이러하였다.

    이슬 듣는 풀섶에 벌레 소리 젖어 있고
    바람 이는 가지에 새 꿈이 어지러워.
    露草蟲聲濕　風林鳥夢危

    내 얼굴 아는 이 오직 그대뿐인가
    끼니 걱정이 대장부를 휘어잡누나.
    面惟其友識　食爲丈夫哀

---

[1] 성여학成汝學은 조선 중기의 시인. 나이 오십에 진사가 되었다. 유몽인이 이정구에게 성여학을 천거하여 시학교관이 되었다.

궂은 날씨에 꿈길도 흐리구나
가을빛에 시마저 물들었어라.
雨意偏侵夢　秋光欲染詩

  이 시구들은 기교를 다해 묘사했으나 시어가 냉담하고 쓸쓸하여 아무래도 영달한 생활의 모습은 아니다. 그러나 어찌 그의 시가 그의 생활을 궁하게 하였으랴? 그의 시가 그의 궁한 생활을 노래한 것이다.
  시는 인간의 정신 세계에서 우러나온다. 시가 생활을 궁하게 만드는 것이 아니라 생활이 궁하기 때문에 그의 시가 이러한 것이다.

―《어우야담》에서

김시습의 풍자시
—유몽인

한명회[1]가 그림 한 폭을 얻었는데, 강태공이 위천 기슭에서 고기 낚는 그림[2]이었다. 참으로 명화였다. 이 그림에 곁들일 만한 시를 구하던 참인데, "오세[3]가 아니고는 이 그림에 어울릴 만한 시를 쓰지 못할 것이다." 하고 모두들 말했다.

그리하여 한명회는 김시습을 자기 집으로 초청하였다. 김시습은 서울 어느 산골에 있다가 이 말을 듣고 찾아오더니 그 자리에서 붓을 들고 시 한 편을 써 주었다.

---

1) 한명회韓明澮는 세조의 정권 탈취에 주동으로 참가한 인물이다.
2) 옛날 중국 강태공姜太公이 출세하기 전에 위천渭川에서 낚시질하고 있던 것을 그린 그림〔渭川垂釣圖〕이다. 강태공은 뒷날 주나라의 신하로 은나라를 멸하였는데, 은나라의 백이와 숙제가 지조를 굽히지 않고 수양산에 들어가 고사리를 캐다가 굶어 죽었다고 한다. 김시습이 이 그림을 두고 세조의 정권 찬탈을 도와 많은 사람을 몰아내거나 죽이게 한 한명회의 무자비한 행동을 풍자한 것이다.
3) 오세五歲는 김시습의 별호. 김시습이 다섯 살에 글을 지을 줄 알았다고 하여 당시 사람들이 '오세문장五歲文章'이라고 불렀는데, 일설에 '오세五歲'는 세상을 거만스럽게 대한다는 뜻인 '오세傲世'와 음이 같기 때문에 김시습 자신이 별호로 썼다고도 하였다.

위천강 낚시터에
날비 슬슬 뿌리는데
낚싯대 벗을 삼고
세월을 잊었더니
어이타 늘그막에
새매 같은 장수 되어
백이 숙제 고사리 꺾다
굶어 죽게 하였더뇨.
風雨蕭蕭拂釣磯　渭川魚鳥却忘機
如何老作鷹揚將　空使夷齊餓采薇

　이 시는 구절마다 풍자하는 뜻을 띠고 있어 읊을수록 애달픈 심정을 누를 수 없다.

—《어우야담》에서

어려운 것은 구상이다
―유몽인

　찬성 박충원朴忠元은 글을 지을 때 언제나 초고를 쓰는 적이 없었다. 한참 동안 구상하다가 종이를 펼쳐 놓고 혹은 점을 찍기도 하고 동그라미를 치기도 하며 군데군데 꺾은 획을 지르기도 하였다. 또 가다가는 '비록 그러나〔雖然〕'를 쓰기도 하며 '아아〔嗚呼〕' 같은 글자를 써 놓기도 하였다. 이러고 난 뒤에는 단번에 종이에다 써 내려갔는데 한 자도 고쳐 본 일이 없었다.
　어떤 이가 그 방법을 물었더니,
　"무릇 글을 짓는 데 가장 어려운 것은 구상〔命意〕이다. 구상만 다 되면 문장을 엮는 것쯤이야 붓끝에 달렸을 뿐이다."
하였다.
　우리 할아버지께서도 글을 지을 때 역시 초고를 쓰는 적이 없었다. 먼저 소재의 대소 곡절을 세심히 생각하고 구상한 다음 종이에 단숨에 쓰고는 조금 고칠 뿐이었다.
　신숙申塾은 책문을 기초할 때 베개를 높직이 베고 누워서 갓을 벗어 얼굴을 가리고 취한 듯 조는 듯 하다가 문득 일어나 붓을 들면 단번에 절반쯤 써 버린다. 이러기를 한 번만 되풀이하면 책문이 완성되었다.

  이 세 분의 글 짓는 방법을 나는 모두 시험해 보았다. 다만 대소곡절을 낱낱이 머릿속으로만 생각하다가는 더러 잊어버리는 것들이 있어 안타까울 때가 있었다. 그러나 명제를 설정하고 충분히 구상하기만 하면 문장의 수사쯤은 붓끝에서 다듬어지는 것이니 박충원의 방법이 일리가 있다.

—《어우야담》에서

왕을 풍자한 배우들
―유몽인

　예부터 배우 놀이를 꾸미는 것은 다만 그 예술적 아름다움만 보기 위한 것이 아니다. 사회를 깨우치고 영향을 주기 위한 것이었다. 옛날의 우맹優孟이나 우전優旃도 이러한 인물이었다.

　명종이 어머니를 위하여 궐내에서 풍정연[1]을 차릴 때 서울의 배우 귀돌이가 배우 놀이를 꾸몄다.

　풀을 묶어 풀단 넷을 만들었는데 큰 것이 둘이요, 중간 것이 하나요, 작은 것이 또 하나였다.

　귀돌이가 자칭 수령이라고 하면서 동헌에 나와 앉아 진봉 색리[2]를 불렀다. 다른 배우 한 명이 제가 진봉 색리라고 하면서 허리를 굽실거리다가 무릎으로 기어 앞으로 나왔다. 귀돌이가 큰 풀단 하나를 그에게 주면서 나직한 목소리로 분부하였다.

　"이것은 이조판서님께 드리렷다."

---

1) 풍정연豊呈宴은 궁중에서 베풀던 연회.
2) 진봉 색리進封色吏는 진상물을 관리하던 지방 관원.

또 풀단 하나를 그에게 주면서,

"이것은 병조판서님께 드리고."

하고 당부하였다. 다음에는 중간 것을 주면서,

"이것은 대사헌님께 드리렷다."

하고, 맨 나중에야 작은 풀단을 집어 들고,

"이것은 나라님께 진상하라."

하였다.

정승, 판서 등 좌석에서 왕을 모시고 있던 자들이 모두 기가 질리도록 무안해하였다.

―《어우야담》에서

그림과 문장
— 유몽인

옛날부터 명화로 알려져 세상에 전하는 그림이 있었다.
낙락장송 아래에서 한 사람이 고개를 들고 소나무를 쳐다보는 그림이었는데 형상이 모두 생동하였다. 이래서 천하 명화라고 불러 왔던 것이다.
그러나 처사 안견[1]이 한번 보더니 이렇게 평가하였다.
"비록 잘 그리기는 하였으나 사람이 고개를 들면 목 뒤에 반드시 주름이 잡히는 법인데 그게 없으니 큰 실수로군."
이래서 이 그림은 마침내 버려지고 말았다.
또 명화로 알려진 옛 그림 한 폭이 있었는데 그 그림은 늙은 할아버지가 손주를 안고 숟가락으로 밥을 떠먹이는 장면이었다. 필치가 생동하여 살아 있는 듯하였다.
성종이 이 그림에 대하여 다음과 같이 평가하였다.
"이 그림이 좋기는 하지만 무릇 사람들이 어린애를 밥 먹일 때는

---

[1] 안견安堅은 15세기 때 화가로 김홍도, 장승업과 함께 조선의 3대 화가로 불린다.

자기 입도 저절로 벌어지는 법인데, 이 그림은 입을 다물고 있으니 매우 격에 맞지 않는다."

이래서 이 그림도 버린 물건으로 되어 버렸다.

대체 그림과 문장이 무엇이 다르랴. 조금이라도 진실과 어긋나면 제아무리 미사여구를 늘어놓았더라도 문장을 아는 자는 취하지 않는다. 안목이 있는 자는 이것을 안다.

—《어우야담》에서

안견의 대나무 그림
─유몽인

　성종 때 일이다. 중국 사신 김식金湜이 대 그림을 잘 그려 일세의 화가로 이름났는데, 우리 나라에 왔을 적에 대 그림을 감상하고 싶다고 하였다.
　이때 안견은 우리 나라의 이름난 화가로서 고대 명화가인 곽희郭熙와 짝할 만하였다. 중국 사람들도 전부터 안견의 신묘한 필치에 탄복해 있던 참이다.
　성종이 안견에게 있는 기교를 다하여 대 그림 몇 폭을 그리게 하여 김식에게 보였다.
　뜻밖에 김식은,
　"이 그림이 비록 기묘한 수법으로 그려졌으나 대가 아니라 갈대로소이다."
하고 평가하였다.
　성종은 원래 그림 그리는 격식을 아는 이였다. 원포園圃에 지시하여 대 한 그루를 가져오게 하였다. 그리하여 너무 촘촘하게 달린 잎사귀를 솎아서 좀 성글게 한 다음 섬돌 위에 올려놓고 저녁볕이 비쳐 들 무렵 안견을 불러 그대로 그리게 하였다.

성종이 이 그림을 김식에게 보였더니, 그가 보자마자 깜짝 놀라면서,

"이야말로 진짜 대이외다. 중국에서 내로라하는 화가들도 이 그림에 맞설 이가 드물 것이외다."

하고 탄복하였다.

—《어우야담》에서

시 짓기의 어려움
—이수광

　용재 성현은, "최치원이 비록 시를 잘한다고 하나 뜻이 섬세하지 못하다." 하였다. 그러나 모든 이가 이 말이 맞다고 하리라고는 생각지 않는다. 최치원의 시문이라고 어찌 조그마한 흠이야 없을 수 있으랴. 그런데 아직 문풍이 확립되지 않았던 신라 때 최치원이 비로소 문장으로 이름을 떨쳤으므로 우리 나라 사람들이 문장을 말할 때 반드시 최치원을 가리켜 따라갈 수 없는 존재로 여기는 것이다.

　최치원의 저작인 《계원필경》은 모두 대우문對偶文으로 되어 있다. 그의 시, "창밖에 밤비만 구슬피 내리는데, 등잔 아래 고향 생각 만리 길이 떠오른다.〔窓外三更雨 燈前萬里心〕"는 한 연과, "피리 소리

■ 이수광(李睟光, 1563~1628)은 임진왜란과 정묘호란으로 어지러웠던 사회 변동기에 새로운 사상의 방향을 탐색하고 개척하였다. 조선 사회가 전기에서 후기로 이동하는 가운데 실학파의 선구자 역할을 한 사람이다. 백과사전이라 할 《지봉유설芝峰類說》을 편찬했고, 시문들이 《지봉집芝峰集》에 담겨 전한다.

에 강물은 넘실거리고 산 그림자에 인생이 오고 가누나.〔畵角聲中朝暮浪 靑山影裏古今人〕"는 가장 아름다운 걸작이다.

*

문장은 자연스러운 것이 귀중한 것이요, 인위적인 기교를 부려서는 안 된다. 이런 경지에 이르면 글 짓는 데 힘을 억지로 들이지 않아도 된다. 문학을 하는 사람은 이 말을 꼭 알아야 한다.

*

한유는 "글을 짓는 데서, 진언陳言을 버려야 한다."고 말한 일이 있다.
진언이 무엇인가에 대하여 여러 사람들의 견해를 살펴보면 대체로 옛날 작품을 답습하는 것이라고 한다.
그러나 내 생각에는 진언이라고 하는 것은 다만 옛사람들의 어구뿐 아니라, 비록 자기 시대의 작품이더라도 내용이 없는 미사여구와 변려문체 등을 그대로 답습하면 다 진언이다.

*

강기[1]가 말하기를, "조각을 하면 문장의 기백을 손상시키며 부연을 하면 문장의 뼈대를 손상시킨다." 하였다.
그러나 속되고 정화되지 못한 것은 지나치게 조각해서가 아니며 졸렬하고 굴곡이 없는 것은 지나치게 부연해서가 아니다. 조각을 하지 않고 부연을 하지 않으면 문장이라고 하기 어렵다.

    그러나 조각을 하면서 기백을 손상시키지 않기 어렵고, 부연하면서 뼈대를 손상시키지 않기 어렵다. 그런 까닭으로 문장에서 귀중한 것은 기백과 뼈대일 뿐이다.

*

    엄우[2]가 말하기를, "율시는 고시보다 어렵고, 절구는 율시보다 어렵고, 칠언율시는 오언율시보다 어렵고, 오언절구는 칠언절구보다 어렵다." 하였는데, 그 말이 틀림없다.

*

    당나라 사람은 시를 짓는 데 사상-감정〔意興〕을 중요하게 여겼다. 그러므로 고사를 많이 쓰지 않았다. 송나라 사람은 시를 짓는 데 고사를 인용하는 것을 숭상했다. 그러므로 사상-감정은 두드러지지 못했다.

    소식과 황정견 같은 사람은 또한 불교 용어를 많이 사용하며 신기하게 하는 데만 힘을 썼는데, 이들 시의 품격이 어떠한지는 잘 모르

---

1) 강기姜夔는 송나라 때 사람으로 시와 사詞에 빼어났으며 시의 품격이 높았다. 《백석도인시집白石道人詩集》,《백석도인가곡白石道人歌曲》,《강씨시설姜氏詩說》이 전한다.
2) 엄우嚴羽는 송나라 때 사람으로 시에서 흥취를 중요하게 생각했다. 호는 창랑. 그의 《창랑시화》는 송나라 때 시론서 가운데 체계를 잘 갖춘 저서로 알려져 있다.

겠다. 근래에 이 폐해가 더욱 심하여 시 한 편 가운데 고사를 사용하는 것이 반도 넘으니, 이는 옛사람들의 문구와 어휘를 표절한 것과 거리가 멀지 않다.

*

　옛사람이, "시는 사상-감정〔意〕을 중심에 놓는다." 하였고, 또 "모름지기 한 편 가운데서는 글귀를 다듬고 한 글귀 가운데서는 글자를 다듬어야 우수한 작품이 된다." 하였다.
　나는 이것을 천 번 다듬어야 글귀를 이루며 백 번 다듬어야 글자를 이룬다고 말하고 싶다. 그러기에 옛 시구에, "다섯 자 글귀를 이루기 위해서, 일생의 정력을 기울여야 한다.〔吟成五字句 用破一生心〕" 하였으며, 또 "한 글자를 맞게 쓰기 위해 몇 갈래 수염이 많이도 끊어졌노라.〔吟安一箇字 撚斷幾莖髭〕" 하였다.
　시 짓는 어려움이 대체로 이와 같다.

*

　고려 때 사람들의 시를 보면 이규보의 웅장하고 풍부한 것과 정지상, 진화의 아름답고 고운 것과 이인로, 이제현의 정밀하고 짜임새 있는 것과 이색의 부드럽고 순수한 것과 정몽주의 호탕하고 뛰어난 것과 이숭인의 그윽하고 함축성 있는 것 들이 모두 다 뛰어나다 할 수 있다. 그중에서도 이규보가 가장 큰 솜씨를 가진 시인이다. 이제현은 근체시를 잘하고, 이색은 시와 산문을 다 잘했으며, 이규보의 산문도 호탕하고 웅장하다.

*

　시나 산문이나 길든 짧든 간에 사상-감정(意)을 따라 써야 하며 사상-감정이 다하면 그만두어야 한다. 한유의 '원도原道'와 두보의 '북정北征' 시는 길어도 싫증이 나지 않으며, 한유의 '획린해獲麟解'와 맹호연의 절구는 짧아도 모자람이 없다.

*

　대체 글이란 조화다. 마음속에서 이루어진 문장은 반드시 정교하게 되나 손끝으로 이루어진 문장은 정교하게 되지 않으니, 진실로 그러하다. 그런데 세상에는 마음속으로부터 글을 이루는 이가 적으니, 그 글이 정교하지 못한 것은 당연한 일이다.

*

　시는 반드시 온 힘을 다한 뒤에야 우수하게 되는 것이다. 그런데 이것은 시인이 빈한하고 고단한 생활을 체험해야만 되는 법이다. 근래의 실례만 들어도 이행李荇, 신광한申光漢, 정사룡鄭士龍, 임억령林億齡, 노수신盧守愼 들은 오래도록 귀양살이를 하였거나 시골에 돌아가서 오랜 기간 불우하게 지냈고, 백광훈白光勳, 이달李達, 차천로도 다 한미한 집안에서 나왔다. 고금에 이러한 사람들을 다 열거하기 어렵다.

*

우리 말로 쓰여진 우리 나라 가사는 중국의 악부와 견줄 수 없다.
 근래 송순, 정철 들이 지은 가사가 가장 우수하나 다만 사람들이 입으로 전해 널리 알려진 데 불과하니 아까운 일이다.
 긴 가사체로 말하며 '감군은', '한림별곡', '어부사' 같은 것이 가장 오래며, 근래에 와서는 '퇴계가', '남명가', 송순의 '면앙정가', 백광홍白光弘의 '관서별곡', 정철의 '관동별곡', '사미인곡', '속미인곡', '장진주사'가 세상에 널리 전해지고 있다.
 '수월정가水月亭歌', '역대가歷代歌', '관산별곡', '고별리곡古別離曲', '남정가南征歌' 같은 것은 매우 많으며, 나도 중국에 가면서 지은 노래 두 곡이 있으나 장난 삼아 지은 데 불과하다.

*

시란 것은 인간의 심리와 사상-감정(性情)을 진실하게 읊을 따름이다. 시가 비록 매우 정교하더라도 한갓 한담에 불과하면 실용에 아무러한 도움이 없는 것이다.

—《지봉유설芝峰類說》에서

임제의 시 두 수
—이수광

임제의 시에 다음과 같은 것이 있다.

    남방의 장사는
    칼에 녹이 슬었구나.
    병서를 읽으면서
    삼십 년을 지나왔네.

    자다가 일어나서
    술 한잔 찾으니
    중은 알지 못하고
    한가한 사람이라 말하누나.
    南邊壯士劍生塵　手閱陰符三十春
    臥睡蒲團起索酒　野僧只道尋常人

또,

오랑캐 일찍이
이 나라를 엿볼 때
장군은 말을 달려
국토를 안정시켰도다.

이마적 국경에는
싸움 티끌 고요하여
초소의 장사들
역루에서 단잠을 자네.
胡虜曾窺二十州　當時躍馬取封侯
如今絶塞烟塵靜　壯士閑眠古驛樓

이 작품을 통하여 시인의 호방한 기개를 볼 수 있다. 또,

세상에 정신 잃은 사람도 있구나.
소를 타고 말에 짐을 싣는데
능력에 맞추어 부리지 않으면서
모진 채찍질은 사정이 없네.

태항산과 청니판 험한 산길에
말은 넘어지고 소는 뒹구니 어찌할거나.
아아 건장한 소와 말 한꺼번에 쓰러졌으니
무엇에 짐을 싣고 무엇에 태우려나.
世有病心人　騎牛馬載去

用之旣違才　鞭策不少恕

太行之路靑泥坂　馬蹶牛僨將何助

吁嗟嗟健牛良馬一時疲　誰爲負也誰爲馭

이 시는 광대 소리에 가까우나 그 뜻인즉 진리이다.

—《지봉유설》에서

그림의 신묘한 경지
— 신흠

　그림에는 절품絶品이 있고 묘품妙品이 있고 신품神品이 있다. 화가의 솜씨가 극치에 달하면 절품이나 묘품이 될 수 있다. 그러나 신품은 사람의 솜씨만으로는 미칠 수 없다.

　빛깔이나 격식의 틀에서 벗어날 때에야 비로소 신품으로 될 수 있다. 지극히 신묘하다는 것은 본질을 온전히 구현했다는 것이며 본질을 온전히 구현했다는 것은, 그림에 담고자 하는 사물에서 이탈하지 않고, 그림 자체가 그 사물인 것이니 천지 조화의 이치가 바로 그러하다.

　　— '화가 이정에게 주는 시의 서문〔贈李畵師楨詩序〕'에서,《상촌집象村集》

- 신흠(申欽, 1566~1628)은 선조 때 영의정까지 지냈고, 임진왜란 때는 신립을 따라 전쟁에 참여하기도 했다. 한시를 많이 썼고 시조도 여러 편 남겼는데 농민들의 소박한 생활을 즐겨 노래했다. 저서로《상촌집》과《야언野言》이 있다.

김생의 '관동도'에 쓴다
—신흠

김생의 솜씨 신묘하기 그지없어
붓끝으로 관동 산수 옮겨 놓았네.
시인과 더불어 경치를 자랑하니
누워서 구경하는 게 신선보다 빠르구나.
—《상촌집》

題金生關東圖

金生筆力見神全　毫末移來幾洞天
却與放翁誇勝賞　臥遊端可躡飛仙

백광훈의 시
―신흠

　백광훈의 시는 기백이 있고 음률이 청아하며 색조는 맑고도 소박하고 맛은 아름답고 본받을 만하니, 하늘에서 타고난 것이었다. 하늘에서 타고난 것이 아니면 시라고 할 수 없다.
　이른바 옛 시를 추종한다고 하면서 만일 하늘에서 타고난 것이 없으면 평생 시를 쓴다고 애쓸지라도 결국 어릿광대 놀음을 하는 데 불과하다. 비유하자면 비단을 말라서 만든 꽃이 아름답지 않은 것은 아니나 생기가 있다 할 수 없는 것과 같다.

― '백옥봉 시집에 부쳐〔白玉峰詩集序〕' 에서, 《상촌집》

정철의 시
— 신흠

 옛사람이 시는 사상-감정(性情)의 발로라고 하였는데 진실로 옳은 말이다. 그런데 정철의 시는 맑고 고상하며 특히 가사는 아름답고도 뜻이 깊다. 시조는 그지없이 고매하여 마치 무지개같이 영롱하며 구슬같이 아름답다.

— '송강 시집에 부쳐〔松江詩集序〕'에서, 《상촌집》

참과 거짓
— 신흠

　흰 것을 희다고 하는 것은 참이며 흰 것을 검다고 하는 것은 거짓이다. 이 참과 거짓은 아이들도 잘 분간하건만 소경은 보지 못한다. 종소리를 종소리라고 하는 것은 참이며 종소리를 경쇠 소리라고 하는 것은 거짓이다. 이 참과 거짓은 어리석은 사람도 곧 분별하건만 귀머거리는 듣지 못한다.
　가리는 것이 있기 때문에 보지도 듣지도 못하는 것이다. 가리는 것이 적으면 적게 미혹되고 가리는 것이 크면 크게 미혹되게 마련인데, 조그만 가림이란 흑과 백, 종과 경쇠 따위이며 큰 가림이란 것은 나라와 세상에 이어지는 문제이다.

— '핵위편覈僞篇'에서, 《상촌집》

노래 삼긴 사람
—신흠

노래 삼긴[1] 사람 시름도 하도 할샤
일러 다 못 일러[2] 불러나 푸돗던가[3]
진실로 풀릴 것이면 나도 불러 보리라
—《청구영언青丘永言》에서

---

1) 만든.
2) 말로 다 못 일러서.
3) 노래 불러 풀었던가.

고요히 지내는 것

— 허균

  고요히 지내는 것은 영달한 벼슬아치들의 생활과는 다르다. 성현의 글을 읽는 것으로 임금의 가르침을 대신하며, 역사를 읽는 것으로 나라의 조서를 읽는 것에 대신하며, 소설을 읽는 것으로 광대놀음을 보는 듯이 하며, 시를 읽어 가곡을 듣는 듯이 한다. 이러한 즐거움을 영달한 벼슬아치들의 생활과 어찌 같다고 할 수 있겠는가.

*

- 허균(許筠, 1569~1618)은 학식이 뛰어나다는 평을 받았으나, 이단을 좋아하여 도덕을 어지럽힌다는 비판도 함께 받았다. 정치관이나 학문관에서, 서자를 비롯 하층민을 대변하는 급진성을 보였다. 광해군 때 역적모의를 했다 하여 참형되었다. 한글 소설 《홍길동전》을 썼고, 시를 모으고 작품평을 한 《국조시산》이 있고, 《성소부부고》가 있다.

젊은이들의 온갖 병을 다 고칠 수 있으나 오직 속된 병만은 고칠 수 없다. 속된 병을 고치는 데는 오직 책이 있을 뿐이다.

— '한정록閑情錄' 에서,《성소부부고惺所覆瓿藁》

시 두 편
―허균

양사언楊士彦은 '가을 생각〔秋思〕'이라는 시에서,

한 줄기 연기는 벌방에 오르고
저녁 해는 벌판 끝에 넘어가누나.
묻노라 남쪽으로 날아오는 저 기러기
우리 집 기별을 가지고 오느냐.
孤煙生曠野　殘日下平蕪
爲問南來雁　家書寄我無

하였다. 이 시는 품격이 속되지 않고 표현이 빼어나면서도 소박하다.

*

백광훈은 '서울서 벗을 보내며〔洛中別友〕'라는 시에서,

서울 성밖에 따라 나와서
말없이 그대를 보내노라.
저기 강 남쪽을 바라보노니
청산에는 또한 저녁 별일세.
長安相送處　無語贈君歸
却向江南望　靑山又落暉

하였다. 이 시는 시어가 담박하고 흥미롭다.

—《국조시산國朝詩刪》에서

나무꾼 아이와 물 긷는 아낙네의 말

―김만중

    사람의 심정이 입으로 나오는 것을 말이라 하며, 말에 가락을 붙인 것을 시가 또는 문부文賦라 한다. 여러 나라 말이 같지 아니하나 그 나라 말을 능숙하게 할 수 있는 사람이 그 말에 가락을 붙인다면 천지와 귀신이라도 움직일 수 있다. 그것은 중국 말만 그런 것이 아니다.
    지금 우리 나라의 시문은 제 말을 버리고 남의 나라 말을 배우고 있는데 비록 그것이 아무리 비슷하더라도 앵무새가 사람을 흉내 내는 데 지나지 않는다. 마을의 나무꾼 아이와 물 긷는 아낙네들이 흥얼거려 서로 화답하는 소리가 비록 비속하다고 하나 참과 거짓을 따

- 김만중(金萬重, 1637~1692)은 명문가에서 태어나 대사헌과 대제학을 지냈다. 인현왕후의 일로 남해에 유배되어 그곳에서 생을 마쳤다. 김만중은 우리 글로 쓴 문학을 높이 평가했고, 한글로 직접 소설을 쓰기도 했다. 유배지에서 어머니를 위해 한글 소설 '구운몽'과 '사씨남정기'를 썼다. 평론집《서포만필》이 전한다.

진다면 사대부들의 시부 따위와는 결코 같이 말할 수 없는 것이다.

  정철의 관동별곡, 사미인곡, 속미인곡 등 세 편의 가사는 미묘한 조화가 저절로 나타나 조금도 비속함이 없다. 예부터 우리 나라의 참된 글은 오직 이것이 있을 뿐이다.

―《서포만필西浦漫筆》에서

소설 쓰는 까닭
― 김만중

　《동파지림東坡志林》에 이르기를, "항간에 옛이야기를 하는 사람이 삼국시대의 이야기를 할 때에 유비가 졌다고 하면 눈물을 흘리고 조조가 패하였다고 하면 기뻐서 날뛰니 아마도 이것은 나관중의《삼국지연의》의 영향인 것 같다." 하였다.
　이제 진수의《삼국지》나 사마광의《통감》같은 것을 읽고 울 사람은 없을 것이니, 이것이 곧 소설을 쓰는 까닭이다.

―《서포만필》에서

중국의 시
— 김창협

송나라 사람들의 시는 주로 고사에 의거하여 논의를 많이 하였는데 이것은 시의 큰 병집이다. 명나라 사람들이 이것을 공박한 것은 옳다. 그러나 정작 명나라 시인들의 시 작품이 송나라 시인들보다 낫지 못할 뿐 아니라 도리어 이에 미치지 못한 것은 무엇 때문인가? 송나라 사람들이 비록 고사에 매달려 논의를 주로 하였지만 학문의 축적과 지향이 쌓여 감정을 촉발하고 힘차게 심정을 표현하여 격조에 매이지 않았고 이미 이루어진 법식에 구속되지 않았기 때문이다. 그러므로 기상이 호탕하게 넘쳐흘러 때로 오묘한 이치가 발현되

■ 김창협(金昌協, 1651~1708)은 조선 후기의 유학자로, 명문가에서 태어났으나 인현왕후의 일로 아버지가 죽자 벼슬자리에서 물러나 영평에 은거하였다. 왕의 명을 받아 송시열의 《주자대전차의朱子大全箚疑》를 교정할 정도로 인정받는 학자였으며, 이이와 이황의 학문을 절충하였다는 평을 받는다. 문집으로 《농암집》이 전한다.

었으니, 이를 읽으매 오히려 기질과 정서의 참다움을 볼 수 있다. 그런데 명나라 사람은 너무 법도에 매여 걸핏하면 모방하고 흉내 내다 보니 자연스러움을 찾아볼 수 없다. 이것이 송나라 사람보다 못한 까닭일 것이다.

*

  시는 당나라를 배워야 한다고 하지만 그렇다고 해서 반드시 당나라 시와 같아서는 안 된다. 당나라 사람의 시가 품성과 정서를 주로 하고 사물에 많이 의탁하면서 고사에 의거하지 않은 것은 본받을 만하다. 그러나 당나라 사람들은 당나라 사람이고 지금 사람은 지금 사람이다. 그때와 지금이 천백 년이나 서로 떨어졌는데 성음, 기상, 격조를 모두 같게 한다는 이치가 있을 수 없다. 억지로 같게 한다면 나무와 흙으로 된 허수아비로 사람을 본뜬 것일 따름이다. 형체가 비록 뚜렷할지라도 본질은 진실로 여기에 있지 않으니 무엇이 귀중하겠는가?

—《농암집農巖集》에서

김만중의 문장
—김창흡

　사상-감정〔性靈〕이 쌓여 맑게 소통됨으로써 모든 사물과 거리가 없어지면 발현되어 문장이 된다. 또한 사상-감정이 순정한 품성과 만나 움직이므로 훌륭한 문장이 자연스럽게 흘러나온다. 대개 능숙하게 하려고 노력하지 않아도 훌륭하게 되는 것은, 맑고 시원스러운 것이 오묘한 경지에 도달했기 때문인데, 문장에서 아주 귀중한 것이다. 이는 김만중의 문집을 두고 말하는 것이다.

— '서포집에 부쳐〔西浦集序〕'에서,《삼연집三淵集》

■ 김창흡(金昌翕, 1653~1722)은 김창협의 아우다. 우리 나라의 아름다운 자연을 즐겨 노래했으며, 시문을 평론하는 데 뛰어났다. 아버지가 죽은 뒤, 형 김창협과 같이 영평에 은거하였다.《장자》와《사기》를 좋아하고 한때 불교도 연구했지만, 성리학과 문장으로 이름을 떨쳤다. 영조가 왕위에 올라 벼슬을 주었지만 끝내 사양했다.《삼연집》을 남겼다.

자연과 마음의 소통

― 김창흡

천지 사이에 화순한 기운이 소리에 맞아 서로 어그러지거나 떨어지지 않고 사람의 마음과 소통함으로써 자연히 형상을 이루어 운율에 맞게 되는 것이다. 그러나 잘못하면 문득 거리가 생겨 소통하지 못하게 된다. 그런데 둘째 형님은 이것을 평이하고 간결하게 체득하였는데, 이는 문학과 자연의 이치(道)가 서로 합일되어서인가 한다.

― '농암집에 부쳐〔仲氏農巖先生文集序〕'에서, 《삼연집》

산문이면서 시이고 시이면서 음악
— 김창흡

 시인의 우수한 풍도와 문인의 맑고 심오한 재량은 문학에 종사하는 사람이라면 아주 중요하게 치는 것이다.
 둘째 형님이 이러한 기상과 자질을 갖춘 것은 돈후한 품성과 맑고 화통한 기상이 일치된 까닭이다.
 사물에 비유하여 실정을 표현하는 것이 정당하지 않은 것이 없으며 문장이 퍼져 나가고 말을 다듬은 것이 화려하여 갈고 닦지 않은 것이 없다. 체계가 정연하고 운이 원만하니 듣는 이는 청신함을 느끼고 마음이 흐뭇해진다. 그러므로 잘 읽고 음조를 살피는 이는 이를 체득할 수 있다.
 산문이면서 곧 시이며 시이면서 곧 음악인데 모두어 보면 혼연히 일치한다.

— '농암집 뒤에 쓴다〔仲氏文集後序〕'에서, 《삼연집》

시를 아는 데 따로 재주가 있다

—김창흡

    나는 거칠고 모자라는 사람이라 백에 한 가지도 해결한 것이 없지만 다만 시의 작법에는 서른 해 동안이나 정력을 쏟아 왔다. 처음부터 격조는 반드시 고상하게, 법도는 반드시 고아하게 할 것을 표준으로 하여 시인들의 비속하고 조잡한 습성을 바로잡기에 힘썼다.
    "시를 아는 데 따로 재주가 있다."고 하는 것이 과연 거짓말이 아니다. 전승해 내려오는 시의 법도에 얽매이는 것은 용렬한 짓이다.

— '관복고에 부쳐〔觀復稿序〕' 에서,《삼연집》

문장 다듬기
— 김창흡

    문장이란 어떤 것인가. 마음속에서 우러나는 느낌이 바깥 사물과 부딪쳐서 구상을 이룰 때 진실성을 잃지 않아야 한다. 그런데 다듬기를 지나치게 하면 도리어 진정한 맛을 잃어버리는 것이며, 칠했다 지웠다 하기를 너무 지나치게 하면 도리어 참다운 자태에 손상을 끼친다. 아아, 요즈음 문장의 폐단을 말할 때 간결해서 실패한 것은 적다.

— '우사집에 부쳐〔雩沙集序〕' 에서, 《삼연집》

이해조의 문장

−김창흡

지금 세상의 문장은 바야흐로 베끼고 다듬기에 바쁘다. 그러나 이해조[1]의 문장은 그런 비웃음을 받을 것이 없다. 그러므로 사람을 논할 때 마땅히 기상을 볼 것이며 문장을 논할 때 마땅히 규모를 보아야 한다.

— '명암유고에 부쳐〔鳴巖遺藁序〕'에서,《삼연집》

---

1) 이해조李海朝는 숙종 때 사람으로 자는 자동子東이고, 호는 명암鳴巖이다.

최효건의 시
— 김창흡

　시의 창작에 기준이 없어서는 안 된다. 그러나 거기에 매여서도 안 된다.
　대개 시란 어떤 것인가? 사상-감정〔性靈〕에 기초하고 사물 현상에 부딪혀서 이루어지는 것이니, 온갖 사물의 무늬가 교차하여 글로 되고 소리의 미묘한 변화가 운율로 된다.
　일반적으로 말하면 모든 작가들이 한 가지 격식에만 매달리고 있다. 한 사람의 작품이 표현한 경지와 사실에 따라 모두가 춤을 추니, 전체 작품들의 정서와 운치가 혼동되고 만다. 그리하여 천편일률로 되기 때문에 분별할 수가 없다.
　아아, 시가 어찌 이렇게 될 수 있겠는가. 내가 보건대 시의 병집으로 그 법식에 매달림이 이러하다. 그런데 늦게야 최효건의 시를 읽으니, 참으로 그런 병집에서 벗어났을 뿐 아니라 옛것을 답습하지 않았다.

— '하산집에 부쳐〔何山集序〕'에서, 《삼연집》

우리 말로 쓴 노래와 소설

― 김춘택

우리 나라 시인으로는 읍취헌挹翠軒 박은朴誾의 작품을 가장 우수한 것으로 친다. 다만 소싯적 작품에서 혹 조잡한 것이 병이다. 만약 오래 살았다면 중국의 소식보다 나았을 것이다. 이는 박은의 재능으로 보아 그렇게 말할 수 있다.

우리 서포 할아버지가 지은 고시와 율시 들은 고대 시선에 넣을 만하다. 당, 송 때의 시보다도 더욱 아름다운 것들이 있는데 평론하는 사람들이 어떻게 볼지는 알 수 없다.

*

- 김춘택(金春澤, 1670~1717)은 김만중의 종손으로, 대대로 높은 벼슬을 한 집안에서 태어났다. 노론의 중심 가문이라 언제나 정쟁의 한가운데 있었고, 여러 차례 투옥되고 유배되었다. 시재가 뛰어나고 문장이 훌륭하다는 평을 들었다. 문집으로《북헌집》이 전한다.

우리 말로 지은 노래가 우리 악률에 꼭 들어맞는 것은 더 말할 것도 없지마는 내용이 의미심장하고 표현이 완곡하고 절실하여, 진실로 사람들의 심정을 감동시키는 것이 옛 가사를 모방한 것보다 훌륭할 뿐만 아니라 다른 시문에 비교해 보더라도 훨씬 낫다. 이것은 다름이 아니라 그 시가의 진실성에 차이가 있기 때문이다.

이러한 가사 가운데서 송강 정철의 '사미인곡'과 '속미인곡'은 가장 우수한 작품이다.

일찍이 나는 청음淸陰 김상헌金尙憲이 '사미인곡'을 몹시 즐겨 불러서 자기 집 여종들이 모두 그것을 외우게끔 하였다는 말을 들었다. 우리 집의 춘대春臺라는 늙은 여종이 아이 적에 김상헌의 집에서 일을 보았는데 늙어서까지도 옛일을 떠올릴 때면 정철의 구절을 잘 외우고 있었다. 김상헌이 우리 나라 말로 된 가사를 이처럼 좋아하였다. 김상헌과 같은 이가 그처럼 좋아한 것이 어찌 까닭이 없겠는가?

*

정철의 '사미인곡'과 '속미인곡'은 우리 국문으로 된 것인데, 그가 귀양살이를 하면서 자기의 답답한 심정을 그리려는 의도에서 임금과 신하가 만나고 흩어지는 것을 남녀가 사랑하고 미워하는 관계로 묘사하였다. 마음이 충직하고 뜻이 고결하고 절조가 곧고 말이 우아 곡진하고 격조는 비분하면서도 정당하여 중국 초나라 굴원의 '이소'와 견줄 만하다. 우리 집의 서포 할아버지께서 일찍이 이 두 가사를 한 책에 손수 베껴 썼다. 정철의 가사가 지닌 광채는 해와 달과 다툴 만하다.

　내가 제주도에 귀양 와서 국문으로 또 다른 '사미인곡'을 지어서 정철의 두 가사에 화답하려고 하였다. 내용인즉 한 낭자는 백옥경 광한전에서 사랑하는 낭군을 모시고 지냈는데, 애정과 자태는 비록 불행한 경우를 당하여 버림을 받더라도 길이 변하지 않으리라는 것을 보여 준다. 또 한 낭자는 처음부터 부부의 애정을 이루지 못하고 그만 죄를 얻어 멀리 추방당하였는데 영원히 뵈실 인연이 없고 기약하지 않은 이별만 가져왔으니 이것이 가장 한스러운 것이다.

　이렇게 이 가사는 내용 구성과 문장 표현에서 마치 두 낭자가 서로 만나서 문답하는 것처럼 되어 있다. 그러나 이는 모두 옛날에 이른바 님을 생각하는 여자들이 서로 그 심정을 말한다는 내용을 형상한 것이다. 가사의 말은 정철의 가사에 비하여 더 완곡하고 격조는 정철의 가사에 비하여 더욱 심각한 것이 있으니, 곧 내가 오늘 당하고 있는 기막힌 형편을 반영하였기 때문이다.

*

　서포 할아버지는 자못 국문으로 소설을 많이 지었는데 그중 《사씨남정기》는 다른 것과 예사로 대비할 게 아니다. 그러므로 내가 한문으로 번역하면서 다음과 같이 덧붙여 썼다.

　"언어 문자로 사람을 깨우침에 있어 인륜을 두텁게 하며 세간의 깨우침을 돕는 것이 어찌 《사씨남정기》만 한 것이 있겠는가? 《사씨남정기》는 본래 서포 할아버지가 지은 것인데, 내용은 부부 처첩 사이의 도덕 관계를 묘사한 것이다. 그렇지만 사람들이 이 소설을 읽으면 탄식하며 눈물을 흘리지 않는 자가 없으니, 이는 역경을 이겨 낸 사씨의 절조와 유 한림이 허물을 고친 아름다운 행동에 감동되어 그런 것이 아니겠는가. 이런 감동은 사람마다 타고난 천품이며 성정에 갖추어져 있어 그런 것이다. 또한 이 소설을 읽고 격분하며 눈을 흘기게 되는 것은 어찌 교채란과 동청의 악함을 미워해서가 아니겠는가."

선생이 국문으로 지은 것은 거리와 마을의 부녀들이 다 읽고 감동하게 하자는 것이니 애초부터 우연히 그렇게 쓴 것이 아니다. 여러 자손들 중에서 나같이 병들고 보잘것없는 사람이 유배살이하는 처지에 할 일이 없어 한문으로 한 통을 번역하였는데, 자기 역량을 헤아리지 않고 원문에서 덜어 내고 보태어 정리하였다. 그러나 선생은 성정과 사색이 특히 오묘한 경지에 이르러서 이 글을 지었기 때문에 국문으로 썼지만 오히려 문장이 아름답고 빛난다. 지금 내가 한문으로 옮겨 놓은 것은 그에 미치지 못한다.

—《북헌집北軒集》에서

뜻은 깊고 말은 얕으니

―이익

시는 사상(志)의 발현이다. 말이 있고 사상-감정(意)이 있는데, 사상-감정은 깊고 말은 얕다. 그러므로 말은 마칠 수 있어도 사상-감정은 다할 수가 없다.

*

우리 나라에는 과시科詩와 과표科表의 형식이 있다. 이것은 글귀마다 투가 있고 글자마다 모양이 있어서 글 짓는 방법이 매우 어려운 듯하면서도 매우 쉽다. 이런 글로 인재를 선발하여 공경 재상을

■ 이익(李瀷, 1681~1763)은 벼슬에는 나아가지 않고 일생을 학자로 지냈다. 실학파의 대가로 정치, 경제, 역사, 철학, 문학, 언어, 풍속 들을 깊이 연구했을 뿐만 아니라 천문, 지리, 생물학, 수학, 의학 같은 자연 과학에도 깊은 조예를 가지고 있었다. 《성호사설》을 비롯 저작을 많이 남겼다.

시키니, 과시와 과표를 잘 쓰지 못하면 남이 비웃을 뿐만 아니라 스스로도 수치로 여겨 아무 데도 소용이 없는 것처럼 생각한다.

그러므로 사람들이 어릴 때부터 늙어 죽을 때까지 일생을 과시와 과표 짓는 데 허비하여 한 걸음도 나아가지 못하는 것은, 마치 산천을 뒤집는 큰 홍수에 쓸려 가면서 헤어 나오지 못하는 것과 같다. 그러고 보니 옳은 학문에 뜻을 두고 있는 사람이 도리어 비방과 조롱을 받는다. 온 세상이 모두 이욕의 구렁 속에 빠져 있으니 순수하고 건전한 기풍을 찾아볼 수 없다.

―《성호사설星湖僿說》에서

참다운 시는
모두 자기 목소리를 낸다

홍양호 | 홍대용 | 박지원 | 이덕무 | 박제가

모든 가요가 민요에서 나왔으니

— 홍양호

    모든 나라의 가요는 모두 거리와 마을의 구전 민요에서 발전하였다. 그 사상적 내용(情志)은 심오한 진리(天機)에 기초한 것으로 사방의 풍속을 보여 주며 정치의 형편을 반영하고 있다. 공자가 "시는 볼만한 것이다." 한 것은 이를 두고 한 말이다.

    후대에 이르러 시체(詩體)가 자주 변하면서 시인이 기교만을 앞세우고 진리를 소홀히 하였기 때문에 자연스러운 맛이 없어졌다. 그러나 가요에 반영된 풍속의 차이와 역사의 변화 발전은 가릴 수 없다.

— '풍요속선에 부쳐(風謠續選序)' 에서, 《이계집(耳溪集)》

▪ 홍양호(洪良浩, 1724~1802)는 영조 때 학자이다. 경흥 부사 시절에 《북새풍토기(北塞風土記)》를 썼고, 《영조실록》과 《국조보감》 편찬에 중요한 역할을 했으며 《해동명장전》을 썼다. 《이계집》을 비롯 책을 많이 남겼다.

문장은 호수와 같아
—홍양호

시는 심오한 진리〔天機〕가 피어나는 것이니, 괴상하여 비속한 데에 물들지 않으며 정답고 아름다워 스스로 이치에 맞는 것이다. 문장은 가슴에서 흘러나와 맑기 그지없는 것이 마치 호수의 물결이 바람 없이 고요하여 삼라만상을 갖추 나타내는 것과 같다.

— '춘암집에 부쳐〔春庵集序〕'에서, 《이계집》

송덕문의 시
— 홍양호

　우리 나라의 시는 오로지 근체시만을 귀히 여기는데, 이름난 시인이라고 하는 사람들도 모두 음률의 장단만을 비교하며 형태의 잘 되고 못 됨을 다룰 뿐으로 옛사람들의 고르롭고 심원한 모습은 막연하여 찾기 어려우니 안타까운 일이 아닐 수 없다.
　지계에 은거하는 나의 벗 송덕문宋德文은 고결하고 생활이 소박하여 세속에 빠져 들지 않을 뿐 아니라 시가를 좋아한다. 특히 옛 시인들을 모범으로 하되 그에 매이지 않고 음조가 밝고 깨끗하여 시 짓는 법에서 어긋나지 아니하였다.

— '지계집에 부쳐〔芝溪集序〕'에서,《이계집》

문장이란 글귀를 꾸미는 것이 아니니
—홍양호

    문장이란 장절이나 글귀를 꾸미며 겉치레만 하는 것을 이르는 것이 아니라, 배워서 모으고 물어서 헤아리며 말을 더듬어 이치를 밝히고 의견을 세워 진리를 옹호하는 것이 모두 문장이다.
    모일 때마다 반드시 시문을 지으면 그것은 대수롭지 않은 것으로 되지는 않을 것이며, 그렇게 되면 거기에 온 힘을 기울이게 되고 온 힘을 기울이면 좋은 성과를 거둘 수 있다. 그러면 장차 시문이 빛나게 일어날 것이다.

— '문회재 기문〔文會齋記〕'에서, 《이계집》

옛날과 지금

―홍양호

문장이란 진리의 정수이다. 진리가 밖으로 나타나서 문장을 이루는 것은 마치 물에 근원이 있어 물결이 일어나고 나무에 뿌리가 있어 꽃이 피는 것과 같다.

성인聖人의 문장은 마치 해와 달이 하늘에 빛나는 것과 같고 강물이 대지를 가르며 흐르는 것과 같아서 자연히 형상을 이룬다.

*

옛날은 그때의 지금이며, 지금은 후세의 옛날이다. 옛날을 옛날이라 하는 것은 연대를 이르는 것이 아니라 말로 전할 수 없는 것이 있기 때문이다. 만일 옛날을 귀히 여기고 지금을 천시한다면 그것은 이치를 알지 못하는 말이다.

세상에는 옛날에 뜻을 두고 옛사람들의 이름을 사모하면서도 옛날 자취에 매이는 사람이 있다. 이는 바로 음악을 배우는 자가 북을 두드리면서 음악의 변화를 모르며, 맛있는 음식을 탐내는 자가 국을 떠 마시면서 간이 맞는지 어떤지를 모르는 것과 같다. 다만 사람들을 향하여 "나는 옛것을 잘 안다."고 외치기만 하면 되겠는가.

— '계고당 기문〔稽古堂記〕' 에서, 《이계집》

시는 터져 나오는 소리라

—홍양호

　사람은 반드시 감정〔靈〕을 움직여 소리를 낸다. 소리는 몸 안에 간직되어 있다가 어떤 계기에 부딪히면 터져 나온다.
　사상-감정〔神〕이 이 계기와 마주칠 때 운율을 만들어 내며 문장을 이루는 것이, 자연이 불어 보내는 바람을 사람이 이용하여 악기를 울리는 것과 같다. 마치 여름 하늘에 으르렁거리는 우레나 가을밤에 속삭이는 벌레와 같아서 누가 시키기라도 한 듯이 그 진행을 멈추지 못한다. 그러므로 시에서 표현하는 내용은 때를 따라 영예롭게 울리고 시인의 시 창작은 하늘과 더불어 길이 빛난다.
　자기 사상-감정〔意〕대로 노래할 수 없다면 이는 벌써 진실이 아니며 저절로 터져 나와 노래한 것이 아니라면 시의 정신은 죽어 버린다. 제 사상-감정이 있는 듯하면서도 없는 듯한 데 묘미가 있으니 시야말로 깊고 묘하다 할 만하다.

—시에 대하여〔詩解〕, 《이계집》

우렛소리
— 홍양호

우레가 산을 깨뜨린들
귀머거리 어찌 듣고
해가 중천에 떴다 한들
눈먼 장님 어찌 보리.

도덕과 문장이 아름다운들
어리석은 자 어찌 알며
옳고 그른 이치 분명한들
속된 무리는 분간하지 못하리.

아, 이 세상의 남아들아
눈 있고 귀 있다 자랑 마라.
총명은 눈과 귀에 있지 않고
깨끗한 마음에 달렸나니.
　　　　　—《이계집》

疾雷

疾雷破山　聾者不聞
白日中天　瞽者不見
道德文章之美　愚者不信
王霸義利之分　衆人不辨
嗟爾世間男兒　莫言有耳有目
聰明不在耳目　惟係一片靈覺

시
— 홍양호

모든 구멍 제각기 소리 내는데
사람의 말소리 가장 특이해.
음악은 빈 곳에서 울려나거니
운다고 어찌 모두 불평뿐이랴.

육체 안엔 자연의 음악이 있고
붓끝에는 무쌍한 조화가 있네.
시라는 건 천년 세월 지난 소리라
누구에게 그것을 물어보려나.
—《이계집》

詩解

萬窺各生吹　人聲最得奇
樂從虛處出　鳴豈不平爲
內裏藏天籟　毫端見化兒
風騷千古響　寥闊問憑誰

비 오는 날 홀로 앉아
—홍양호

지저귀는 저 새들 무얼 말하나
이내 시 저절로 지어지노라.
하늘의 이치란 건 어김없어서
어디에나 만물이 태어나거니.
　　　　　—《이계집》

雨中獨坐

鳴鳥爲何語　吾詩亦漫成
天機非得已　無處不生生

《대동풍요》를 펴내며
— 홍대용

노래란 자기 감정을 표현하는 것이다. 감정이 말로 표현되어 그 말이 글로 이루어진 것을 노래라고 하는데, 기교에만 매달리지 않고 생각이 우러나오는 대로 자연스럽게 진심에서 흘러나온 것이 좋은 노래이다. 《시경》의 '국풍國風'은 대부분이 항간 민요에서 수집한 것이니, 이 노래들은 강구요[1]의 진선진미한 것만은 못하나 진실로 모두 그 시대 백성들의 진정한 심정에서 우러나온 노래들이다. 그러므로 나라에서 수집하고 태사[2]가 채택하여 악기에 맞춘 다음 왕궁 연회에 사용하고 서당 선비들과 들판의 농부들까지도 부르게 함으

▪ 홍대용(洪大容, 1731~1783)은 북학파로 뛰어난 과학사상과 사회사상을 폈다. 박지원과 친분이 깊었다. 우리 겨레의 주체성을 강조하고, 인간도 대자연의 일부로 다른 생물과 마찬가지라는 주장을 펼쳤다. 사회 계급과 신분 차별에 반대하고 교육의 기회는 균등해야 하며 재능과 학식에 따라 일자리가 주어져야 한다고 주장했다. 《담헌서》, 《의산문답醫山問答》 들이 전한다.

로써 그들이 모두 기뻐하고 감동해서 자기도 알지 못하는 사이에 날마다 착한 데로 나아가게 하였으니, 이는 시에 의한 교화가 밑에서부터 위로 통하였던 것이다.

실로 항간에서 불리는 가요는 자연스러운 소리에서 나온 것으로, 가락과 박자는 비록 나라마다 서로 구별이 있으나 좋고 나쁜 것은 그 시대, 그 고장의 풍속에 좌우된다. 그리하여 장절을 떼고 운율에 맞추어 사물에서 느껴진 바를 언어로 형상하는 점은, 실로 곡조가 다를지라도 기교는 같으므로, 이것이 지금 음악이 예전 음악과 같은 점이다. 그런데 노래의 사연이 옛것을 본보기로 하지 않으며 사연이 비속하다고 해서 나라에서 숭상하지 않고 태사가 수집하지 아니하여 제때에 음률에 맞추어 나라에 바치지 못하게 된다면, 그 시대의 정치의 성공과 실패의 자취를 뒷사람이 살필 수 없을 것이니, 이쯤 되면 시가가 아주 심하게 쇠퇴한 것이다. 사대부들이 국문 가요 창작을 좋은 일로 생각하지 않아 대부분 평민들 손에서 쓰여지고 보니 그 말이 천박하고 저속하다는 까닭으로 위정자들이 모두 취하지 않았다.

그러나 《시경》에서 이른바 '풍風'이란 것도 본래 민요로 돌아다니는 흔히 주고받던 사연이었으니, 그때 그 노래를 듣던 사람이 어찌 지금 사람이 오늘의 노래를 듣는 것과 같지 않겠는가. 오직 입에서 부르는 대로 곡조를 이루었어도 사연은 마음 그대로 우러나온 것이

---

1) 강구요康衢謠는 중국의 요임금이 어진 정치를 하자 백성들이 이를 칭송하며 불렀다는 민요.
2) 옛날 중국 악관樂官의 우두머리.

고 꾸미지 않고도 진실한 내용이 흘러나왔다면 초동과 농부가 부르는 노래라도 자기 심중에서 나온 것이므로 도리어 사대부들이 고루한 형식에 매달려서 글자만 옛것대로 꾸며 놓아 시가의 본뜻〔天機〕에서 어긋난 것보다는 낫다.

그러므로 노래를 진실로 잘 아는 자는 누가 부르는지에 매이지 않고 노래에 담긴 뜻을 잘 헤아리니, 풍요가 듣는 사람들을 기쁘게 하고 감동시켜 백성을 고무하고 풍속을 바로잡는 뜻은 예나 지금이나 다를 것이 없다. 또한 다른 사물에 비유하거나 딴 말을 빌려 오는 뜻과, 그릇된 현실을 근심하고 진실한 옛것을 그리워하는 노래가 혹시 어진 선비들의 입에서 불린다면 나라에 충성하고 윗사람을 사랑하는 뜻이 말로 다 할 수 없을 만큼 담길 것이다. 이것은 《시경》에 담긴 뜻을 깊이 체득한 것이어서 그 말은 평이하면서도 간명하고 그 뜻은 순수하면서도 뚜렷하여 여자와 어린아이들까지도 모두 듣고 알 수 있는 것이다. 이른바 시에 의한 교화로 상하가 통하게 하는 것이니, 이것을 버리고 달리 무엇을 취하랴.

이에 나는 고금을 통하여 내려오는 풍요를 신중히 채집하여 두 책을 편찬하고 이름을 '대동풍요' 라고 하였는데 모두 천여 편이요, 또 별곡 수십 수를 뒤에 붙여 태사에게 자료로 제공하니, 나라에서 민간 풍속을 아는 데 도움이 될 것이다. 이 가운데 실려 있는 잡되고 희롱조로 된 노래들은 공자가 정鄭, 위衛의 시가들을 버리지 않은 뜻과, 주자가 말한 "그것을 보고 스스로 반성할 바를 생각하여 권선징악케 한다."는 교훈을 적용한 것이니, 특히 윗자리에 있는 이들이 알아야 할 것이다.

— '대동풍요에 부쳐〔大東風謠序〕', 《담헌서湛軒書》

선배 시인들이 이룬 것
―홍대용

  우리 나라 시인으로는 신라 시대 최치원과 고려 시대 이규보가 대가로 알려졌으나, 최치원은 시의 경지를 전개해 나가는 데는 우수하지만 운율에 줄기차고 참신한 맛이 적으며 이규보는 시어를 만드는 데 너무 재주 부리기를 좋아하고 운치가 끝내 얕아서, 모두 좁은 테두리를 벗어나지 못하였다.
  조선에 들어와서 박은과 노수신을 세상에서 조선의 이백과 두보라고 한다. 그러나 박은의 시는 격조가 높고 상쾌하나 침착한 맛이 적으며 노수신은 체재만은 굳세나 새롭고 깨끗한 맛이 없다. 조선 중엽에는 권필이 노련하고도 정밀 정확하여 첫자리를 차지하였다. 그런데 격조가 높고 상쾌한 맛은 박은만 못하고 굳센 것은 노수신보다 떨어지는데 낭만적이고 간결한 맛으로는 나라 초기의 선배들에 견줄 때 손색이 없을 수 없다.
  이는 모두 선배들이 내린 논평이다.

― '홍화포의 주청 일기 초록〔洪花蒲 奏請日錄略〕' 에서,《담헌서》

육조음[1]에게 부치는 편지

—홍대용

　나는 열예닐곱 살 때부터 우리의 거문고를 약간 탈 줄 알았는데 오랫동안 연습한 결과 묘리를 이해하게 되었습니다. 속된 세상 생각을 씻어 버리고 울적한 심정을 맑게 하는 데는 시나 술보다 나았습니다. 그리하여 보통 어디를 갈 때에는 반드시 거문고를 싸 가지고 다니면서 항상 바람이 맑고 달 밝은 곳이라든가 산수 좋은 곳처럼 그냥 지날 수 없는 데서는 기분 좋게 한 곡조를 고르며 즐거워서 일어설 줄 몰랐습니다.

　그러니 때로 가무에 능한 기생들과 마주 앉아서 흥겹게 노는 것이 옳지 못한 일임을 깨닫지 못하였습니다. 이에 대하여 나를 아는 자는 방탕한 행동이라고 책망하고 나를 모르는 자는 광대로 지목하니, 남이 많이 떠드는 것을 두려워해야겠지만 이쯤이야 말할 바도 못 된다고 생각합니다. 오직 허랑한 자는 나를 소탈하다 좋아하고 몸조심

---

[1] 중국 청나라 시대에 서문과 시화로 이름이 높았다는 사람. 홍대용이 중국에 갔을 때 사귀었는데 그 뒤에도 편지를 주고받았다.

하는 사람은 나를 정신이 나갔다고 비웃었습니다. 이러므로 방탕한 자들과 날마다 가까워지고 단정한 선비들과 날마다 멀어져서 점차 유림의 폐물로 되었던 것입니다.

  그러다가 몇 해 전부터 자못 스스로 잘못을 깨닫고서 집에 들어앉아 과오를 반성하고 경서와 역사서를 읽으며 분잡하고 화려한 생각을 끊어 버리고 잡류들을 멀리하며, 겨를이 있으면 거문고로 즐길 뿐입니다. 이렇게 함으로써 행여나 처음 양심을 찾아내어 늘그막에라도 잘못을 고치기를 바라나, 몸조심하지 않는다는 책망과 광대라고 하는 소리가 끊임없이 들려옵니다. 이는 곧 내가 덕행을 옳게 가지지 못하고 학문을 하지 않은 탓이니, 남들이 시비하는 것은 당연한 일입니다. 여기에서 대소와 청탁의 차이는 당신에게 비할 것이 못 되지마는 사정이나 형편이 비슷하니, 어린아이들의 노래가 명철한 사람의 거울로 될 수도 있지 않겠습니까?

—육조음에게〔與篠飮書〕,《담헌서》

손유의[1]에게 부치는 편지
— 홍대용

    평소에 노래나 시를 즐기지 않았는데 근래 와서 병중에 있으면서 심심하여 우연히 《소명선시》[2]를 보고서 비로소 시에 매우 마음이 끌렸습니다. 그런데 재주가 저열할 뿐만 아니라 성격이 본래 편협하고 말을 함부로 하는 버릇이 있는 데다가 또 궁하게 지내면서 울적한 심정을 버리노라고 때로 마음대로 성을 내어 제 분수에 맞게 정신을 수양하지 못하였습니다. 이는 기본 병집이 다만 시학詩學의 결함으로 될 뿐만이 아니었습니다. 이번에 당신의 비판을 받고 어찌 더욱 반성하지 않았겠습니까?
    대체 시란 것은 함축성이 매우 중요하니, 차라리 졸작이 될지언정 재주 부리기에 흐르지 말며 또 반드시 건전한 시상으로 안받침되어야 할 것입니다.

— '손용주에게〔與孫蓉洲書〕'에서, 《담헌서》

---

1) 손유의孫有義는 호가 용주. 홍대용이 중국에 갔을 때 사귄 청나라 학자.
2) 《소명선시昭明選詩》는 양 무제梁武帝의 아들 소명태자가 편찬한 시문집.

반정균[1]에게 부치는 편지

— 홍대용

보내 주신 시편을 대하매 성의에 감복하오나 상복을 입은 몸이라 시가를 읊을 때가 아니므로 아직 하나하나 연구하지 못하였고, 함부로 칭송하는 글을 쓰지는 못한 채 다만 감상하면서 감탄할 뿐입니다.

시를 평론하는 데 어찌 일정한 틀이 있겠습니까. 말이 논리에 맞으면 자유자재로 말하여도 잘못될 것이 없을 것입니다. 맹자가 시를 이야기하며 형식을 태반이나 버리고 전적으로 본뜻만을 따낸 것이 가장 생동한 방법입니다.

— '반추루에게〔與潘秋庫書〕'에서, 《담헌서》

---

1) 반정균潘庭筠은 청나라 사람으로 문장과 서화로 이름을 날렸다. 홍대용이 중국에 갔을 때 사귀어 조선에 돌아온 뒤에도 편지를 주고받았다.

좌소산인에게
—박지원

나는 보았노라 세상 사람들이
남이 지은 글을 칭찬하는 것을.
산문은 으레 한나라에 비기고
시라면 당나라를 끌어대는구나.
무엇 같다고 말함은 이미 참 아니거니
한나라나 당나라가 어디 또 있으랴.
우리네 버릇이 전례를 좋아해
야비한 그 말도 이상하지 않구나.
듣는 사람들이 그걸 알지 못해
누구도 낯빛을 붉히기는커녕
미련한 말라깽이는 넘치는 기쁨에
입이 딱 벌어져 침 질질 흘리네.

▪ 박지원(朴趾源, 1737~1805)은 노론 명문가에서 태어났으나, 벼슬에 뜻이 없어 과거를 보지 않았다. 홍대용과 깊이 사귀었고, 박제가, 이덕무, 유득공, 이서구 들의 스승이자 벗이었다. 문학, 철학, 사회, 사상, 행정, 과학, 음악 따위에 두루 학식이 깊어 당대 사람들뿐 아니라 후대에까지 큰 영향을 미쳤다. 소설 십여 편, 시 사십여 수, 여러 가지 문학론과 사회 개혁 사상, 편지글들이 《열하일기》와 《연암집》에 수록되어 있다.

영리한 깍쟁이는 겸손해하며
피해서 서는 체 한 걸음 멈치적
허약한 텁석부리는 두 눈이 휘둥그레
덥지도 않은 날 온몸에 땀 철철.
헙헙한 뚱뚱보는 오죽 부러워야
빈이름 듣는데도 향내 물씬 난다고
시기로 찬 저 심통 내놓고 골부림
주먹을 두르며 때리려 덤빈다.

나 또한 이 칭찬 들은 적 있노라.
맨 처음 들을 젠 얼굴을 도려내는 듯
두 번째 들으니 도리어 요절할 듯
며칠 두고두고 엉덩이뼈 시큰
떠들어 댈수록 더욱이 맛 몰라
마치도 밀초를 씹는 것 같구나.
그대로 베끼는 건 온당치 못하니
종당에 등신이 될밖에 없구나.
시기쟁이 저네에게 한마디 권하노니
재주고 솜씨고 다 걷어치우라.
내 하는 이 말을 조용히 들으면
그대네 뱃속 팡팡히 살찌리라.

흉내 내는 그쯤을 시새워 뭘 하나
제 혼자 보긴들 부끄럽지 않을까.

걸음을 배우러 가 기어 돌아온 꼴[1] 우습고
흉내 내 찡그리매 상판이 더 밉다.[2]
이제야 알건대 그림 속 계수나무가
머귀나 가래나 산 나무만 못하다.
손뼉 치며 나서서 초나라를 다 속여도[3]
옷을 벗기면 멀쩡한 가짜다.
온 언덕 퍼렇게 자라난 보리가
입 안에 든 구슬보다 중하다.
경서의 글자를 훔쳐서 모아 봤자
쥐새끼가 제단에 구멍 뚫고 사는 격.
고전의 주석을 엮어서 내자니
선비님네 아가리 벙어리 될밖에.
종묘에 제 올리려 차린 상에도
비릿하고 고릿한 젓갈붙이 났나니
여름날 농사꾼 헙술한 주제에
술 달고 돈[4] 박아 띠 띤 것 같으리.
눈앞에 뵈는 일, 참이 게 있거늘

---

1) 어떤 이가 한단이라는 도시에 가 그곳의 멋진 걸음걸이를 배우려다 못 배웠는데, 본래 자기 걸음걸이마저 잊어버려 기어서 돌아올 수밖에 없었다는 이야기.《장자》에 나온다.
2) 중국 서시西施라는 미인은 얼굴을 찡그리니 더 아름답게 보였다고 한다. 이웃의 한 추녀가 그를 흉내 내 찡그리니 더 추하게 보였다는 이야기가 있다.
3)《사기史記》'골계전'에는 초나라의 높은 관리인 손숙오孫叔敖가 죽은 다음 그와 친하던 배우 우맹優孟이 그의 의관을 차리고 나서서 그가 하던 대로 손뼉을 치며 말을 하니 모두 손숙오가 되살아 온 줄 알았다는 기록이 있다.
4) 봉건 시대 관리들이 띠의 마디마디에 금, 은 따위의 물건으로 둥그렇게 박아서 장식한 것을 '띠돈' 또는 '돈'이라고 했다.

어찌 꼭 먼 옛날 지키어 가자냐.
한나라와 당나라가 지금은 아니요
우리 나라 가요가 중국과는 다른 것이라.
사마천, 반고가 되살아난대도
사마천, 반고를 배우진 않을 것이라.
새로운 글자를 만들지 못하나
내가 먹은 생각 다 써 내야 한다.
어떻게 옛날 낡은 법 안고서
천년도 만년도 그걸로 내밀려나.
지금을 가깝다 떠들기 그치라
천년 뒤 이르런 오늘도 아득한 옛날
손무와 오기[5]의 병서를 읽어도
물 등져 진 치는 법 아는 이 드물다.
남이 안 갈수록 내 가야 한다는 걸
양적[6]의 장사꾼 그 홀로 알고 있다.

내 본래 허약해 병치레하는 중
발등과 복사뼈 앓은 지 사 년째
쓸쓸한 이 무렵 그대를 만나니

---

5) 손무孫武와 오기吳起는 역대 중국을 대표하는 병법가이다. 기원전 2세기쯤 한신韓信이란 장수가 물을 등지고 진을 벌여 적군을 크게 이겼을 때 부하들이 그 까닭을 물었더니 한신은 옛 병서 가운데 죽을 땅에 빠져서야만 산다는 말이 있지 않으냐고 대답하였다.
6) 양적陽翟은 전국시대 한나라의 수도. 양적의 장사꾼은 양적 사람인 여불위呂不韋를 가리키는데, 그는 맨 처음 장사로 시작해서 나중에 진秦나라의 집정자執政者로 되었다.

고운 여인넨 양 음전도 스럽구나.
시 얘기 잘하는 광형7)을 맞으니
등잔의 심지를 몇 밤이나 돋웠노.
문장을 평할 젠 네 소견 내 말한 듯
술잔을 잡으며 두 눈이 빛난다.
한 입안 듬뿍이 생강을 씹는 듯
답답턴 가슴도 하루아침 시원타.
평생에 쌓아 둔 두어 움큼 눈물을
가을 하늘 향해서 뿌리며 있노라.

목수가 제 비록 목재를 다룬대서
대장간 풀무를 없애려 못 하리.
흙손을 잘 놀리면 미장이 될 게요
기와장이 제대로 기와를 잇느니.
그들 모두가 한 길은 아니나
목표는 한 가지 '큰 집을 이루자.'
뾰롱뾰롱하면 사람이 안 붙고
톡톡 떠는 성질 크게는 못 될걸.
원컨대 그대여 지수긋이 지내라.
원컨대 그대여 풋기운 버리라.
원컨대 그대여 젊을 때 힘을 써

---

7) 광형匡衡이란 사람이 시 이야기를 어찌나 잘하였던지 듣는 사람마다 웃지 않는 이가 없었다 한다.

동방의 이 나라를 바르게 이끌라.

—《연암집燕岩集》

贈左蘇山人

我見世之人	譽人文章者
文必擬兩漢	詩則盛唐也
日似已非眞	漢唐豈有且
東俗喜例套	無怪其言野
聽者都不覺	無人顔發赭
駿骨喜湧頰	涎垂噱而哆
黠皮乍揭謙	逡巡若避舍
餕髯驚目瞠	不熱汗如瀉
懦肉健慕羨	聞名若葡若
忮肚公然怒	輒思奮拳打
我亦聞此譽	初聞面欲刵
再聞還絶倒	數日酸腰髁
盛傳益無味	還似蠟札䶃
因冒誠不可	久若病風瘴
回語忮克兒	伎倆且姑舍
靜聽我所言	爾腹應坦䯻
摸擬安足妒	不見羞自惹
學步還匍匐	效嚬徒醜觰

始知畫桂樹　不如生梧櫕
抵掌驚楚國　乃是衣冠假
青青陵陂麥　口珠暗批撦
不思腸肚俗　强覔筆硯雅
點竄六經字　譬如鼠依社
掇拾訓詁語　陋儒口盡啞
太常列飣餖　臭餕雜鮑鮓
夏畦忘疎略　倉卒飾綏銙
卽事有眞趣　何必遠古抯
漢唐非今世　風謠異諸夏
班馬若再起　決不學班馬
新字雖難刱　我臆宜盡寫
奈何拘古法　劫劫類係把
莫謂今時近　應高千載下
孫吳人皆讀　背水知者寡
趣人所不居　獨有陽翟賈
而我病陰虛　四年疼跗踝
逢君寂寞濱　靜若秋閨姹
解頤匡鼎來　幾夜剪燈灺
論文若執契　雙眸炯把斝
一朝利膈壅　滿口嚼薑蔆
平生數掬淚　裛向秋天灑
梓人雖司斲　未曾斥鐵冶
圬者自操鏝　蓋匠自治瓦

彼雖不同道　所期成大厦
悻悻人不附　潔潔難受嘏
願君守玄牝　願君服氣岨
願君努壯年　專門正東閭

방경각외전 머리말
―박지원

벗이 오륜의 맨 끄트머리에 있는 것은 멀거나 낮아서가 아니다. 마치 오행[1]의 토土가 사시四時 어디에나 붙어서 활동하는 것과 마찬가지다. 부자간의 친밀과 군신간의 의리와 부부간의 구별과 장유간의 차례도 모두 신의가 아니고야 어떻게 시행될 것인가? 만약 윤리가 윤리로서 시행되지 않는다면 벗이 바로잡아 주기 때문에 오륜의 맨 뒤에 있어서 이것을 통괄하게 된다. 미치광이 세 사람이 벗을 지어 가지고 세상을 피하여 돌아다니면서, 남을 참소하고 남에게 아첨하는 무리들을 논란하는 데서 거의 그런 무리들의 화상을 그려 내다시피 한다. 그러므로 말거간〔馬駔〕의 이야기를 적는다.

선비가 먹을 것을 바치게 되면 온갖 행실이 결딴나고 마는 것이라, 칠첩반상을 받고 팔첩반상[2]을 받으면서도 탐욕을 억제할 줄 모

---

1) 오행五行을 사시와 연결해서 봄은 목木, 여름은 화火, 가을은 금金, 겨울은 수水라고 한 다음, 나머지 토土는 사시의 각 끄트머리에 쪼개서 붙였다. 그것을 기왕사시寄旺四時라고 하니 왕王은 왕旺과 같은 뜻으로 쓰였다.

르건만 엄씨嚴氏는 제 손으로 똥을 쳐서 먹고 사니 보기에는 더러우나 입에 들어가는 것은 깨끗하다. 그러므로 예덕선생穢德先生의 이야기를 적는다.

민 노인은 사람을 황충蝗蟲으로 보고 있으며, 배운 도가 마치 용과 같아서 헤아릴 수 없다. 우스갯소리로 풍자하는 체 세상을 희롱하니 버릇이 없어 보이나마 벽 위에 써 붙여 가면서 스스로 분발한 것은 게으름뱅이를 경계할 만하다. 그러므로 민 노인의 이야기를 적는다.

선비란 것은 하늘에서 받은 벼슬이니 선비의 마음이 곧 뜻이다.[3] 그 뜻이란 어떤 것일까? 권세와 잇속을 꾀하지 않고 현달해도 선비의 도리를 떠나지 않고 곤궁해도 선비의 도리를 잃지 않아야 한다. 명예와 절개를 조심하지 않고 한갓 문벌을 밑천으로 여기거나 조상의 뼈를 사고판다면 장사치와 무엇이 다르랴. 그러므로 양반의 이야기를 적는다.

김홍기金弘其는 은사로 방랑 생활을 하며 숨어 사는데, 맑은 데나 흐린 데나 실수가 없으며 남을 시기하지도 않고 무엇을 요구도 않는다. 그러므로 김 신선의 이야기를 적는다.

광문廣文은 구차한 비렁뱅인데 실지보다 명성이 지나쳤다. 제가 이름 내기를 좋아한 것도 아니었지만 끝내는 형벌을 면치 못하고 말았다. 하물며 이름을 훔치고 도적질하고 또 그 가짜를 위하여 다툼

---

2) 원문의 정鼎을 흔히 솥이라고 하나 밥을 해 먹는 솥이 아니요, 세 발이 달리고 두 귀가 달려 솥 모양으로 된 그릇이다. 정鼎을 음식상에 쓴다는 것은 부유하고 귀한 사람의 표시라 우리의 칠첩반상 팔첩반상으로 옮겼다.

3) 한자에서 사士 아래 심心을 쓰면 지志로 되는 것을 말하고 있다.

질하는 것이겠는가? 그러므로 광문의 이야기를 적는다.

아름다운 저 우상虞裳은 옛 문체에 힘썼으니 그야말로 조정에서 잃어버린 예문을 시골에 가서 찾게 된 셈이다. 그의 목숨은 짧았으나 이름은 길이 전할 것이다. 그러므로 우상의 이야기를 적는다.

세상이 말세로 흐름에 따라서 허위만을 숭상하기 때문에 《시경》을 외면서 무덤을 도굴하고 있다.[4] 어쭙잖은 태도와 참지지 못한 학문을 가지고 종남산[5]을 출세할 지름길로 삼는 것은 예부터 더럽게 여기는 바다. 그러므로 역학대도易學大盜의 이야기를 적는다.

집에 들어와서 부모에게 효도하고 밖에 나가서 어른에게 공손하다면 공부를 못 한 사람도 공부를 했다고 이른다[6]는 말이 비록 지나치기는 하나 가짜 도학군자道學君子를 경계할 만하다. 공명선[7]이 글을 읽지 않으면서도 삼 년 동안 공부를 잘하였으며, 극결이 들에서 밭갈이를 하면서 아내를 손님처럼 대하였으니[8] 눈으로 글자를 모를망정 참된 공부를 했다고 해야 한다. 그러므로 봉산학자鳳山學者의 이야기를 적는다.

— '방경각외전 머리말〔放璚閣外傳自序〕', 《연암집》

---

4) 《장자莊子》에 나쁜 선비들이 《시경》을 외워 가면서 무덤을 도굴한다는 이야기가 있다.
5) 종남산終南山은 당나라 수도에 있던 산인데, 그 당시 은사隱士인 체하고 서울 가까운 곳에 있으면서 출세할 기회를 엿보는 자를 비웃어 종남첩경終南捷徑이라고 하였다.
6) 《논어》의 말을 인용한 것이다.
7) 공명선公明宣은 증자曾子의 제자인데 그의 문하에 온 지 삼 년 동안 글을 읽지 않고 선생의 일상생활을 배웠다고 한다.
8) 극결郤缺이 들에서 밭을 가는데 아내가 밥을 가져오니 그를 마치 손님과 같이 대하였다. 때마침 진晉 문공의 심부름으로 그 고장을 지나던 사람이 그것을 보고 진 문공에게 천거하여 관리로 등용하였다.

옛것을 배우랴 새것을 만들랴

—박지원

    글을 어떻게 지을까? 어떤 이들은 반드시 옛것을 배워야 한다고 말한다. 그리하여 세상에는 흉내 내고 본뜨기를 일삼으면서 부끄러운 줄 모르는 사람들이 나오고 있다. 이래서는 왕망의 '주관'[1]을 고대의 제도로 알고 양화[2]의 얼굴을 만대의 스승으로 삼는 격이다. 옛것을 배워야 할 것인가?
    그러면 새것을 만들어야 할까? 세상에는 허탄하고 괴벽한 소리를 늘어놓으면서 겁내지 않는 사람들이 나오고 있다. 이래서는 임기응변의 조치를 막중한 법전보다 더 중히 여기고 유행가 곡조를 고전 음악과 같이 보는 격이다. 새것을 만들어 내야 할 것인가?
    대체 그러면 어찌해야 할까? 나더러 어찌하란 말인가? 그만두어야 하는가? 아아, 옛것을 배우는 사람은 형식에 매이고 새것을 만들

---

[1] 왕망王莽은 1세기 초에 중국에서 신新이란 왕조를 건설했다가 15년 만에 멸망한 사람이요, '주관周官' 은 《주례周禮》란 고전으로 주공周公이 이상적 관직 제도를 서술해 놓은 것이라고 전하는데 혹은 왕망 시대의 위작이라고 한다.
[2] 양화陽貨는 공자와 동시대의 사람으로서 공자와 얼굴이 꼭 같았다고 한다.

어 내는 사람은 법도가 없다. 만약에 능히 옛것을 배우더라도 변통성이 있고 새것을 만들어 내더라도 근거가 있다면 지금의 글이 옛날의 글과 마찬가지일 것이다.

옛사람 중에 글을 잘 읽은 분이 있었으니 그는 공명선이요, 옛사람 중에 글을 잘 해석한 사람이 있었으니 그는 한신[3]이다. 왜 그런가?

공명선이 증자에게 공부하러 가서 삼 년 동안이나 글을 읽지 않으니 증자가 그 까닭을 물었다. 공명선은 대답하였다.

"저는 선생님이 댁에 계실 때도 뵙고 선생님이 손님 접대하실 때도 뵙고 선생님이 조정에 나가셨을 때도 보면서 배워 가고 있으나 아직 다 잘 배우지 못했습니다. 제가 어떻게 아무것도 배우지 않으면서 선생님 문하에 있겠습니까?"

물을 등지고 진을 친다는 것이 병법에 보이지 않는 만큼 한신의 부하들이 의심하는 것이 당연하다. 거기서 한신이 말하였다.

"이것도 병법에 나오고 있건만 여러분이 찾아내지 못하고 있다. 병법에는 죽을 땅에 들어가서야만 살아나올 수 있다고 하지 않았는가?"

그렇기 때문에 배우지 않는 것이 도리어 잘 배우는 것이기도 하니, 그는 바로 혼자 지내던 노魯나라 사내[4]요, 밥해 먹은 가마 자리

---

3) 한신韓信은 기원전 2세기 중국 한나라 장수인데 배수진을 치고 적군과 싸워서 큰 승리를 거두었다고 한다.
4) 《시경》 '항백장巷伯章'에 대해 《모전毛傳》에서는 혼자 사는 노나라의 한 사내가 밤비에 집이 무너져 찾아온 과부를 받아들이지 않았다는 이야기가 있다. 그 과부가 유하혜柳下惠 같으면 받아들일 것이라고 힐책하니 그 사내가 자기는 유하혜를 배우지 못하였노라고 대답하였다고 한다.

를 줄여 가던 옛사람의 전술에서 그것을 늘려 가는 전술을 배워 오기도 했으니, 이는 바로 우후[5]의 변통성이다.

이렇게 본다면 하늘과 땅이 아무리 오래되었더라도 끊임없이 새로운 것으로 존재하고 해와 달이 아무리 오래되었더라도 그 빛은 날마다 새로운 빛이다. 또 이 세상의 문헌이 아무리 방대하다고 한들 내용은 각각 다르지 않을 수 없다. 그렇기 때문에 날짐승, 길짐승, 물속에서 사는 짐승, 뛰는 짐승 중에는 아직 알려지지 않은 것이 있으며 산천초목에는 반드시 신비스러운 구석이 있어서, 썩은 흙에서 지초芝草가 돋으며 썩은 풀에서 반딧불이가 생긴다. 또 예법을 따지는 데도 의견이 다르며 음악을 설명하는 데도 의논이 맞지 않으니 책이라고 해서 할 말이 다 쓰인 것이 아니요, 그림이라고 해서 있는 뜻이 다 표시된 것이 아니다. 보는 사람에 따라 이렇게도 되고 저렇게도 된다.

그렇기 때문에 백대 뒤에 성인이 다시 나올 것을 기다리면서 흔들리지 않는 것은 새것을 개창하는 성인의 심정이요, 옛 성인이 다시 살아와도 자기의 견해를 바꾸지 않으리라는 것은 옛것을 계승하는 어진 이의 신념이다. 모든 성인과 어진 이의 법도가 마찬가지니, 편벽되거나 주제넘은 것은 점잖은 사람이 나갈 길이 아니다.

박씨 집의 청년 제운[6]은 올해 나이 스물셋인데 글을 잘 지으며 별호를 초정楚亭이라고 한다. 내게 다니면서 공부한 지 해포가 넘는다.

---

[5] 우후虞詡는 후한後漢 때 사람으로 자는 승경升卿이다. 일찍이 손빈孫臏은 날마다 밥해 먹은 가마 자리를 줄여 가며 군사가 줄어든 양 적을 속였는데, 우후는 그 반대의 책략으로 가마 자리를 늘리면서 강족羌族을 물리쳤다.
[6] 박제가朴齊家의 처음 이름이 제운齊雲이다.

제운이 글을 짓는 데는 진秦 이전과 한漢 시대의 작가를 좋아하면서 형식에는 매이지 않으려고 했다. 그런데 말을 간결히 한다는 것이 더러 근거가 없는 데로 떨어지기도 하고 의논을 높이 세운다는 것이 더러 법도를 잃는 데로 돌아가기도 한다. 바로 명나라의 여러 작가들이 옛것을 배우랴 새것을 만들어 내랴 하고 서로 흘근거리고 헐뜯었는데도 다들 바른길을 얻지 못한 점이다. 두 편이 꼭 같이 쇠퇴한 사회의 번쇄한 기풍을 면치 못하여 문화 발전에 도움으로 되기는커녕 세상을 병들이고 풍기를 결딴냈을 뿐이다. 내 이런 것을 두려워한다.

　새것을 만들려고 하다가 공교로워지기보다는 옛것을 배운다고 하다가 진부해지는 편이 나을 것이다.

　내가 이제 《초정집》을 읽고 나서 공명선과 노나라 사내가 독실하게 배우던 일을 설명하는 동시에 한신과 우후의 기이한 책략도 결국 옛것을 배워서 잘 변통한 데 지나지 않는다는 것을 지적하였다. 밤에 초정과 이렇게 이야기한 것을 드디어 책머리에 써서 그를 권면하려 한다.

— '초정집 서문〔楚亭集序〕', 《연암집》

글은 뜻을 나타내면 그만이다

—박지원

    글이란 것은 뜻을 나타내면 그만일 뿐이다. 제목을 놓고 붓을 잡은 다음 갑자기 옛말을 생각하고 억지로 고전의 사연을 찾으며 뜻을 근엄하게 꾸미고 글자마다 장중하게 만드는 것은 마치 화가를 불러서 초상을 그릴 적에 용모를 고치고 나서는 것과 같다. 눈동자는 구르지 않고 옷은 주름살이 잡히지 않아서 보통 때의 모습과 달라지고 보니 아무리 훌륭한 화가라도 진실한 모습을 그려 내기는 어려울 것이다. 글을 짓는 사람인들 또한 무엇이 다르랴?

    말은 큰 것만 해서 맛이 아니다. 한 푼, 한 리釐, 한 호毫만 한 일도 다 말할 수 있다. 기왓장이나 조약돌이라고 해서 내버릴 것이 무엇이냐? 그렇기 때문에 초나라의 역사는 도올[1]이란 모진 짐승의 이름을 빌려서 썼고, 사마천이나 반고와 같은 역사가도 사람을 죽이고 무덤을 파헤치는 흉악한 도적놈들의 사적을 서술하였다. 글을 짓는 데는 오직 진실해야 할 뿐이다.

---

1) 도올檮杌은 가상의 흉악한 짐승인데 초나라의 역사를 그렇게 이름 지었다고 한다.

이렇게 본다면 잘 짓고 못 짓는 것은 내게 있고 헐뜯고 칭찬하는 것은 남에게 있는 것이니, 마치 귀가 울고 코를 고는 것과 같다. 어린아이가 놀고 있다가 자기 귀가 잉 하고 우니 그만 혼자서 좋아했다. 그래서 그 아이는 동무 아이에게 말하였다.

"너 이 소리 좀 들어 보아라. 내 귀에서 잉 하는 소리가 나는구나! 피리 부는 소리가 다 들린다. 마치 별처럼 동그랗게 들린다."[2]

동무 아이가 귀를 맞대고 아무리 들으려고 해도 들리지 않아 안타까워하니 그 아이는 딱한 마음에 소리를 지르면서 남이 들어 줄 수 없는 것을 한스럽게 여겼다.

일찍이 시골 사람과 같이 자는데 그 사람이 드르렁드르렁 코를 골았다. 휘파람을 부는 듯, 탄식을 하는 듯, 천천히 숨을 쉬는 듯, 불을 부는 듯, 물이 끓는 듯, 빈 수레가 덜컥거리는 듯한데 들이쉴 때에는 톱을 켜다가 내쉴 때에는 돼지처럼 씨근거렸다. 옆 사람이 잡아 일으키니 그는 불끈 골을 내면서 말하였다.

"내가 언제 코를 골았단 말요?"

아아, 자기가 혼자만 아는 것은 남이 몰라주어서 걱정이요, 자기가 깨닫지 못하고 있는 것은 남이 일깨워 주어도 마땅치 않다. 어찌 코나 귀에만 이런 병이 있겠는가? 글을 짓는 것은 더한층 심하다.

귀가 우는 것이 병인데 그것을 몰라준다고 걱정하니 이것이야말로 병이 아니고 무엇인가? 코를 고는 것은 병이 아닌데 남이 일깨워 주어도 골을 내니 더군다나 병인 경우이랴.

---

2) 이덕무李德懋의 《청장관전서青莊館全書》에서는 이 이야기를 자기 아우의 일로 기록하고 있다.

이 책을 보는 사람이 기왓장이나 조약돌과 같이 내던지지 않는다면 화가의 붓끝에서 흉악한 도적놈의 헙수룩한 대가리가 살아 나올 것이며, 귀가 우는 것은 듣지 않더라도 코를 고는 것만 일깨워 준다면, 이는 거의 작가의 뜻일 것이다.

— '공작관문고 머리말〔孔雀館文稿自序〕', 《연암집》

잃어버린 예법은 시골에서 찾아야 한다
―박지원

아하, 잃어버린 예법을 먼 시골로 가서 찾아야 한다더니 과연 그렇구나.

이제 온 중국이 머리를 깎고 옷깃을 왼쪽으로 여미게 되니 옛 중국의 의복 제도를 알지 못한 지 이미 백여 년이다. 오직 연극 마당에서만 검은 모자와 둥근 옷깃과 옥띠와 상아 홀笏을 차리고 논다. 아하, 중국의 옛 늙은이로 남아 있는 사람도 없을 테지만 혹시 지금 사람으로 이것을 보며 얼굴을 가리고 차마 딱해하는 사람은 있는가? 또 혹시 이것을 재미있게 보면서 옛 제도를 상상하는 사람이 있는가? 사신 행차를 따라 중국에 갔던 사람이 남방 사람과 만나서 이야기하던 중 남방 사람이,

"우리 시골에 머리 깎아 주는 집이 있는데 밖에다가 '좋은 세상의 즐거운 일'이라고 써 붙였소그려."

하면서 한바탕 크게 웃더니 조금 뒤에는 눈물이 핑 돌더라고 한다.

내가 듣고 슬퍼하면서 말하였다.

"습관이 오래면 천성으로 되는 것인데 이미 세상이 그 습관에 젖

어 있으니 어떻게 변할 수 있겠느냐? 우리 나라 아낙네의 옷이 바로 이 일과 비슷하다. 아주 오랜 옛 제도로는 아낙네의 옷에도 띠가 있었으며 소매가 넓고 치마가 길었다. 요새는 윗옷은 겨우 어깨를 덮고 소매는 팔뚝을 감기나 하듯이 바짝 좁아서 요망스럽고 꼴사나운 품이 한심스러울 정도인데, 각 고을 기생들의 옷차림은 도리어 옛 제도를 보존하여 쪽에 비녀를 지르고 원삼에 선을 둘렀다. 지금 넓은 소매가 너울거리고 긴 띠가 치렁거리는 것을 보면 한결 좋은 것은 사실이다. 하지만 예법을 아는 사람이 요망스럽고 꼴사나운 모양을 고쳐 옛 제도로 돌아가자고 하더라도 세상에서는 지금의 습관에 젖은 지 오래고 또 넓은 소매와 긴 띠가 기생의 옷차림인 만큼 그 옷을 찢어 던지면서 자기 남편을 욕하지 않을 아낙네가 있겠는가?"

이홍재李弘載 군이 스무 살쯤부터 나한테서 공부하다가 그 뒤에는 한어를 배우러 갔다. 본래 집안이 대대로 역관인 까닭에 나도 더 그에게 문학 공부를 권하지 못했다. 이 군이 한어를 다 배우고 나서 관리의 복장을 차리고 사역원司譯院에 다니었다. 나는 그전 그가 공부할 때는 제법 총명해서 글 짓는 묘리를 능히 알았다고 하지마는 이제는 몽땅 잊어버렸을 것이니 총명이 헛되이 된 것을 한탄했다.

하루는 이 군이 자기의 글을 모아서 《자소집自笑集》이라 하고는 나에게 보아 달라고 하였다. 논論, 변辯, 서序, 기記, 서書, 설說 들 백여 편인데 내용은 모두 해박하고 논리는 창달하여 작가다운 규모를 완성하고 있었다.

내가 처음에는 의아해서,

"본업을 내버리고 쓸데없는 일에 종사하는 것은 무슨 까닭인가?"

하니, 이 군은 대답하였다.

"이게 본업이요 또 쓸데가 있습니다. 외교 관계는 글을 잘 쓰는 것보다 더 좋은 일이 없고 옛 관례를 아는 것보다 더 필요한 일이 없습니다. 사역원 사람들은 밤낮 공부하는 것이 고문[1]이요, 시험 제목도 모두 거기서 나옵니다."

그래서 나는 얼굴빛을 고치고 탄식하면서,

"선비 집안의 사람들은 어려서 능히 글을 읽기 시작하지만 자라서는 공령문체를 배우고 변려문체[2]를 익히게 되네. 한번 과거에 오르고 나면 아무짝에도 소용없는 물건으로 되고 과거에 오르지 못하면 머리털이 허옇게 되어서도 거기에만 골몰해 있네. 고문이란 것이 있다는 것을 어떻게 알 길이 있겠는가? 물론 통역하는 직업은 선비 집안에서 천하게 여기는 것일세. 앞으로 천 년 간에 책을 쓰고 이론을 세우는 사업을 아전이나 서리의 오죽잖은 기교로 보아 버린다면 결국 연극쟁이의 검은 모자와 기생의 긴 치마처럼 되지 말란 법이 없네."

하였다.

나는 이런 것을 걱정하면서 《자소집》에 머리말을 썼다.

"아하, 잃어버린 예법은 먼 시골로 가서 찾아야 한다. 옛 의복을 보려면 마땅히 배우한테 가서 찾을 것이요, 아낙네의 고아한 옷을 찾으려면 마땅히 각 고을의 기생을 볼 것이다. 그와 함께 문장이

---

1) 고문古文은 진秦 이전 시대의 고전. 문헌에서 사용한 문체. 박지원 자신도 이 문체를 사용하고 있다.
2) 공령功令문체는 과거 시험에서만 쓰이는 특수한 문체요, 변려문체는 사륙四六이라고도 부르는 역시 특수한 문체다.

발전되어 가는 것을 알려 하니 내가 참으로 통역하는 직업에 종사하고 있는 미천한 그네들을 보기 부끄럽다."

— '자소집에 부쳐〔自笑集序〕', 《연암집》

시다운 생각
— 박지원

아하, 벌레 수염, 꽃 잎사귀, 파란 돌, 비췻빛의 새 깃이라는 글자의 뜻이 변하지 않았고, 솥발, 병의 배때기, 해의 고리, 달의 테두리라는 글자의 형체가 아직도 완연하다. 그리고 바람, 구름, 우레, 번개, 비, 눈, 서리, 이슬, 나는 것, 물속으로 잠기는 것, 걷는 것, 뛰는 것, 웃는 것, 우는 것, 끽끽거리는 것, 휘파람 부는 것 들에서 소리와 빛깔, 사연과 환경이 모두 지금까지 고스란히 그대로다. 그렇기 때문에 《주역周易》을 읽지 않으면 그림을 모를 것이요, 그림을 모르면 글도 모를 것이다.

왜 그런가? 복희씨[1]가 《주역》을 만들 때 한쪽에 치우칠세라 위를 쳐다보고 아래를 굽어보아 한 획을 얻는 데도 묘리를 다하였다. 이렇게 해서 그림으로 되었다. 창힐씨[2]가 글자를 만드는 데도 내용을

---

1) 중국의 전설적인 임금이니 위로 천문을 보고 아래로 지리를 보아 처음으로 《주역》의 팔괘 八卦를 만들었다고 한다.
2) 창힐蒼頡은 한자를 처음 만들어 내었다고 하는 전설적인 인물.

들어 보이고 형상을 그려 내며 또 그 형상과 뜻을 빌려서 한 것이다. 이렇게 해서 글로 되었다.

그렇다면 글에서 소리가 나는가?

이윤[3]이 대신으로 나서고 주공[4]이 숙부의 몸으로 나섰을 때, 그들의 말을 내가 들어 본 일은 없으나 그 목소리를 상상해 보면 아주 간곡했을 것이며 백기伯奇의 외로운 아들과 기량[5]의 홀로 된 아내도 내가 얼굴을 보지는 못했으나 그 목소리가 간절했을 것이다.

글에서 빛깔도 생기는가?

《시경》에도 "옷에도 비단과 실을 섞어 짠 옷이 있고 치마도 비단과 실을 섞어 짠 치마가 있다.〔衣錦褧衣 裳錦褧裳〕"하였고, 또 "검은 머리가 구름 같으니 다리를 드리지 않았네.〔鬒髮如雲 不屑髢也〕"하였다.

사연이란 어떠한 것일까?

새가 지저귀고 꽃이 피고 물이 퍼렇고 산이 푸른 것이다.

환경이란 어떠한 것일까?

멀리 보이는 물에는 물결이 일지 않고 멀리 보이는 산에는 나무가 보이지 않고 멀리 보이는 사람은 눈이 보이지 않는다. 손가락으로 가리키는 사람은 말하는 사람이고 팔장 끼고 있는 사람은 듣는

---

3) 이윤伊尹은 기원전 18세기쯤 은殷나라의 대신으로 탕湯 임금을 도와 하夏나라를 정벌하였다. 그 뒤 탕 임금의 손자 태갑太甲이 무도하여 왕위에서 내쫓았다가 뉘우치는 것을 보고 다시 맞아들여 왕으로 받들었다고 한다.
4) 주 무왕周武王의 아우. 무왕이 죽은 다음 어린 조카를 도와서 주 나라의 터전을 공고히 하였다고 한다.
5) 제齊나라 사람. 기량杞梁이 죽으니 그 아내가 하도 슬피 울어서 성이 그만 무너져 버렸다고 전한다.

사람이다.

  그러므로 늙은 신하가 어린 임금에게 고하는 마음과 외로운 아들이나 홀로 된 아내의 사모하는 마음을 알지 못한다면 그런 사람과는 소리를 이야기할 수 없다. 그와 함께 시다운 생각이 담겨 있지 못한 글이라면 그런 작가는 《시경》에서 보여 주는 빛깔을 안다고 할 수 없으며, 사람으로서 이별을 겪어 보지 못하고 그림으로써 먼 곳을 나타내지 못한다면 그런 사람과는 문장의 사연과 환경을 논할 수 없다. 벌레 수염과 꽃 잎사귀에 관심이 없다는 것은 글을 지을 만한 생각이 없다는 말이다. 삼라만상을 세심하게 따지지 않는 사람은 글자 한 자를 모른다고 보아도 좋은 것이다.

— '종북소선 머리말〔鍾北小選自序〕', 《연암집》

말똥구리의 말똥덩이

—박지원

자무와 자혜[1]가 밖에 나갔다가 소경이 비단옷 입은 것을 보고 자혜가 길게 한숨을 지으면서,

"아하, 제 몸에 걸친 것도 제 눈으로 보지 못하는구나."

하니, 자무가 있다가,

"수놓은 옷을 입고 밤길을 걷는 사람과 비교하면 어떠할까?"

하고 물었다.

드디어 청허 선생에게로 가서 결론을 청하였더니 선생은 손을 내저으면서 말하였다.

"나는 모르네, 나는 몰라."

옛적에 황희 정승이 공무를 마치고 집으로 돌아오자 딸이 맞아들이면서 물었다.

"아버지, 이라는 벌레를 아십니까? 이가 어디서 생깁니까? 옷에서 생깁니까?"

---

1) 자무子務, 자혜子惠, 청허 선생聽虛先生은 모두 지어낸 이름이다.

"그렇지."

딸이 웃으면서,

"그러니 내가 이겼단 말야."

하니, 며느리가 물었다.

"이가 살에서 생기지 않습니까?"

"그렇고 말고."

이번에는 며느리가 웃으면서,

"아버님은 내 말을 옳다고 하시는데 뭘."

하였다. 그러자 부인이 화를 내면서,

"누가 대감더러 판결을 잘 한다고 하니, 이편 저편을 다 옳다고 하는 것이나 아닙니까?"

하였다.

황 정승이 빙그레 웃으면서 말했다.

"둘 다 이리 오너라. 대체 이라는 벌레는 살이 아니면 나지 못하고 옷이 아니면 붙지 못하니 두 사람 말이 다 옳지. 그렇지만 옷을 장롱 속에 넣어 두어도 역시 이는 있을 수 있으며 네가 벌거벗고 나서도 가렵기는 할 것이야. 땀내는 고리타분하게 풍기고 풀내는 물씬물씬 나는 가운데서 어느 한편에 떨어진 것도 아니요, 어느 한편에만 꼭 붙은 것도 아니요, 바로 살과 옷의 한중간에서 살아 간단다."

백호白湖 임제林悌가 말을 타려고 할 때 마부가 나와서 여쭙기를,

"술이 취하셨나 봅니다. 갓신과 짚신을 짝짝이로 신고 계십니다."

하니, 임제가 꾸짖었다.

"길 오른편에서 보는 사람은 나더러 짚신을 신었다고 할 것이요,

길 왼편에서 보는 사람은 나더러 갖신을 신었다고 할 것이야. 무엇이 어떻단 말이냐?"

이로 미루어 의논한다면 천하에서 잘 보이는 곳이 발만 한 데가 없건만 보는 방향에 따라서는 갖신과 짚신도 분간하기 어려운 것이다. 그렇기 때문에 정확한 관찰은 옳고 그른 그 가운데 있는 것이다. 땀이 이로 되는 것도 지극히 미세해서 살피기가 어렵다. 옷과 살 사이는 제대로 공간이 있으니 어느 한편에서 떨어져 있지도 않고 어느 한편에만 붙지도 않고 오른편도 아니고 왼편도 아니다. 누가 그 가운데를 알겠는가?

말똥구리는 둥그런 제 말똥덩이를 대견히 여겨 용의 구슬을 부러워하지 않고 용도 또한 자기의 구슬로 말똥구리의 말똥덩이를 비웃지는 못할 것이다.

자패子佩가 듣고 기뻐하면서 이 이야기로 자기 시집의 이름을 짓겠다고 하고 드디어 그 시집을 《낭환집蜋丸集》이라고 했다. 나더러 서문을 부탁하기에 내가 자패에게 이렇게 일렀다.

"옛적에 정령위[2]가 학으로 되어 돌아왔으나 그것을 아는 사람은 없었다. 이것이 곧 수놓은 옷을 입고 밤길을 가는 격이 아닌가? 《태현경》이 세상에서 유명해졌건만 양웅은 보지 못하였다. 이것이 곧 소경이 비단옷을 입은 격이 아닌가? 이 시집을 본 한편에서 용의 구슬이라고 한다면 그것은 자네의 갖신을 본 것이요, 다른 한편에서 말똥덩이라고 한다면 그것은 자네의 짚신을 본 것일세.

---

2) 정령위丁令威는 중국 전설에서 신선이 되어 갔다가 학으로 변해서 고향인 요동에 돌아왔다는 사람.

학이 되어 사람들이 알아보지 못하더라도 정령위는 그대로요, 자기 스스로 보지 못하더라도 양웅의 《태현경》 또한 그대로일세그려. 용의 구슬과 말똥덩이의 결론에 이르러는 청허 선생만이 알고 계시리니 내가 무엇이라고 말하겠는가?"

— '낭환집에 부쳐〔蜋丸集序〕', 《연암집》

뒷동산 까마귀는 무슨 빛깔인고

―박지원

 명철한 선비에게는 괴이한 것이 없으나 비속한 사람에게는 의심스러운 것이 많다. 그야말로 본 것이 적으면 괴이한 것이 많을 수밖에 없다.
 대체 명철한 선비라고 해서 물건 하나하나를 제 눈으로 보고야만 아는 것이랴. 하나를 들으면 눈으로 열 가지를 그리고 열을 보면 마음으로 백 가지를 생각해서 천 가지 괴이한 것과 만 가지 신기로운 것이 모두 다 물건에서 그쳐 버리고 자기는 직접 관여하지 않는다. 그런 까닭으로 마음에 여유가 있어서 이런 것 저런 것을 끝없이 맞아들이기도 하고 내보내기도 한다.
 본 것이 적은 자는 백로를 들어서 까마귀를 비웃고 오리를 들어서 학을 위태하게 여기고 있다. 그 물건 자체는 아무렇지 않은데 자기 혼자 걱정이 많으며 하나만 제 소견과 달라도 천하 만물을 다 부정하려고 덤벼든다.
 아하, 저 까마귀를 보면 그 날개보다 더 검은 빛이 없는 것이 사실이지만 언뜻 비치어 엷은 황색도 돌고 다시 비쳐 연한 녹색도 되며 햇빛에서는 자줏빛으로 번쩍이다가 눈이 아물아물해지면서 비췻빛으로도 변한다. 그러니까 푸른 까마귀라 일러도 좋고 붉은 까마귀[1]라 일러도 좋다. 물건에는 정해진 빛깔이 없는 것이어늘 내가 먼저 눈으로 고정해 버리고 만다. 눈으로 정하는 것이야 그래도 낫지마는 보지도 않고 마음속으로 정해 버리고 만다.

아하, 까마귀를 검은빛에다가 고정해 버리는 것으로도 오히려 모자란 모양이다. 이제는 천하의 모든 빛깔을 까마귀 하나에다가 고정해 버리려고 한다. 그러나 까마귀의 검은 빛깔 가운데서 푸르고 붉은 광채가 떠도는 것을 누가 안다는 말인가. 검은빛을 어둡다고 보는 것은 까마귀만을 모르는 사람이 아니라 검은빛까지도 알지 못하는 사람이다. 왜 그런가? 물이 부여니 능히 비치고 옻칠이 까마니 능히 거울로 되는 것이다. 그런 까닭으로 빛깔이 있는 것치고 광채가 없는 것이 없고 형체가 있는 것치고 맵시가 없는 것이 없다.

아름다운 여인을 보는 것으로 시를 알게 된다. 그가 고개를 숙인 데서 부끄러워하는 것을 보고, 턱을 괸 데서 원한이 있는 것을 보고, 혼자 서 있는 데서 생각에 잠긴 것을 보고, 눈썹을 찡그린 데서 근심에 싸인 것을 보고, 난간 아래 서 있는 데서 누구를 기다리는 것을 보고, 파초 잎사귀 아래 서 있는 데서 누구를 바라보는 것을 본다. 만약에 여인더러 재 올리는 중처럼 서지 않고 조각처럼 앉지 않았다고 책망한다면, 양 귀비더러 이를 앓는다고 꾸짖고, 번희[2]더러 쪽을

---

[1] 중국 고전 문헌에서 창오蒼烏 곧 푸른 까마귀와 적오赤烏 곧 붉은 까마귀란 말을 썼다.
[2] 번희樊姬는 기원전 6세기 중국 여인. 초나라 장왕에게 옳은 일을 권해서 정치를 도왔다고 한다.

찌지 말라고 금하고, 미인의 걸음걸이를 얄망스럽다고 흉보고, 춤추는 가락을 경망하다고 나무라는 격이다.

내 조카 종선宗善의 자는 계지繼之인데 시를 잘 지어서 한 가지 법에만 붙잡히지 않고 온갖 체를 다 갖추었으니, 부풍한 내용이 우리나라의 대가로 될 만하다. 당나라의 시체인가 하면 어느덧 한나라와 위魏나라의 시체이고 그러다 어느새 송나라, 명나라의 시체이다. 또한 송나라, 명나라의 시체인가 하면 다시 당나라로 돌아간다.

아하, 세상 사람들은 지금도 심하게 까마귀를 웃고 학을 위태롭게 여기건만 종선의 뒷동산에서는 까마귀가 혹 자줏빛도 되고 비췻빛도 된다. 세상 사람들은 미인을 재 올리는 중이나 조각처럼 만들려고 하건만, 춤가락과 걸음걸이는 날을 따라 더욱 경쾌해지고, 앓는 이와 쪽 찐 머리는 다 각각 맵시가 있다. 세상 사람들의 노여움이 날을 따라 커지는 것도 괴이할 것이 없구나.

세상에는 명철한 선비가 적고 비속한 사람들이 많으니 아무 말도 하지 말고 잠자코 있는 것이 좋다. 그런데도 자꾸 말을 하게 되는 것은 무슨 까닭인가?

아, 연암 노인은 연상각烟湘閣에서 쓴다.

— '능양시집에 부쳐〔菱洋詩集序〕', 《연암집》

이덕무의 시는 현재의 시다
—박지원

자패가 말하였다.

"데데하구나, 이덕무가 지었다는 시야말로. 옛사람을 배운다고 하는데도 그 비슷한 것도 볼 수가 없다. 형상이 조금도 비슷하지 못하거니 어떻게 운율인들 비슷하랴? 시골뜨기의 서투른 티를 벗지 못하고 시골 사람의 시시한 사연을 늘어놓고 있다. 그것은 현재의 시지, 옛날의 시는 아니란 말이다."

내가 그 말을 듣고 크게 기뻐하면서 이야기하였다.

"이건 이런 것이다. 옛날을 본위로 삼아 지금을 본다면 지금이 참으로 비속하지만 옛사람들 스스로가 자기네를 볼 때도 그것이 꼭 옛날이 아니라 역시 지금일 뿐이었다. 그런데 세월은 흐르고 흘러 풍속과 가요도 자꾸 바뀌는 만큼 아침나절 술을 마시던 사람이 저녁때 그 자리를 떠나고 보면 천 년이고 만 년이고 이로부터 옛날이 시작되는 것이다.

그러니까 지금이란 것은 옛날에 대한 말이요, 같다는 것은 다른 것과 비교하는 말이다. 대개 같다고 말할 제는 같은 데 지나지 못하고 다른 것이라고 말할 제는 다른 것으로 될 뿐이다. 비교한다는 것이 벌써 다른 것을 의미하는 것이다. 바로 다른 그것으로 된다는 것은 내가 모를 소리다.

종이가 희다고 먹칠까지 마찬가지로 흴 수는 없으며 그림이 아무리 꼭 그 사람을 본떴다 해도 말을 하지 못한다. 저 우사단 아래 도동[1] 골목 안에 푸른 기와로 사당을 지어 놓았는데 그 속의 시뻘건 상모와 뻗친 수염은 갈 데 없는 관운장[2]이다. 학질을 앓는 사내나 여자를 그 아래 데려가 놓으면 혼비백산해서 춥고 떨리던 증세도 그만 다 떨어지고 만다. 그런데 어린아이 놈들이 무엄하게 감히 무서운 줄도 모르고 그 눈을 쑤시는데 눈망울이 구르지 않고 코를 쑤시는데 재채기도 하지 않는다. 흙으로 만든 한 덩이 조각에 불과한 것이다.

이렇게 보면 수박을 겉만 핥고 후추를 통으로 삼키는 사람과는 맛을 이야기할 수 없으며, 이웃 친구의 잘옷이 부러워서 한여름에 빌려 입고 나서는 사람과는 철을 이야기할 수 없다. 조각에다가 아무리 씌우고 입히고 했자 천진스러운 어린아이들을 속이지는 못한다.

대개 자기 세대에 대해서 딱하게 생각하고 세속 사람들을 마땅치 않게 여기기는 굴원[3]만 한 사람이 없으련만 초나라의 풍속이

---

1) 우사단雩祀壇은 옛날 서울에서 기우제를 지내던 곳으로 남산 서편 기슭에 있고, 도동桃洞은 우사단 아래 동리 이름인데 그곳에 남관왕묘南關王廟가 있었다.
2) 관운장은 중국 삼국시대 촉한의 무장 관우關羽.
3) 굴원屈原은 기원전 3세기 말 4세기 초 중국의 유명한 시인이다. 그의 '구가九歌'라는 작품은 바로 무당이 귀신을 청하는 내용의 노래다.

귀신을 많이 위하자 그도 귀신 위하는 노래를 지었다. 또 한나라에서 진나라를 계승할 때 그 판도를 그대로 차지하고 도시를 그대로 두고 백성을 그대로 다스리면서도 법률만은 그대로 좇지 않고 단 세 가지의 조문[4]으로 갈아 버렸다.

이덕무는 조선 사람이다. 산천과 기후가 중국과 다르고 언어와 가요가 한나라나 당나라와 다르다. 그런데도 중국 것을 본뜨고 한나라, 당나라를 모방한다면 수법이 높을수록 내용이 비속하고 문체가 비슷할수록 사연이 진실치 못할 것이다.

우리 나라가 구석지긴 해도 역사가 있는 나라요, 신라와 고구려가 소박하나마 민간의 아름다운 풍속도 많다. 그 말을 글자로 옮겨 놓고 그 민요를 운율에 맞추기만 하면 자연스럽게 문장을 이루어 참다운 맛이 드러날 것이다. 옛것을 본받거나 남의 것을 빌려 올 것 없이 현재 있는 그대로를 가지고 모든 것을 표현할 수 있다. 이덕무의 시가 바로 그렇다.

《시경》에 올라 있는 삼백 편의 시란 것도 새, 짐승, 풀, 나무의 이름을 나열하지 않은 것 없고, 민간의 사내와 여자가 서로 지껄이는 말에 지나지 않는다. 이 고장 저 고장의 기풍이 다르고 이 강 언덕과 저 강 언덕의 풍속이 같지 않은 까닭에 《시경》을 편찬한 사람이 고장별로 따로 모아서 그 기풍과 습속을 참고한 것이다. 이덕무의 시를 옛날 시가 아니라고 의심할 것이 무엇인가?

---

[4] 기원전 202년 유방劉邦이 진秦의 수도를 함락시킨 다음 모든 법률을 다 폐지하고, 사람을 죽인 자는 죽이고 사람을 상하게 하거나 도적질한 자는 벌 받는다는 세 조문만을 실시하였다.

만약에 성인이 중국에서 또 나와서 각 나라의 기풍과 습속을 알려고 한다면 《영처고嬰處稿》를 보아야만 삼한에서 나는 새, 짐승, 풀, 나무의 이름도 많이 알게 될 것이요, 강원도 사내와 제주도 여자의 성정도 짐작하게 될 것이다. 그러므로 이 시들은 《시경》 가운데 있는 각 고장의 가요나 마찬가지인 조선 가요라고 볼 수 있다."

— '영처고에 부쳐〔嬰處稿序〕', 《연암집》

아침나절에 도를 듣는다면
―박지원

    비록 조그만 재주라도 모든 것을 잊고 덤벼야 성공할 수 있다. 더구나 도처럼 큰 것에서랴.

    최홍효[1]는 나라에 이름난 명필이다. 일찍이 과거를 보러 가서 글을 쓰다가 그중 한 글자가 신묘함을 얻자 하루 종일 들여다보고 앉았다가 차마 그 글을 바치지 못하고 품에 품은 채 돌아왔다. 이쯤 되면 어지간한 일쯤은 이롭고 해로움을 전연 마음속에 두지 않는 것이다.

    이징[2]이 어려서 다락 위에 올라가 그림을 익히고 있는데 집에서는 그를 찾아 사흘 동안이나 돌아다니다가 겨우 찾아냈다. 아버지가 화가 나서 볼기를 쳤더니 그는 흘러내리는 눈물을 가지고 새를 그리고 있었다.

    학산수[3]는 나라에 이름난 명창이다. 산속에 들어가서 노래 공부

---

1) 최홍효崔興孝는 15세기 중엽의 글씨로 유명하던 사람.
2) 이징李澄은 17세기 초의 화가. 별호는 허주虛舟.
3) 학산수鶴山守는 종실임은 명백한데 연대는 모른다.

를 할 적에 한 곡조를 부르고는 나막신 속에 모래 한 알씩을 던져서 그 나막신이 모래로 가득 찬 뒤에야 집으로 돌아왔다. 한번은 도적을 만나서 죽게 되었는데 바람결 따라 노래를 불렀더니 도적들도 모두 심회가 울적해서 눈물 흘리지 않는 자가 없었다. 이것은 바로 죽음과 삶을 마음속에 두지 않음을 말하는 것이다.

내가 처음에 듣고 탄식하였다.

"큰 도야 흩어져 버린 지 오래다. 나는 미인을 좋아하듯이 어진 이를 좋아하는 사람은 보지 못하였다. 그런데 저 사람들은 기예를 위해서 생명도 바쳐야 할 것으로 알고 있다. 아하, 아침나절에 도를 들으면 저녁때 죽어도 좋다는 격이다."

도은桃隱이 이덕무의 《형암총언烔菴叢言》의 말 열세 항목을 글씨로 써서 한 권 책으로 만든 다음 나더러 서문을 쓰라고 한다. 도은과 형암 두 사람은 안으로 마음을 쓰는 사람인가, 육예六藝에서 노니는 사람인가? 두 사람이 죽고 살고 영예롭고 욕됨을 다 잊어버리고 이렇게까지 정교한 데 이르는 것이 어찌 과한 일이 아니겠는가? 만약에 두 사람이 모든 것을 잊어버릴 수 있다면 도를 위해서 잊어버리라.

— '형언도필첩에 부쳐〔烔言挑筆帖序〕', 《연암집》

옛것을 상고하지 못했노라
—박지원

　옛사람을 모방해서 글 짓기를 거울에 물건이 비치듯 하면 같다고 할 만한가? 본 물건과는 좌우의 방향이 거꾸로인 것을 어떻게 같다고 하랴. 물에 물건이 나타나듯 하면 같다고 할 만한가? 본 물건과는 위아래가 거꾸로 되는 것을 어떻게 같다고 하랴. 그러면 그림자가 물건을 따라다니듯 하면 같다고 할 만한가? 한낮에는 난쟁이 땅딸보로 되었다가 해가 기운 뒤에는 키다리 껑청이로 되는 것을 어떻게 같다고 하랴. 그러면 그림으로 물건을 그리듯 하면 같다고 할 만한가? 다니지도 움직이지도 못하고 말하는 것도 없고 소리가 없으니 어떻게 같다고 하랴.
　그러니까 결국 같을 수는 없다는 말인가? 대체 왜 하필 같은 것만 찾으랴. 같은 것을 찾았더라도 바로 그것은 아니다. 천하의 꼭 같은 것을 반드시 닮았다고 이르고 서로 분간하기 어려운 것은 또한 참에 다다랐다고 하는데, 참이라거나 닮았다거나 하는 말 가운데는 벌써 가짜나 다른 것이란 뜻이 들어 있는 것이다. 그런 까닭에 천하에는 이해하기 몹시 어려우나 배워 낼 수 있는 것도 있고 절대로 다르나

서로 같은 것도 있다. 즉 통역과 번역으로 외국 말을 알아듣게 되고 대전, 소전, 예서, 해서[1] 어느 것으로 써서도 마찬가지의 글을 이룬다. 왜 그런가? 다른 것은 외형이요, 같은 것은 내용이기 때문이다. 이렇게 본다면 내용이 같다는 것은 뜻과 의견이요, 외형이 같다는 것은 털과 겉껍질이다.

이씨 집안의 아들 낙서(洛瑞, 이서구李書九)는 올해 나이 열여섯으로 나한테 다니며 공부한 지 해포가 넘는다. 비상한 천분이 일찍부터 드러나고 슬기로운 생각이 구슬 같았다. 어느 날 자기가 쓴 《녹천관집綠天館集》을 가지고 와서 나에게 물었다.

"제가 글을 짓기 시작한 지 겨우 두어 해밖에 안 되건만 남의 노여움을 산 것이 많습니다. 한 마디만 조금 새롭고 한 글자만 다소 신기해 보이는 것이 있으면 옛날에도 이렇게 쓴 예가 있느냐고 반드시 따지고, 없다고 하면 곧 풀풀하니 성을 내면서 어째 감히 그렇게 쓰느냐고 합니다. 옛날에 이미 그렇게 쓴 것이 있다면 제가 또 그렇게 되풀이할 맛이 어디 있겠습니까. 이것을 선생님이 어떻게 정해 주십시오."

내가 손을 모아 이마에 얹고 세 번 예를 한 다음 다시 무릎을 꿇고 앉아서 말하였다.

"그 말이 참 옳은 말일세. 전하지 못하던 옛날 학문이 자네에 의해서 계승될 것일세. 창힐이 처음 글자를 만들 때 그 어떤 옛날을

---

[1] 대전大篆, 소전小篆, 예서隸書, 해서楷書는 한자 글체의 역대 변천을 보이는 것이다. 지금의 인쇄체가 바로 해서요, 기원전 2세기 이전에 쓰던 체가 전자요, 그 중간의 체가 예서이다. 전자에는 다시 대전과 소전의 구별이 있으며, 대전은 소전과 구별하기 위해서 다시 주籒라고도 한다.

본떴겠나?

　안연[2]은 공부하기만 좋아했고 책을 쓴 것은 없네그려. 만약에 옛것을 좋아하는 사람들이 창힐이 글자 만들던 때를 생각해 가면서 안연이 적지 않은 사연을 적는다면 글이 비로소 바르게 될 것일세. 자네가 지금 나이 적으니 남의 노여움을 사게 되거든 아직 널리 배우지 못하여 옛것을 상고하지 못했노라 하게. 그래도 자꾸 묻고 덤비면서 골을 내거든 조심해서 대답하기를, 《서경》에 나오는 글들은 삼대 적의 시속 글이요, 이사[3]와 왕희지도 다 각각 자기 시대의 속된 글씨였다고 하게."

— '녹천관집에 부쳐〔綠天館集序〕', 《연암집》

---

2) 안연顔淵은 공자의 제자 가운데서 가장 공부를 잘하던 사람인데 일찍 죽었다.
3) 이사李斯는 기원전 3세기 말 진秦나라의 승상인데, 대전을 고쳐서 소전으로 만들었다.

비속한 일상이 다 현실이라

―박지원

　소천암小川菴이 나라 안의 가요, 민속, 방언, 기예 들을 모두 기록하였다. 심지어 연을 날리는 것도 적고, 아이들의 수수께끼도 풀이하고, 고샅과 골목 안에서 주고받는 수작, 문에 기대어 아들을 기다리는 부모, 칼을 두드리는 백정, 어깻짓으로 아양을 부리는 계집, 손바닥을 치며 맹세 짓거리를 하는 장사치에 이르기까지 적을 거리로 삼지 않은 것이 없으며 또 그런 사실들을 아주 조리 있게 엮어 놓았다. 입이나 혀로는 구별하기 어려운 것도 붓으로 표현하였으며 마음속에 미처 생각지 못했던 것도 책을 펼치기만 하면 나온다. 대체 닭이 울고 개가 짖고 벌레가 썰썰거리고 좀이 우물거리는 따위의 형상이나 소리를 그대로 떠다 놓고 있다.
　맨 나중에는 천간의 열 자로 나누어 배열하고[1] '순패旬稗'라고 이름을 지은 다음 하루는 내게 보이면서 말하였다.

---

[1] 천간天干은 갑甲, 을乙, 병丙, 정丁, 무戊, 기己, 경庚, 신辛, 임壬, 계癸를 말한다. 이 천간의 열 자로 책의 내용 편차를 삼은 예가 드물지 않다.

"이것이 내가 아이 적에 장난삼아 쓴 것일세. 자네는 강정이라는 과자 만드는 것을 보았는가? 쌀가루를 빻아서 술에 재었다가 누에만큼씩 잘라서 뜨거운 구들에 말리고 끓는 기름에 튀기네. 일정하게 부풀어 올라서 고치와 같은 모양으로 되면 보기에는 깨끗하고 아름다우나 속은 텅 비었네. 아무리 먹어도 배는 부른 줄 모르지. 부셔져서는 눈가루처럼 되어 버리네. 그렇기 때문에 무슨 물건이나 겉만 치레하고 속이 빈 것을 강정이라고 한단 말일세. 그런데 개암, 밤, 벼와 같은 것은 사람들이 귀히 여기지 않을망정 실상 속이 차고 배가 부른 것일세. 그것으로 하늘에 제사도 지낼 수 있고 큰 손님도 모실 수 있네. 문장의 묘리도 역시 이런 것인데 사람들이 개암, 밤, 벼와 같은 것으로 쳐서 대단찮게 여기기 쉽다네. 자네가 나를 위해서 좀 밝혀 주지 않으려는가?"

내가 다 읽고 나서 그에게 다시 말하였다.

"장자가 나비로 되었다는 것은 믿지 않을 수 없지마는 이광[2]의 화살이 돌을 뚫고 들어갔다는 것은 아무래도 의심스러워. 왜 그런가 하면 꿈속의 일은 보기가 어려운 반면에 현실의 사실은 따지기가 쉽단 말일세. 이제 자네는 비속한 말을 주워 모으고 곤궁한 사람들의 일을 거두어들였네그려. 그런데 무지렁이 사내와 아낙네들의 천박한 웃음과 일상 생활이란 어느 하나 현실이 아닌 게 없으니 눈이 시게 보고 귀가 아프게 들어서 신기할 것이 없는 것은 당연한 일일세. 그러나 먹다 둔 장도 그릇을 바꾸어 담으면 새로

---

2) 이광李廣은 기원전 3세기 말의 무장인데 밤에 바윗돌을 호랑이로 잘못 보고 활을 쏘아서 화살이 바위를 뚫고 들어 간 일이 있다고 한다.

운 맛이 나고 같은 사람의 마음 상태도 환경이 바뀌면 보거나 생각하는 것이 달라지네.

  이 책을 보는 사람들이 소천암이 누구라는 것은 굳이 물을 것 없고 이 가요와 풍속이 어느 고장의 것이란 것은 알게 되어야 하네. 거기다가 운율을 붙여 읽으면 시와 같아서 성정을 이야기할 수도 있고, 서술한 것을 차례차례 그려 내면 그로써 수염과 눈썹까지도 분간할 수 있네. 재래도인(䏁䏓道人, 이덕무)이 일찍이, 배가 저녁볕을 받으면서 갈대에 가릴락말락 할 때 뱃사공이나 어부가 나룻가를 따라 걷는 것을 바라보게 된다면 그들이 몽당수염에 민살쩍이건만 혹시 높은 선비인 육구몽[3]이나 아닌가 의심하게 된다고 했네. 아하, 이 도인이 먼저 알았네그려. 자네는 도인을 선생으로 모셔야겠네. 그에게 가서 배우게나."

— '순패에 부쳐〔旬稗序〕', 《연암집》

---

[3] 육구몽陸龜蒙은 당나라 사람. 벼슬을 주어도 마다하고 강호에 방랑하면서 일생을 보냈다.

나를 비워 남을 들이네
—박지원

완산 이씨 서구가 책을 쌓아 놓는 방에다가 '소완정소완정素玩亭'이라고 써 붙여 놓고 나에게 기문을 지어 달라고 청하였다.

내가 캐어물었다.

"저 물고기가 물속에서 놀면서 물을 보지 못하는 것은 무슨 까닭인가? 보이는 것이 모두 물이라 물이 없는 것이나 마찬가지란 말일세. 이제 자네의 책이 방에 가득하고 시렁에 듬뿍 얹혀 앞이나 뒤나 바른쪽이나 왼쪽이나 전체가 책이고 보니 마치 물고기가 물속에서 노는 것과 같은 것일세. 비록 동중서처럼 공부에만 전심하고 장화더러 기록을 도와 달라고 하고 동방삭의 외는 재주를 빌려 온다고 하더라도 장차 될 일이 없네.[1] 그래도 좋은가?"

이서구가 놀라서 물었다.

"그렇다면 어째야 합니까?"

---

1) 동중서董仲舒는 한나라의 학자로 공부를 독실하게 한 것으로 유명하고, 장화張華는 진晉나라의 학자로 무엇이나 기록하기를 좋아해서 《박물지博物志》란 책을 지었다. 동방삭東方朔은 역시 한나라 사람인데 우스운 소리를 잘하기로 유명하다.

내가 말하였다.

"자네 무엇을 찾으러 다니는 사람을 보지 못했는가? 앞을 보자면 뒤는 못 보고 바른쪽을 살피려면 왼쪽은 놓치네그려. 왜 그런가? 방 가운데 앉아 있어서 몸과 물건은 서로 가리게 되고 눈과 공간은 맞닿아 버리기 때문일세. 차라리 몸이 방 밖에 나가서 창구멍을 뚫고 들여다보는 것만도 못하게 되네. 방 밖에 나가면 단 한 번 눈을 들어서도 방 속의 물건을 다 훑어볼 수 있네."

이서구가 사례하기를,

"이것은 선생님이 요약할 줄 알도록 저를 이끌어 주시는 것입니다."

하기에, 내가 또 말하기를,

"자네가 이미 요약할 줄을 알았다면 내가 또 자네에게 눈으로 보지 않고 마음으로 비춰 보게 하는 것을 가르치는 것이 좋지 않겠는가? 저 해란 것은 태양이라 천하를 내리덮고 온갖 물건을 길러 내어 젖은 데 쪼이면 바짝 마르고 어두운 데 비치면 환해지네. 그러나 나무를 사르거나 쇠를 녹이지 못하는 것은 무슨 까닭인가? 빛이 퍼져서 정기가 흩어지는 것일세. 만약 만 리에 두루 비치는 것을 거두어들여 조그만 틈으로 들어갈 만하게 둥근 유리알로 받아서 그 정기를 콩만 하게 만들면 맨 처음에는 조그맣게 어른거리다가 갑자기 불꽃이 일어 풀썩풀썩 타 버리는 것은 무슨 까닭인가? 빛이 한곳에 모여 흩어지지 않고 정기가 뭉쳐서 한 덩어리로 되는 것일세."

하였다. 그랬더니 이서구가 사례하였다.

"이것은 선생님이 나를 깨우쳐 주시는 것입니다."

내가 또,

"대체 이 천지간에 흩어져 있는 것이 책의 정기가 아닌 것이 없으니 바싹 눈앞에 들이대고 보아야만 할 것도 아니요, 몇 칸 방 속에서만 찾아야 할 것도 아닐세. 복희씨가 글을 보는 데는 우러러 하늘을 고찰하고 굽어 땅을 살폈다고 했는데 공자가 그것을 굉장히 평가하면서 거기 잇대어 쓰기를 가만히 있을 때면 그 글을 완상한다고 했네.[2] 완상한다는 말이 어찌 눈으로 보아서만 살핀다는 뜻이겠는가? 입으로 맛보아서는 맛을 알고 귀로 들어서는 소리를 알고 마음속으로 헤아려서는 정신을 알게 되는 것일세. 이제 자네가 창구멍을 뚫고 한꺼번에 훑어보며 유리알로 받아서 마음속에 깨달은 바가 있다고 하세나. 그렇지만 방과 창이 비지 않으면 밝아질 수 없고 유리알도 비지 않으면 정기가 모이지 않느니, 뜻을 환하게 하는 묘리는 나를 비게 해서 남을 받아들이고 마음을 맑게 해서 사사로운 생각이 없는 데 있단 말이야. 이러니까 애초부터 완상한다고 하는 것이네."

하였더니, 이서구는 다음과 같이 말하였다.

"제가 바람벽에 붙이려고 하니 글로 써 주십시오."

그래서 내가 글로 적는다.

— '소완정 기문〔素玩亭記〕', 《연암집》

---

[2] 중국 전설에서 복희씨가 처음 《주역》을 만들었다고 하는데, 여기서는 바로 그 《주역》에 관한 이야기와 공자가 《주역》에 관해서 쓴 '계사繫辭'란 글을 인용한 것이다.

몇 백 번 싸워 승리한 글

—박지원

  글을 잘 짓는 사람은 전법을 잘 알고 있는 것이다.
  글자는 말하자면 군사요, 사상-감정(意)은 장수요, 제목은 적국이요, 옛일이나 옛이야기는 전장의 보루다. 글자를 묶어서 구句로 만들고 구를 합해서 장章을 이루는 것은 대열을 지어 행진하는 것과 같으며, 성운으로 소리를 내고 문채로 빛을 내는 것은 북, 종, 깃발 같은 것이다. 조응照應이라는 것은 봉화에 해당하고, 비유라는 것은 유격 부대에 해당하고, 억양 반복抑揚反覆이라는 것은 백병전과 육박전에 해당하고, 제목을 끌어내고 결속을 짓는다는 것은 적진에 먼저 뛰어들어 적을 생포하는 데 해당하고, 함축을 귀중히 여긴다는 것은 적의 늙고 쇠한 병사를 사로잡지 않는 데 해당하고, 여운이 있게 한다는 것은 기세를 떨쳐 개선하는 데 해당한다.
  대체 장평 땅의 군사[1]가 날래고 비겁한 것이 지난번과 달라진 것

---

1) 장평長平은 전국시대 조나라의 땅인데, 여기에서 진秦나라의 장수 백기白起와 싸우다가 조나라의 군사 40만 명이 죽었다.

이 아니요. 활이나 창도 날카롭고 무딘 것이 전날보다 변한 것이 아니건만, 염파가 거느리고 나서서는 승전하다가 조괄로 바뀌고서는 몰사 죽음을 면치 못했다.[2] 그렇기 때문에 전투를 잘 하는 사람에게는 떼내 버릴 군사가 없고 글을 잘 짓는 사람에게는 쓰지 못할 글자가 없다. 만약에 적당한 장수만 얻는다면 호미, 곰방메 따위 농기구 빈 자루만 가지고도 무서운 무기로 쓸 수 있고, 옷자락을 찢어서 작대기 끝에 달아도 훌륭한 깃발로 된다. 또 만약에 일정한 이치에만 들어맞는다면 식구끼리 나누는 이야기도 학교의 한 과정으로 넣을 수 있고, 아이들 노래와 속담도 고전 문헌과 대등하게 칠 수 있다. 그렇기 때문에 글이 정교하지 못한 것이 글자의 탓은 아니다.

저 자구가 우아하다 비속하다 평하고 문장이 높다거니 낮다거니 의논하는 무리는, 모두 구체적 경우에 따라 전법이 변해야 하고 그 경우에 타당한 변통성에 의해서 승리가 얻어진다는 것을 모르는 사람들이다. 비유해 말하자면 용감치 못한 장수가 속으로 아무런 요량도 없이 갑자기 적의 굳은 성벽에 부닥친 것이나 마찬가지로 글 지을 줄 모르는 사람이 속으로 아무런 요량도 없이 갑자기 글 제목을 만난 것이다. 그러니 산 위의 풀과 나무까지 적병으로 보이는 바람에 붓과 먹이 다 결딴난다고, 머릿속에 기억하고 있던 것조차 이렇게 상하고 저렇게 패해서 남는 것이 없으리라.

그렇기 때문에 글 짓는 사람의 걱정은 언제나 자기 스스로 길을 잃어버리고 요령을 잡지 못하는 데 있다. 길을 잃어버리고 나면 글

---

2) 염파廉頗나 조괄趙括은 모두 조나라 장수인데 염파는 진나라와 싸워서 이겼고 조괄은 백기에게 크게 패해서 40만의 병사를 희생시켰다.

자 한 자도 어떻게 쓸 줄을 몰라서 붓방아만 찧게 되며 요령을 잡지 못하면 겹겹으로 두르고 싸고 해 놓고서도 오히려 허술치 않은가 겁을 내는 것이다. 비유해 말하자면 군대가 한번 제 길을 잃어버리는 때에는 최후의 운명을 면치 못하며,[3] 아무리 물샐틈없이 포위한 때라도 적이 도망칠 틈은 없지 않은 것과 같다. 한마디 말을 가지고도 요점만 꽉 잡으면 마치 적의 아성으로 질풍같이 쳐들어가는 것이요,[4] 반쪽의 말을 가지고도 요지를 능히 표시하면 그것은 마치 적의 힘이 다할 때를 기다렸다가 드디어 그 진지를 함락시키는 것이다.[5] 글 짓는 묘리는 바로 이것이 최상이다.

나의 벗 이중존(李仲存, 이재성李在誠)이 고대와 현대를 통하여 과거문체로 지은 우리 나라 사람의 글을 모아서 열 권의 책을 만든 다음 그 이름을 '소단적치騷壇赤幟'라고 하였다.

아하, 여기 수록된 글들은 모두 몇 백 번 싸운 끝에 승리를 거둔 부대들이구나. 비록 체와 격이 같지 않고 정밀하고 거친 것이 한데 뒤섞여 있기는 하나마 제대로 다 각각 승산을 가지고 있어서 함락시키지 못할 적진은 없는 것이리라. 그 날카로운 창끝과 예리한 칼날은 무기 창고와 같이 삼엄하고 시기를 좇아 적을 제압하는 것은 번번이 군대를 지휘하는 묘리에 들어맞는다. 이들을 계승해서 글을 짓

---

[3] 기원전 2세기쯤 항우項羽가 유방劉邦의 부하들에게 쫓겨 도망가다가 음릉에서 길을 잃고 마침내 자살해 죽으면서 "시세가 불리하니 말도 가지 않는다."고 한 것을 이른다.
[4] 9세기 초 중국의 이소李愬가 채주蔡州의 군대와 여러 해 대치하다가 눈이 내리고 바람이 부는 하룻밤에 질풍같이 쳐들어가서 함락시킨 것을 말한다.
[5] 춘추시대 노나라 장수 조계는 제나라의 군대와 싸울 때 제나라의 군대가 북을 세 번 친 다음 비로소 북을 치며 응전해서 승리를 거두었다. 이것은 조계가 적군의 힘이 다할 때를 기다려 쳤기 때문이었다.

는 사람에게도 대체로 이런 길이 있을 뿐이다. 반초가 서역의 여러 나라를 진압한 것이나 두헌이 연연산에다가 전공을 새긴 것[6] 또한 이런 길을 좇아 나간 것이 아니겠는가?

그런데 방관의 수레 싸움[7]은 옛사람을 모방하였음에도 패하였건만 우후虞詡가 밥해 먹은 자리를 늘린 것은 옛 법과 정반대인데도 승리하였다. 그러니 구체적 경우에 따라 변하는 전법은 그 중요성이 시기에 있는 것이요, 법에 있는 것은 아니다.

— '소단적치인騷壇赤幟引', 《연암집》

---

6) 정원후定遠侯 반초班超는, 생김새가 아미는 제비 같고 턱은 범 같다고 해서 날아서 고기를 먹는 상이라고 하였다. 연연산燕然山은 흉노가 사는 지역의 산 이름이다. 반초와 같은 시대의 두헌竇憲이 연연산에 올라가서 자기의 전공을 새겼다.
7) 방관房琯은 8세기쯤 당나라 사람인데, 춘추시대의 전법을 본떠서 수레로 군영을 만들다가 적의 화공火攻을 당하여 크게 패전하였다.

이름을 숨기지 말고
— 박지원

　보내 주신 글은 양치질하고 손 씻고 무릎을 꿇고 앉아서 정중하게 읽었습니다. 이제 제 소견을 말씀드린다면, 문장이 모두 기이합니다만 사물의 명칭을 많이 빌려 쓴 가운데서 인용한 근거가 꼭 들어맞지 않은 데가 있으니, 그것이 옥의 티로 보입니다.
　청컨대 형[1]을 위해서 말하겠습니다. 문장에는 묘리가 있으니 그것은 마치 소송하는 사람이 증거물을 제시하듯 해야 하고 거리를 돌아다니는 장사치들이 물건 이름을 외치듯 해야 합니다. 아무리 그의 진술이 명쾌하고 정직한들 딴 증거물이 없어서야 어떻게 승소할 수 있겠습니까? 그렇기 때문에 여기저기 고전 문헌을 인용해서 내 의사를 밝히는 것입니다.
　《대학》은 성인이 시작했고 어진 이가 계승했으니 그보다 더 미더운 일이 없건만, 그래도 《서경》을 인용해서 "강고康誥에 이르기를 밝은 덕을 밝힌다고 하였다." 하고, 또 그러고도 "요전堯典에 이르

---

1) 창애蒼厓 유한준兪漢雋이다. 당대 문장가로 이름이 알려졌다.

기를 능히 큰 덕을 밝힌다고 하였다."고 했습니다.

　벼슬 이름, 땅 이름은 서로 빌려 쓸 것이 못 됩니다. 나무를 지고 다니면서 소금을 사라고 외친다면 종일 가도 나무 한 짐 팔지 못할 것입니다. 만약에 임금이 사는 곳을 모조리 장안[2]이라 하고 역대 가장 높은 직위를 깡그리 승상[3]이라고 부른다면 이름과 실지가 혼란스러워 도리어 속되고 비루하게 됩니다. 이것은 곧 이름만 놀라운 진공陳公[4]이요, 남의 찡그린 얼굴을 흉내 내는 동시東施입니다.

　글을 짓는 사람은 아무리 비루해도 이름을 숨기지 말아야 하고 아무리 속되더라도 실지 사실을 파묻어 버려서는 안 됩니다. 맹자가, "성은 다 같으나 이름은 저마다 다 다르다."고 했는데, 그것은 글자는 다 같으나 글은 저마다 다 다르다는 뜻입니다.

― '창애에게 보낸 답장〔答蒼厓 之一〕', 《연암집》

---

2) 장안長安은 중국 한나라의 수도.
3) 승상丞相은 한나라의 최고 직위.
4) 중국 한나라에 진준陳遵이란 사람이 명망이 높아서 많은 사람들에게 존경을 받았는데, 당시 그와 같은 이름을 가진 사람이 있어서 가는 곳마다 오해를 받았다.

도로 네 눈을 감아라

―박지원

자기의 본바탕으로 돌아가라는 것이 어찌 문장만이겠습니까? 각양각색의 온갖 일이 다 그렇습니다.

서경덕이 길에 나갔다가 길을 잃고 우는 젊은이를 만나서 물었습니다.

"너는 왜 우느냐?"

그 사람이 대답하기를,

"제가 다섯 살 적부터 앞을 보지 못한 것이 지금 이십 년째입니다. 아침나절에 집을 나왔다가 갑자기 눈이 떠져서 천지만물을 환하게 볼 수 있게 되었습니다. 기뻐하며 집으로 돌아가려 하니 골목은 여러 갈래요, 대문도 비슷비슷해서 우리 집이 어딘지 알 수 없습니다. 그래서 웁니다."

하니, 선생이 말하였습니다.

"네가 네 집을 잘 찾아가도록 내 네게 일러 주마. 도로 네 눈을 감으면 너희 집으로 곧 돌아갈 수 있을 것이다."

그래서 눈을 감고 지팡이를 뚜닥거려서 걸음 걷는 대로 곧 저희

집을 찾아갔답니다.

  이것은 다름이 아니라 빛과 형체가 거꾸로 되고 슬픔과 기쁨이 엇갈리는 까닭입니다. 이것을 망상이라고 합니다. 지팡이를 뚜닥거리며 걸음 걷는 대로 가는 것은 우리들이 분수를 지키는 요지요, 집을 찾아가는 비결입니다.

— '창애에게 보낸 답장〔答蒼厓 之二〕', 《연암집》

그림을 모르는 자는 시를 모른다

―박지원

변관해卞觀海 군이 한잔하자고 하여 저마끔 한 잔씩 마시고 몇 리를 못 가서 멀리 바라다보니 희멀쑥한 탑들이 띄엄띄엄 나타나면서 눈에 쑥 들어온다. 틀림없이 심양이 가까워진 모양이다.

강성이 보인다고
사공이 손짓하자
뱃머리에 솟은 탑은
보는 동안 더 커지네.
漁人爲指江城近　一塔船頭看漸長

하는 옛 시가 생각난다.

그림을 모르는 자는 시를 모를 것이다. 그림 그리는 화가는 반드시 짙음새가 있고 원근감이 있다. 오늘 여기서 탑 그림자를 볼 때에 옛사람이 지은 시가 반드시 그림의 뜻을 잊지 않고 있음을 절실하게 깨닫겠다. 성이 멀고 가까운 것은 다만 탑의 높낮이로 보아 짐작할 수 있을 것이 아닌가.

— '성경의 이모저모〔盛京雜識〕'에서, 《열하일기熱河日記》

김황원의 시
—박지원

　세상에 전하기를 고려 때 김황원金黃元이 부벽루에 올라가 시를 한 구 지었다.

　　길게 뻗은 성 옆구리
　　늠실늠실 물굽이요
　　아득한 벌 동쪽 머리
　　띄엄띄엄 산일러라.
　　長城一面溶溶水　大野東頭點點山

　이렇게 짓고 나서는 아무리 머리를 짜고 애써도 다음 구가 떠오르지 않아 통곡하면서 부벽루를 내려왔다는 이야기가 있다. 이야기를 옮기는 사람들은 평양의 경치는 이 두 구절로 다하고 보니 천 년을 가도 여기 한 구절 더 보탤 자가 없다고들 한다.
　나는 언제나 이 글귀를 그리 대수롭게 생각지 않고 있다. "늠실늠실"이란 형용은 큰 강물의 형용이 아니요, "동쪽 머리 띄엄띄엄 산"

은 멀었댔자 사십 리에 불과할 터인데 이것으로야 어찌 "아득한 벌"이라고 부를 수 있을 것인가.

— '관내에서 본 이야기〔關內程史〕' 에서, 《열하일기》

산수가 어찌 그림 같겠는가
―박지원

　난하는 장성 북쪽 개평開平에서 시작하여 동남으로 흘러 천안현 계천안현遷安懸界를 거쳐 노룡새에 이르러 칠하漆河와 합쳐서 다시 남쪽으로 낙정현樂亭縣까지 와서 바다로 든다.
　요동서부터 서쪽으로는 하라고 이름 붙인 강물은 어데 없이 탁류였으나 난하 한 군데만 고죽사孤竹祠 아래 와서는 물이 고여 호수가 되면서 거울같이 물빛이 맑았다.
　고죽성은 영평부 남쪽 십여 리 되는 곳에 있는데 《후한서後漢書》 '군국지郡國志'에는 우북평右北平 영지슈支에 고죽성이 있다고 하였고, 주註에는 백이 숙제의 본국이라고 하였다. 강물 남쪽 언덕은 절벽으로 깎이면서 우뚝 솟아 그 위에는 청풍루淸風樓가 있고 누대 밑으로는 물이 더욱 맑다. 강 복판에는 작은 섬이 있고 섬 가운데는 바윗돌들이 병풍처럼 섰고 그 아래는 고죽군의 사당이 있다. 배를 띄워 사당 밑으로 가니 물은 맑고 모래는 희고 들은 넓고 숲은 멀리 보이는데 강둑에 늘어선 수십 호 집들은 물속에 그림자를 거꾸로 던졌다.

고깃배 서너 척이 사당 아래에서 그물을 치고 있다. 물을 거슬러 올라간즉 중류에는 대여섯 길 나마 되는 바윗돌이 솟았는데 '지주砥柱'라고 부른다. 기암괴석이 지주를 둘러 모종을 부은 듯이 섰고 해오라비와 뜸부기 수십 마리가 모래사장에 늘어앉아 깃을 털고 있다. 배를 같이 탄 사람들은 돌아다보면서 좋아라고,

"산수가 그림 같구먼."

하기에, 나는,

"자네들이 산수도 모르고 그림도 모르는 말일세. 산수가 그림에서 나왔겠는가, 그림이 산수에서 나왔겠는가?"

했다.

이러므로 무엇이든지 비슷하다, 같다, 유사하다, 근사하다, 닮았다고 말하는 것은 다들 무엇으로 무엇을 비유해서 같다는 말이다. 그러나 무엇에 견주어서 무엇을 비슷하다고 말하는 것은 어디까지나 그것과 비슷해 보일 뿐이지 아주 같은 것은 아니다. 옛날 사람이 양자강에서 나는 요주[1]는 여지[2] 비슷하게 생겼고 서호[3]는 서시와 비슷하게 생겼다고 하니까, 어떤 되통맞은 자가 있다가 다시 말하기를, 담채[4]는 용안[5]과 같고 전당[6]은 비연[7]과 비슷하다고 했다. 모두

---

1) 요주瑤柱는 조개의 하나로, 껍질이 엷고 길게 생겼고 줄이 방사선으로 났다.
2) 여지荔枝는 남방에서 나는 과실나무로 과실은 여자라고 하여 껍질에 금이 지고 씨는 완두처럼 되었다.
3) 서호西湖는 중국 절강성 항주에 있는 경치로 유명한 호수 이름.
4) 담채淡菜는 조개의 하나.
5) 용안龍眼은 남방산의 과실나무로서 과실은 용안육이라고 부르는데 여자와 비슷하다.
6) 서호를 전당호錢塘湖라고도 부른다.
7) 비연飛燕은 한나라 효성제孝成帝의 황후 조비연으로 날씬한 미인으로 유명하다.

들 생각에는 어떠한가?

— '난하에 배 띄우고〔灤河泛舟記〕', 《열하일기》

열 가지 가소로운 것
―박지원

《대두야담戴頭夜談》에 북경에는 열 가지 가소로운 명물이 있다고 했다. 그것은 광록시[1]의 찻물, 태의원의 약방문, 신악관[2]의 기도, 무고사[3]의 칼과 창, 영선사[4]의 일터, 양제원[5]의 옷과 양식, 교방사[6]의 할머니, 도찰원[7]의 법규, 국자감의 학당, 한림원의 문장이다.

한나라 때 속담에, 거인 수재가 글을 모르고 효렴[8]으로 발탁되어 벼슬하는데, 아비가 따로 거처한다는 말과 같다. 우리 나라 속담에도 관청 돼지 배가 아프다는 말이 있으니, 이것은 월나라가 진나라

---

1) 광록시光祿寺는 궁중에서 요리를 맡은 부서.
2) 신악관神樂觀은 도교의 절인데, 음악을 연습하는 곳으로 썼다.
3) 무고사武庫司는 무기 보관고.
4) 영선사營繕司는 토목 공사를 맡은 관청.
5) 양제원養濟院은 국립 자선 사업 기관.
6) 교방사教坊司는 음악을 맡은 관서.
7) 도찰원都察院은 최고 검찰 기관.
8) 효렴孝廉은 한나라 때 관리 선발 과목의 일종으로, 해마다 부모에게 효도하고 형제간에 우애 있는 사람과 청렴한 사람을 추천하게 한 데서 비롯된 제도이다.
9) 서로 관심을 두지 않는다는 의미로 쓰인 것.

여윈 꼴을 본다⁹⁾는 말과 같다. 이는 모두 이름만 있고 실상은 없다는 말로 한나라 세상에도 효성과 청렴이 이와 같거늘 더구나 뒷날 세상일까 보냐.

— '십가소十可笑', 《열하일기》

송강 정철의 무덤에서
—이덕무

동악 이안눌李安訥은 어떤 사람이 정철의 '사미인곡'을 부르는 것을 듣고 이렇게 썼다.

> 강변에서 누가 미인곡을 부르는가
> 외로이 뱃머리에 달조차 지는데.
> 애타게 그리는 끝없는 정은
> 오직 아낙네들만이 아는가 보다.
> 江頭誰唱美人詞　正是孤舟月落時
> 惆悵戀君無限意　世間唯有女郞知

■ 이덕무(李德懋, 1741~1793)는 북학파의 한 사람으로 시문학에 이름이 높았다. 자는 무관, 호는 청장관, 형암, 영처 들을 썼다. 박지원에게 배웠으며, 이서구, 유득공, 박제가와 함께 4가家로 불린다. 정조 때 규장각 검서관이 되어 서적을 정리하고 편찬하는 일을 맡아보았다. 이덕무의 많은 작품들은《청장관전서靑莊館全書》에 갈무리되어 있다.

정철은 불행한 처지에서 나라의 운명을 걱정하는 정성을 국문 시가로 노래하였는데 거기에는 충성과 의분이 표현되었다. 그러므로 정철의 가사와 시조 중에는 지금도 많은 사람이 즐겨 부르는 작품이 적지 않다.

— '송강의 무덤〔松江墓〕'에서,《청비록淸脾錄》

이제현의 시
—이덕무

  문학 대가들이 매양 박은朴誾을 우리 나라 시문학의 대표자로 가리키고 있으며 더 거슬러 올라가서는 김종직金宗直을 첫째로 꼽고 있다.
  그러나 나는 일찍이 익재 이제현의 문집을 읽고 이제현의 시가 이천 년 이래 우리 나라에서 단연 으뜸이라고 여기게 되었다.
  그의 시는 생동하고 선명하며 참신하고 우아해서 종래 우리 나라의 고루하고 침체한 폐습을 통쾌하게 없앴으며 중국의 저명한 시인들과 견주더라도 손색이 없다. 성현成俔이, "이제현의 시는 비록 노련하고 건실하기는 하나 아름답지는 않다." 한 것은 정확한 평론이 아니다. 이제현의 시가 아름답지 않다고 하면 과연 누구의 시가 아름답다고 하겠는가?

— '이제현에 대하여〔李益齋〕'에서, 《청비록》

지기와 지음
―이덕무

  대체로 '지음知音'이란 말과 '지기知己'라는 말은 같지 않다. '지기'는 자기 심정을 알아준다는 말과 같으나 '지음'이란 것은 문학이나 예술적 능력을 이해하는 것을 이를 따름이다. 그러나 이전 사람들은 지음과 지기를 거의 구분하지 않고 사용하였다.
  일찍이 내가,

    진실로 천년 역사를 꿰뚫어 볼
    총명이 있다 해도
    다만 두어 사람의 지음을
    나는 귀중히 여기노라.
    丁寧有眼堪千古　珍重知音只數人

하는 시를 지었더니, 용촌龍村 임 처사林處士가 이 시를 보고 웃으면서, "당신은 지음이 두어 사람이나 된다고 하니 아주 행복한 사람이외다." 하였다. 그리하여 내가 지음과 지기를 구별하여 설명하였더니 용촌도 고개를 끄덕이며 그렇다고 하였다.

— '지기와 지음〔知己知音〕'에서, 《청비록》

이언진의 시
―이덕무

이용휴李用休가 일찍이 이언진[1]의 시문집인 《송목관집松穆館集》에 다음과 같이 머리말을 썼다.

"시문에 종사하는 사람 중에는 남의 힘을 빌려 이름을 드러낸 사람도 있고 자기 실력으로 드러낸 사람도 있다.

남의 힘을 빌려 이름을 드러낸 사람은 부끄럽기 이를 데 없는 일이지만, 자기 실력으로 이름을 드러낸 사람은 본래 고집스러움이나 치우침이 없는 것으로, 이것이야말로 진정한 드러냄이라고 할 만하다. 또한 자기 실력으로 이름을 드러내려면 반드시 재능이 있어야 하고 또 일정한 노력을 한 뒤에야 성공할 수 있다.

나는 여러 해 동안 그러한 사람을 찾다가 마침내 송목관 주인 이언진을 만났다. 그는 뛰어난 학식과 깊은 생각을 가지고 먹을

---

[1] 이언진(李彦瑱, 1740~1766) 조선 후기의 역관이자 시인. 1763년 통신사 조엄을 수행하여 일본에 다녀왔다. 시문과 서예에 뛰어났는데 일찍 죽었다. 작품이 《송목관신여고松穆館燼餘稿》에 전한다. 이용휴는 이언진의 스승이다.

금같이 아끼며 시어 다듬기를 역사서 쓰듯 하였으므로 한번 종이에 쓰기만 하면 바로 후세에 전할 만하였다.

그러나 그는 구태여 세상이 알아주기를 원하지 아니하면서 세상에는 자기를 알 사람이 없으리라고 하였다. 또한 구태여 남을 이기겠다고 애쓰지 아니하면서 세상에는 자기를 이길 사람이 없으리라고 여겼다. 그래서 이따금 나에게 지은 작품을 보여 주고는 상자에 간직해 둘 뿐이었다."

— '이우상李虞裳'에서, 《청비록》

기준조의 시
―이덕무

    관재觀齋 기준조祁雋藻가 일찍이 시 짓는 벗 몇을 불러 단오를 즐겼다. 향을 피우고 경건한 분위기 속에서 그림을 보기도 하고 여러 음악을 듣기도 하였다. 사람들은 저마다 시를 지었는데 기준조의 작품이 가장 뛰어났다. 그는 시가 갖는 음악적 운율도 잘 알기 때문에 시에서 능히 시어를 넘는 운치를 나타내었다.

> 아침볕은 쨍쨍히 발 사이로 비치고
> 향 연기는 모락모락 피어오른다.
> 노랫소리 그윽하고 아름다운데
> 여운은 석류꽃을 도는 듯하네.
> 簾旭疎疎入　香煙冉冉斜
> 笙纖歌窈窕　餘意石榴花

    박제가도 이 시를 우수하다고 하면서 후세에 전할 만하다 하였다.

― '단옷날〔端陽佳節〕', 《청비록》

뛰어난 묘사
― 이덕무

당나라의 진영陳詠은 자기 시의 한 구절에서,

물소는 코를 쳐들고 첨벙이며 건너가고
물새는 시냇가로 고개를 주억거리며 간다.
隔岸水牛浮鼻渡　旁溪沙鳥點頭行

하였으며, 또 유우석劉禹錫의 시에서는,

섬돌 개미는 서로 만나 이야기를 나누고
동산 벌떼는 기약을 어길까 봐 재빨리 난다.
階蟻相逢如遇語　園蜂速去恐違程

하였다. 모두 현상을 그리는 데 우수한 솜씨를 보였다.

― '묘사에 대하여〔工於體物〕', 《청비록》

박제가가 준 시
―이덕무

초정 박제가의 시는 재기 있고 기백이 강하며 논리가 분명할 뿐만 아니라 또한 사실을 기록하는 데 능란하다. 일찍이 내게 준 시에서,

출입을 끊은 지도 삼십 년이라
옷에는 어느덧 먼지가 쌓였구나.
오직 서책을 세계로 삼아
혼자 웃고 문득 기운을 펴거니.

영화는 고상한 성품에 걸맞고
글 재주는 바른 자태에 맞느니.
여지껏 그는 오직 절의를 지켜
한평생 주림을 참아 온다네.
閉門三十載　衣塵集不知
書中有世界　孤笑忽伸眉
繁華配高性　文藻合貞姿

前修愼名節　少忍百年飢

하였다. 나도 또한 그가 내 처지를 깊이 알아주는 데 감격하였다. 전에 내가 박제가의 시가 논리가 분명하다고 한 것은 결코 빈말이 아니다.

— '초정에 대하여〔楚亭〕'에서,《청비록》

연암 박지원

―이덕무

연암 박지원은 문장과 시문의 재능이 넘치고 뛰어나며 고금에도 통달하였다. 때로는 멀리 바라보이는 산수를 아득하고 그윽하게 그려 뛰어난 화가와 같은 필치를 보이기도 하며, 행서와 해서에도 능란하여 글씨가 매우 뛰어났는데 그 기묘한 모양을 이루 형언할 수 없다.

연암은 일찍이,

> 물이 파랗고 모래는 맑아
> 섬 안은 고요한데
> 오가는 왜가리의 신세는
> 티끌 한 점 없이 깨끗하다
> 水碧沙明島嶼孤　鵁鶄身世一塵無

하는 시를 썼다. 시의 품격이 묘경에 이른 것을 알 수 있다. 연암은 함부로 시를 써 내놓지 않으므로, 연암이 글을 지어 한번 흐린 세상을 맑히기를 바라는 사람들은 자못 안타까워하였다.

  일찍이 연암이 나에게 문장을 논한 오언시 한 편을 써 주었는데 씩씩하고 장엄하여 아주 볼만하다.

— '연암에 대하여〔燕巖〕', 《청비록》

용인 가는 길에
―이덕무

발길 닿는 곳 그 어디에나
그림과 시폭이 펼쳐지누나.
삼라만상에서
그지없는 진리를 깨달았노라.
畵譜詩箋觸境舒　森羅光景悟如如
― '용인 가는 길에〔龍仁道中〕'에서,《청장관집》

박제가에게 주는 노래
―이덕무

용두레처럼 항상 머리를 숙일 수야 있으랴
남을 본떠 거짓 시문 짓기를 부끄러워한다.
不隨桔橰勤俯仰 贋詩贋文恥依樣
― '박제가에게 주는 노래〔長歌贈楚亭子謝饋紅酒〕'에서,《청장관집靑莊館集》

참다운 시는 모두 자기 목소리를 낸다

―박제가

참다운 시는 모두 자기 목소리를 낸다.〔眞詩各出自家音〕
― '밤에 벗이 찾아오다〔金吾門外貰屋讀書 李炯庵柳泠齋夜至〕' 에서,
《명농초고明農初稿》

*

민요는 잘도 사람의 심금을 울린다.〔俗音能善感〕
― '생각을 적는다〔夜坐書懷〕' 에서,《명농초고》

■ 박제가(朴齊家, 1750~1805)는 조선 후기 북학파의 한 사람. 어려서부터 시와 글씨와 그림에 뛰어났다. 박지원에게 영향을 받았으며 이덕무, 유득공, 이서구와 함께 4가로 불린다. 정조에게 등용되어 규장각 검서관 일을 맡아보았다. 청나라에 다녀와서 쓴《북학의》는 청의 문물을 기록했을 뿐 아니라 당시 조선 사회의 모순과 개혁 방안을 다룬 중요한 책이다.

소슬한 가을이 되면
승냥이는 짐승 잡을 계획을 꾸미건만
벗들은 헌거롭게
서로 믿고 힘을 내어 떠드는구나.

붓끝을 도끼 삼아
거짓된 책들을 찍어 버리리라.
……

옛날 것만 좋다 하고
지금 것 헐지 말라.
당당한 이 현실을
어찌 당해 내겠느냐.
天地蕭蕭豺祭獸　朋交落落駏依蛩　閒將筆鉞誅書贗
初非古羨與今悲　怎敵堂堂現在時
　　　　　　　　　　− 시 '가을 들어 병이 조금 나았다'에서, 《명농초고》

새매의 눈으로 시대를 노래하라

남공철 | 정약용 | 조수삼 | 김려
신위 | 홍석주 | 김정희 | 이상적 | 신재효

모방한 것은 문장이 아니다
― 남공철

옛날 문장에는 모방한 것이 없다. 모방한 것은 문장이 아니다. 문장의 묘미는 바로 진실한 마음을 표현하며 진실한 말로 이야기하는 것에 있다. 사람들은 진, 한 시대의 시를 좋아하는데 나 또한 그렇다. 사람들은 당나라 시를 좋아하는데 나 또한 그렇다. 사람들은 송, 명 시대의 시를 좋아하는데 나 또한 그렇다. 어찌하여 이렇게 널리 취하는가? 그것은 고금에 걸친 여러 작가에게 배워 좋은 작품을 쓰고자 하기 때문이다.

― '박남수에게 답하는 글〔答朴山如南壽書〕' 에서, 《귀은당집歸恩堂集》

- 남공철(南公轍, 1760~1840)은 정조, 순조 때 벼슬을 두루 하여 정승까지 지냈다. 어릴 때부터 독서를 좋아하고 시를 잘 썼고, 학문 연구에 열중했을 뿐만 아니라 역사학, 금석학에도 조예가 깊었다. 저서로 《고려 명신전》, 《금릉집金陵集》, 《귀은당집》 들을 남겼다.

고전을 읽어 기백을 기른다
—남공철

    문장은 기백을 주로 하고 수법은 다음으로 친다. 무엇을 기백이라 하는가? 그것은 고전 속에 있다. 그러므로 우선 고전을 읽고 거기서 참된 이치를 찾아야 한다. 이렇게 진리의 세계에서 항상 사색하고 광채를 빛내서 자기의 기백을 기르며 기백을 충실히 한 뒤에 문장을 쓰면 그 문장은 또한 저절로 기백이 넘치게 될 것이다.
    사람에게 비유하면, 얼굴에 표정이 있고 말에는 맛이 있고 웃음에는 태가 있고 소리에는 운이 있고 걸음에도 제 버릇이 있는데, 어찌 이런 동작을 모두 꾸며서 하겠는가? 바로 몸 안에 있는 기운으로 말미암아 그렇게 될 뿐이다. 만일 얼굴에 표정이 없고 말에 맛이 없고 웃음에 태가 없고 소리에 운이 없고 걸음에 버릇이 없으면 이는 한갓 거죽만 있는 허수아비에 불과하다.
    문장도 이와 같은 것이다. 기백은 크든 작든 각각 자기 형태를 갖추고 있는데 작가는 오직 그중에서 바르고 바르지 못한 것을 갈라내야 한다. 그러므로 자기 기백을 기르며 자기 기백을 충실히 해야 한다고 말하는 것이다.

지금 사람들 문장의 병집은 수법을 알지 못하는 것이다. 사마천, 한유와 같은 필력으로 편지나 서문 따위를 쓰다가 실패하며 명, 청의 소품을 쓰던 수법으로 왕공 귀족의 비문을 쓰다가 실패한다. 한유, 유종원의 서문과 기문, 구양수, 왕안석의 비문, 삼소[1]의 상소문과 책론 들은 각각 자기의 장점과 자기의 문체를 가지고 있다.

다행히 나는 여러 고전 작가들보다 뒤에 태어나서 널리 고금의 문집을 모아 서로 다른 점과 좋고 나쁘게 된 까닭을 자세히 살펴 연구한 뒤에, 여러 문집에 실린 매 마디, 매 구절, 매 작품을 각각 나의 표준과 척도로 경중을 판단하니, 자연 그들의 재능에 장단이 있고 그들의 문체에 우열이 있음을 알 수 있다. 그리하여 도리를 말한 것은 경經이 되고 정치를 논한 것은 사史로 되고 문장 시가를 운운한 것은 자子로 되고 집集으로 될 것은 더 말할 나위도 없다.

문장은 기백이 없이 이루어질 수 없으며 또 기백은 있어도 수법이 부족하면 비속해진다. 수법이란 서로 모범을 삼되 모방하지 않는 것을 이른다.

— '김재련에게 주는 글〔與金國器載璉論文書〕' 에서, 《귀은당집》

---

1) 삼소三蘇는 송나라의 시인 소식蘇軾과 아버지 소순蘇洵, 형 소철蘇轍을 이른다.

고문은 거짓이다
— 남공철

세상에서 이른바 고문이라고 하는 것은 모두 거짓이다. 차라리 거짓 고문을 만들기보다는 지금 글로 사실에 바탕을 두고 이치를 반영한 것이 낫지 않겠는가. 다만 지금 글에서 그런 문장을 얻지 못하는 것을 한탄할 뿐이다.

과연 사실에 바탕을 두고 진리를 반영한 글이 있기만 하다면 하필 옛 어구, 옛 문장을 써서 사람을 현혹할 것이 무엇인가? 한나라를 모방한 것은 문장이라 해도 문장이 아니며, 당나라를 모방한 것은 시라고 해도 시가 아니다. 송, 원 시대 작가들의 영향을 받아 이를 윤색해 가지고는 사곡詞曲의 명수라고 해도 이는 사곡의 명수가 아니다.

예스럽고자 하면 실정에 어두워지고 참을 흉내 내려 하면 거짓에 빠진다.

— '다시 김재련에게〔答金國器第二書〕'에서, 《귀은당집》

거문고가 시와 가깝다
— 남공철

시를 배우는 자는 마땅히 거문고를 배워야 한다. 《설문해자說文解字》에 거문고는 악기라고 하였다. 시는 사상-감정(性情)에서 표현되는데, 거문고는 사람의 마음을 바르게 하는 것이므로 음악에서 거문고는 시와 가장 가깝다.

— '민생 시집에 부쳐(閔生詩集序)' 에서,《귀은당집》

유한준의 문장
— 남공철

　문장은 진리를 반영하고 이치를 해명하는 것을 근본으로 한다. 그러므로 옛사람은 말을 글로 쓰지 않으면 후세에 전할 수 없다 했다.
　유한준兪漢雋은 문장이 능란하여 일가를 이루었으며 오로지 바른 도리를 전달하기 위하여 노력하였다. 그의 작품들이 다 진실하여 후세에 전할 만하다.
　표현이 아름답고 이치가 명확한 것이 세상에서 가장 훌륭한 문장이라고 할 것이다.

— '저암집에 부쳐〔著庵集序〕'에서, 《귀은당집》

문장을 배우는 순서
— 남공철

학문은 일정한 단계를 거쳐야 하므로 밑에서 위로 배워 올라가야 하지마는, 문장은 기백과 힘을 중히 여기므로 우수한 것을 먼저 배워야 한다.

기백을 충실히 기르지 못하고 이치를 명확히 나타내지 못하며 이러니저러니 의논하기만 좋아하면서 옛사람의 수준에 오르기를 원한다면, 아무리 문장의 묘리를 얻었다고 할지라도 자기만 만족할 뿐으로 결국 남을 그르치고 만다. 뜻있는 사람들은 이런 태도를 취하지 않는다.

— '고문원류에 부쳐〔古文源流序〕'에서, 《귀은당집》

정기안의 시
― 남공철

효헌공 정기안鄭基安은 어릴 적부터 시문을 연구하되 화려한 꾸밈을 즐기지 않고 사상적 내용(理)을 주로 하였기 때문에 그의 작품은 기교에 치중하지 않았어도 저절로 좋은 작품으로 되었다. 그의 시는 또한 사상이 심오하고 시어가 윤택하여 마치 함 속에 들어 있어 빛을 내지 않는 구슬과 같다. 감정을 솔직하게 표현하려는 그의 시에서, 시어는 끝나도 의미는 끝나지 않는다.

― '정 효헌공 문집에 부쳐〔鄭孝憲公文集序〕'에서, 《귀은당집》

문체도 시대에 따라 변한다
—정약용

　이 세상에서 훌륭한 문장의 밑바탕을 이루고 있는 것은 물정과 인정이라고 생각한다. 그러므로 물정과 인정의 변화를 잘 살펴본다면 문체가 변천하고 발전하는 것도 넉넉히 짐작할 수 있다.
　모든 물정을 관찰해 보면 단단한 것은 터지고, 잠복해 있던 것은 일어나 준동하고, 가득 쌓였던 것은 흩어지고, 답답하게 엎드려 있던 것은 솟구쳐 일어나서 각양각색 천태만상을 이루고 있으나, 변화하는 원인을 살펴보면 모두가 차거나 더운 두 가지 조건에서 벗어나지 않는다.
　또 인정을 관찰해 보면 청렴한 자가 완악해지고, 얌전한 자가 욕

▪ 정약용(丁若鏞, 1762년~1836년)은 조선 후기의 뛰어난 학자이다. 유학 경전에 밝았고 시도 잘 썼으며, 과학 기술에도 뛰어나 수원성 설계를 맡았다. 신유박해 때부터 시작해 18년이나 유배살이를 하며, 정치, 사회, 문학, 역사, 과학 따위 여러 방면에 방대한 저술을 남겼다. 《여유당전서》에 갈무리되어 있다.

심 사나워지고, 부드러운 자가 거칠어지고, 조촐한 자가 열렬해져서, 분분하고 잡다한 것들이 천태만상을 이루고 있으나, 변화하는 원인을 살펴보면 모두가 이해관계에서 나온다.

물정을 반영하며 인정을 드러내는 것이 문장이니, 문체가 어찌 물정, 인정과 관계가 없을 수 있겠는가.

문체도 순수하던 것이 잡스러워지고, 소박하던 것이 흐트러지고, 평이하던 것이 까다로워지고, 독실하던 것이 천박해지고, 고상하던 것이 비속해지고, 느리던 것이 조급해져 형형색색으로 천변만화를 이루고 있으나, 변화하는 원인을 살펴보면 모두가 시대의 요구에 맞느냐 안 맞느냐에 있다.

대체로 모든 물정이 찬 것을 꺼리며, 모든 인정이 해로운 것을 싫어하며 문체도 시대의 요구에 안 맞으면 변하는 수밖에 없는 것이다.

— '문체책文體策'에서, 《여유당전서與猶堂全書》

무엇이 진정한 문장인가
― 정약용

  문장학이란 우리 도에 크게 해로운 독이다. 대체 문장이란 어떤 것인가? 문장이란 것이 공중에 매달려 있거나 땅에 깔려 있어 바라볼 수 있거나 바람결에 달려가 붙들 수 있는 것인가.
  옛날 사람은 항상 평화롭고 떳떳하여 마음속으로 덕을 닦으며, 효도하고 충실하여 그 실천에 성의를 다하며 시서詩書와 예악으로 기본을 북돋우며 《춘추》와 《주역》으로 사물이 변화하는 이치를 깨달으며, 하늘땅 사이의 진리에 통달하고 만물의 정서를 두루 알아내어 그 지식이 안에 쌓이고 쌓여 땅처럼 든든하고 바다처럼 포용력이 있으며 구름처럼 뭉치고 우레처럼 움직여 아무리 참을래야 참을 수 없게 되었을 때 비로소 발표하였다. 그러므로 문장의 힘이 때로는 파고들고, 때로는 부딪치고 흔들기도 하고 격동시키기도 하였다. 내부의 필연성이 있어 외부로 드러났기 때문에 문장의 힘은 거세찬 물결처럼 술렁거리고 번개처럼 번쩍거려 가깝게는 사람을 감동시키고 멀리는 하늘땅을 움직이며 귀신이 느끼게 하였던 것이다. 이것이 진정한 문장이다. 문장은 외부에서 구할 수 없다.

중국 한나라의 사마천은 기이하고 협기 있는 것을 좋아하여 옛 법도에서 벗어났으며, 양웅揚雄은 도를 모르고 유향劉向은 예언하기를 좋아하며 사마상여司馬相如는 배우처럼 행동하고 아는 체하였다. 그 뒤의 한유, 유종원은 비록 문장을 중흥시킨 사람들이라고 하나 실상은 전연 그렇지 않다. 그들의 문장이란 내면세계가 드러난 것이 아니고 형식만 갖추어 놓고 잘난 체하는 것이니, 이것이 무슨 진정한 문장이랴.

한유, 유종원, 구양수, 소식의 유명하다는 서문이나 기문 따위도 모두 겉은 번드르하지만 내용이 없고, 신기하기는 하지만 바르지 못하여, 어려서 읽을 때는 정말로 좋은 것 같았으나 몸을 닦고 어버이를 섬기는 데나 나라를 돕고 백성들을 편히 하는 데는 아무런 소용이 없다.

그러면 이러한 글들이야 한평생 읽고 외워도 슬프고 우울하기만 하지 천하와 나라를 위해서는 아무런 도움도 되지 못하니, 이러한 문장학이 우리들에게 해독을 끼치는 것이 양주揚朱, 묵적墨翟이나 도교, 불교보다 더 심한 바가 있다. 왜 그런가? 양주, 묵적이나 도교, 불교는 그 주장이 우리와 서로 다르기는 해도 모두 다 사욕을 억제하고 선을 행하며 악을 배제하려고 했다. 그러나 한유, 유종원, 구양수, 소식 들은 주장하는 것이 문장뿐이다. 내용이 없는 빈 문장만으로야 어떻게 자연의 이치를 따라 몸을 편안히 할 수 있겠는가.

입으로는 옛글을 말하고 손으로는 천고의 역사를 펼친다 하더라도 우리와 손잡고 나아갈 수 없는 것이 문장학을 하는 사람들이다.

― '오학론五學論'에서, 《여유당전서》

음악의 목적
— 정약용

옛날 성인이 음악을 제정한 것은 아름다운 소리로 귀를 즐겁게 하고 마음을 유쾌하게만 하려는 것이 아니다. 임금이 덕이 없어 백성들이 곤란을 겪게 되면 좋은 음악을 악기에 올려서 그것을 연주하여 임금이 잘못을 깨닫고 더욱 분발하여 자기의 악한 점을 고치도록 하는 데 목적이 있었다.

다스리는 자가 자기 허물을 듣지 않으려고 하면 귀머거리라 하고, 착한 사람과 덕 있는 사람을 알아볼 줄 모르면 봉사라 하는데, 신하가 귀가 되고 눈이 되어 주어야 한다. 그래서 민간의 좋은 노래를 수집해서 정치가 어떻게 되었는가를 알게 하며 벼슬의 등급을 설정해서 어질고 어질지 못한 사람을 구별하도록 한 것이다.

음악이 당시의 정치를 직접 반영하여 음악을 듣고 곧 정치를 알아낼 수가 있다고는 말할 수 없다. 춘추시대에 계찰季札이라는 사람이 노나라의 음악을 듣고 극구 찬양하였으나 그때 노나라의 정치는 그다지 잘 되어 가지 않았으며, 공자가 제나라에 가서 소악韶樂이라는 옛 곡조를 듣고 너무 좋아서 밥 먹기를 잊었다고 하나 그때 제나라는 그다지 융성하지 못하였다. 음악을 듣고 정치를 안다는 것을 글자 그대로만 해석하면 이처럼 위험하다. 어떻게 정치와 음악이 서로 꼭 들어맞겠는가?

  사람을 때리면 아픈 것처럼 어리석은 자를 시와 노래로 풍자도 하고 찬양도 하여 스스로 깨닫게 하는 것이다. 노래란 혹 옛날의 법을 밝혀서 반성하게도 하고 혹 지난날의 경험을 이야기하여 스스로 경계하게도 하고 혹 당시 정치를 직접 지적하여 고치게도 해야 한다. 그리고 아첨하고 간사하여 임금의 귀를 홀리려는 자가 있으면 음악을 맡은 사람이 곧 그자를 쫓아내 버리니, 이것이 조정에서 음악을 받아들이고 내쫓는 길이다.

— '악서고존樂書孤存' 중 '납언의納言議'에서, 《여유당전서》

음악의 효과
―정약용

  옛날에 순舜 임금이 신하인 기夔에게 명령하기를, "너에게 전악典樂을 맡기니 귀족 자제들에게 음악을 가르치라." 하였다.
  전악이란 말은 음악을 관리한다는 뜻인데 음악을 가르치라고 하였으니, 무슨 까닭인가? 그렇다, 사람은 저절로 선하게 되는 것이 아니고 반드시 가르쳐야 하기 때문에 음악으로 교육하는 것이 필요하다. 왜 그런가. 사람의 마음속에는 잡다한 감정이 뒤섞여 있기 때문에 화평하기가 어렵다. 혹 너무 기뻐서 음탕해질 수 있으며 혹 지나쳐 성이 나서 일을 저지를 수 있으며, 근심에 사로잡히거나 두려움에 떨기도 하고 흥분하거나 침울하기도 해 마음속이 평온할 때가 드물다.
  사람의 마음이 평화롭지 못하면 이에 따라 동작과 일 처리가 다 절차를 잃어버리게 된다. 그러므로 성인이 거문고, 비파, 북, 경쇠, 피리 따위 악기를 마련하여 아침저녁으로 음악을 울려서 사람들 귀에 익도록 하고 마음속에 젖어 들도록 한 것이다. 그리고 모든 사람의 맥박이 항상 순조롭게 뛰며 평화롭고 기쁜 마음이 언제나 깃들어 있도록 한 것이다.

 순 임금이 소악이라는 음악을 제정하니 온 조정이 화합하고 손님들도 서로 사양하는 풍습이 생겼다고 한다. 음악의 효과가 이러하거니 사람들에게 음악을 가르치는 것이 당연하지 않으랴. 그러므로 천자와 제후는 밥 먹을 때나 걸음 걸을 때도 모두 음악을 연주하게 하였으며, 대부도 자기들의 음악이 있었고 보통 사람들도 특별한 일이 없으면 늘 거문고와 비파를 연주하였다.

 성인의 도가 음악이 아니면 행할 수 없으며 음악이 없으면 평화로운 정치를 일으킬 수가 없으며, 천지만물의 정서가 음악이 없으면 조화되지 않는다. 음악의 효과가 이처럼 넓고 깊건만 진정한 음악이 전하지 않으니, 어찌 슬픈 일이 아닌가. 이 세상에 선한 정치가 없고 또 착한 풍속이 없는 것은 모두 음악이 망하였기 때문이다. 세상일을 근심하는 사람은 음악에 깊은 관심을 가져야 한다.

— '음악론〔樂論〕'에서,《여유당전서》

찬미와 풍자
— 정약용

군신, 부부, 친구의 관계는 의리로 연결되었기 때문에 사정이 비슷한 점이 많다. 그러므로 군신이나 친구의 관계를 남녀 관계로 바꾸어서 노래하는 것은 옛날 시인들의 버릇이었다. 《시경》 가운데 '정풍鄭風', '위풍衛風' 의 시들에도 이런 것들이 많다.

착한 일을 찬미하고 악한 일을 풍자하는 것이 시의 기본 정신이다. 찬미한 일은 백성들에게 장려하고 풍자한 일은 배격해야 하므로, 나라에서 민간의 노래들을 수집하였으며 또 그것을 음악을 통하여 보급했던 것이다.

만일 찬미와 풍자를 제쳐 두고 다른 데서 시를 찾는다고 하면, 찬양과 징계의 기본 정신을 제쳐 두고 역사책을 읽는 것과 마찬가지일 것이다. 세상에는 음탕한 것을 풍자한 시는 있어도 음탕한 것 그 자체를 노래한 시는 있을 수 없다. 그러므로 나쁜 것을 풍자한 시는 음악을 통하여 널리 보급해야 한다.

— '시경 강의詩經講義' 에서, 《여유당전서》

윤용의 그림
—정약용

《취우첩翠羽帖》 네 권은 돌아가신 태학생 윤용尹愹의 작품집이다. 어떤 사람이 윤 공을 조롱하여 "윤용이 자기 그림을 아끼는 것이 마치 비취새가 자기 나래를 아끼는 것 같다." 했기 때문에 비취의 나래라는 뜻을 따서 이 화첩을 '취우첩'이라고 이름 붙였다.

이 화첩 안에 있는 꽃, 나무, 새, 벌레, 짐승 들이 모두 실제처럼 그려졌으며 필치가 섬세하면서도 생동하였다. 얼치기 화가들이 모지라진 붓을 들고 먹물을 가득 묻혀서 기괴하게만 그려 놓고는 모양을 그리지 않고 정신을 그렸다고 떠드는 것과는 뿌리부터 다르다.

윤 공은 언제나 나비, 잠자리 같은 것을 그릴 때 수염, 털, 무늬 따위를 세밀하게 관찰하여 참다운 모습이 그림에 나타나야 붓을 놓는다. 그가 그림을 완성하는 데 얼마나 심각하게 고심하였는가를 알 수 있다.

윤씨 집안은 윤두서尹斗緖 때부터 그림으로 이름이 높았다. 윤두서의 아들이 윤덕희尹德熙, 윤덕희의 아들이 윤용이다. 삼대를 두고 화필을 연마해 기교가 점점 더 정밀해졌으니, 예술이란 정말로 갑자기 이루어지는 것이 아니다.

    윤두서 공은 나한테 외증조부뻘 되는 분인데 그분의 그림이 우리 집에 많이 남아 있으며 특히 인물화를 잘 그렸다.

— '취우첩 끝에 쓴다〔跋翠羽帖〕'에서, 《여유당전서》

문장만 연마해서는 안 되느니
—정약용

변지의邊知意 군이 천 리 길을 걸어서 나를 찾아왔기에 그 뜻을 물어보니 문장 공부를 해 보겠다고 하였다.

마침 이날 우리 집 아이가 나무를 심기에 나는 그 나무를 가리키면서 다음과 같이 말해 주었다.

"사람에게 문장이란 나무에 꽃이 피는 것과 같다. 나무를 심을 때 우선 뿌리에 북을 주고 줄거리를 바로 세워 주어야 한다. 그리하여 진액이 오르고 가지와 잎이 무성해지면 거기에서 꽃이 피는 것이다. 그러므로 나무를 잘 가꾸지도 않고 꽃만 보려고 서둘러서는 안 된다.

나무뿌리를 북돋우듯 자기 마음을 바로잡고, 줄거리를 바로 세우듯 자기 몸을 수양하고, 진액이 통하듯 경전을 깊이 연구하고, 가지와 잎이 무성하듯 학식을 넓히고 기교를 연마하여 마음속에 든든하게 쌓은 다음에 마음에 품은 것을 표현하면 곧 글이 되는 것이며, 사람들이 보고 훌륭한 문장이라고 말할 것이니, 이것이 진정한 문장이다. 문장의 길만을 따로 떼어서 성급하게 구할 수는 없을 것이다.

　그대 돌아가서 탐구해 보면 자신에게도 훌륭한 스승이 있을 것이다."

　　　　　　― '변지의에게 주는 말〔爲陽德人邊知意贈言〕'에서,《여유당전서》

시는 사상의 표현이다
―정약용

시는 사상(志)의 표현이다. 사상이 저열하면 아무리 고상한 표현을 하려고 해도 되지 않으며 사상이 비루하면 아무리 건전한 표현을 하려고 해도 실정에 어울리지 않는다.

시를 공부하는 사람이 사상을 바르게 가지지 않는다면 오물 더미 속에서 맑은 샘물을 찾으며 거름을 헤치고 아름다운 꽃을 찾으려는 것과 같아서 한평생 애를 써도 아무 소득이 없을 것이다.

그러면 어떻게 해야 하는가. 자연과 인간 사회에서 진리를 발견하며 더러운 욕심과 깨끗한 양심을 똑똑히 구별할 줄 알고, 낡고 때 묻은 것을 씻어 버리며 깨끗한 진실을 발전시켜야 한다.

― '중 의순에게 주는 말〔爲草衣僧意洵贈言〕'에서, 《여유당전서》

문학 청년 이인영에게
— 정약용

　내가 한강가에 살고 있을 때의 일이다. 어느 날 얌전한 청년 하나가 등에 무엇을 가득 지고 찾아왔다. 보니 책 보따리였다. 이름을 물으니 이인영李仁榮이라 하였고 나이를 물으니 열아홉이라 하였다. 다시 그의 지향을 물으니 앞으로 문장을 공부하려는데 비록 공명을 이루지 못하고 한평생 불우한 생활을 하더라도 후회하지 않겠다는 것이다. 그의 책 보따리에 가득 찬 것은 모두가 시인 재사들의 기발하고 참신한 작품들로 파리 대가리처럼 글자를 작게 썼으며 모기 눈처럼 가늘게 엮은 글들이었다. 포부를 털어놓을 때는 마치도 병 속에서 물이 쏟아져 나오는 듯하여 책 보따리 속보다 수십 배나 더 풍부하였다. 그의 눈은 반짝거리고 맑은 빛이 흘렀으며 이마는 불쑥 나오고 광채가 있었다.
　나는 그에게 다음과 같이 말해 주었다.

　아아 자네 앉게, 내 한마디 해 주겠네. 대체 문장이란 무엇인가. 학식이 속에 쌓여 문장으로 바깥에 표현되는 것이네. 마치 고량진미를 많이 먹어 뱃속이 기름졌을 때 피부가 자연히 윤택해지는 것과 같으며 술을 많이 먹었을 때 얼굴이 붉어지는 것과 같네. 그러니 문장 그것만을 밖에서 얻어 올 수야 있겠는가.

평화로운 덕으로 마음을 기르고 효도와 우애로 성정을 연마하여 항상 공경과 정성으로 일관하고, 중심을 가져 변덕스럽지 말며 도를 향하여 나아가기에 힘쓰고 고전으로 자기 몸가짐의 바탕을 삼으며, 학식을 넓히고 역사를 공부하여 고금의 변천을 알며, 예와 악과 정치 제도, 옛 문헌과 법도 들이 가슴속에 가득 차서 외부의 사물과 접촉하게 되면, 모든 일과 시비와 이해관계가 가슴속에 축적된 것과 서로 맞아서 속에 서려 있는 것이 용솟음쳐 움직이면서 세상에 한번 발표하여 천하 만세에 빛이 되어 보고 싶게 될 것이네. 그 욕구를 억누를 수가 없게 되었을 때 자기가 드러내고 싶은 것을 토로하면 사람들이 그것을 보고 "문장이다." 하고 말할 것이네. 이것이 참다운 문장이네. 풀을 헤집고 바람을 보려는 듯이 빨리 달리고 조급히 서둘러 이른바 문장이라는 것을 손으로 붙잡고 입으로 삼킬 수야 있겠는가?

세상 사람이 말하는 문장학이라는 것은, 바른길을 헤치는 좀벌레와 같아서 서로 용납할 수가 없는 것이네. 비록 양보하여 문장학을 일삼는다 해도 그 또한 일정한 방법이 있고 혈맥이 통하는 기운이 있어야 할 것이네. 고전에 바탕을 두고 역사와 사상가들의 저서에서 도움을 받아야 하는데 그로써 온화하고 함축성 있는 기운을 쌓고 심오하고 원대한 지향을 길러 위로는 나라 다스릴 방책을 생각하며 아래로는 세상을 움직일 생각이 있어야 하니 바야흐로 녹록하지 않을 것이네.

음탕한 곳에 마음을 보내며 비분한 곳에 눈을 팔고 사람의 간장을 녹이는 말을 누에에서 실 뽑듯 늘어놓으면서 뼈를 에고 살을 저미는 듯한 시구를 벌레 소리처럼 울리고 있는, 그런 시들을 읽고 나면, 푸른 달빛이 엿보는 처마 아래서 귀신이 휘파람을 부는 듯도 하고, 음산한 바람에 촛불은 꺼졌는데 여인이 원한에 잠겨 우는 듯도 하네. 이 같은 것들은 참다운 문장과는 인연이 없을 뿐만 아니라, 기상이 처참하고 심지가 각박하여 하늘의 복을 받을 수 없으며 사람들의 조롱을 면할 수 없네. 식견이 있는 사람은 대경실색하여 피할 것이거늘 굳이 따라가서 그것을 본뜨겠는가?

우리 나라 과거 제도가 본디 고려 때 쌍기雙冀에서 시작되어 조선 초 변계량卞季良 때 완성되었는데, 과문科文을 일삼는 자는 정신을 소모하고 세월만 허송할 뿐, 아무 데도 쓸모없는 인간이 되어 자기 생애를 끝마치고 만다네. 참으로 이단으로는 으뜸가는 것이며 세상의 큰 근심거리지. 그러나 국가 법령으로 존속되고 있으니 따라가는 수밖에는 없네. 과거에 오르는 길이 아니면 군신의 의리도 물을 곳이 없으므로 조광조, 이황과 같은 여러 선생들도 모두 이런 길을 밟아서 세상에 나섰거늘 지금 자네는 어떤 사람이기에 이 길을 버리고 돌아보지도 않으려 하는가?

그리고 사람의 마음을 밝히는 올바른 학문이 끊어지지 않았거늘 음탕하고 기교에만 치우치는 소설 찌꺼기와 쓰라리고 싸늘한 몇 마디 시구들에 사로잡혀 경솔하게도 한평생을 던져 버리려 드는가? 내용이 없는 문장에만 치우치면 우러러 부모를 섬길 수도 없고 밑으로 처자를 양육할 수도 없으며, 가깝게는 집안을 빛내지도 일족을 보호하지도 못하고, 크게는 나랏일을 보살피고 백성들을 돌볼 수도 없게 될 터이니 얼마나 어리석은 일인가.

  자네는 오늘부터 문장학에는 뜻을 두지 말고 빨리 집으로 돌아가서 안으로는 효성과 우애를 극진히 하고 밖으로는 고전 공부에 힘을 기울이라. 옛 성현들의 말씀을 항상 공부하여 잊어버리지 말며 한편으로 과문 공부도 계속해서 몸을 일으켜 임금을 섬겨 시대에 유용한 사람이 되며 후세에 이름을 전할 위인이 되라. 부디 하찮은 호기심으로 하여 귀중한 한평생을 헛되이 버리지 말라. 자네가 만일 지금의 뜻을 고치지 않는다면 좁은 골목으로 몰려다니는 놀음꾼이나 싸움패와 다를 것이 없을 것이네.

— '이인영에게 주는 말〔爲李仁榮贈言〕'에서, 《여유당전서》

시를 쓰는 마음가짐
―정약용

그저께 이학규[1]의 시를 보았다. 그분이 네 시를 평한 것은 실로 병통을 정확하게 찔렀다고 생각한다. 너는 그분의 의견을 받아들여야 한다. 그런데 그분이 지은 시들이 아름답기는 하나 나로서는 그다지 칭찬할 수가 없다. 그러한 시체詩體를 좋아할 수가 없기 때문이다.

나랏일을 걱정하지 않으면 시가 아니요, 어지러운 시국을 가슴 아파하지 않으면 시가 아니요, 옳은 것을 찬양하고 악한 것을 미워하지 않으면 시가 아니다. 그러므로 사상이 확고하지 못하고 학문에서 바른길을 찾지 못하며, 인간의 진리를 알지 못하고, 백성을 걱정하는 마음이 깊지 못하면 시를 쓸 수가 없다. 너는 이 점을 똑똑히 알고 노력해야 한다.

두보는 시에서 고사를 인용하되 흔적이 없어서 얼른 보아 모두 자

---

[1] 이학규(李學逵, 1770~1835), 자는 성수醒叟. 신유사옥으로 유배 생활을 했다. 유배 생활을 하면서 강진에 귀양 가 있던 정약용과 교류했다.

기가 만들어 낸 말인 듯하나 자세히 살펴보면 다 출처가 있다. 그러므로 그를 시성詩聖이라고 한다. 그리고 한유의 시는 자구가 모두 출처가 있으나 시어는 자기 창작이 많으므로 그를 시의 대현大賢이라고 한다. 소식의 시는 글귀마다 고사를 인용했는데 그 흔적이 다 드러나서 처음에는 의미가 잘 통하지 않다가 두루 고증을 한 다음에야 겨우 통하게 된다. 그러므로 그를 시의 박사라고 부르는 것이다. 소식의 시는 우리 세 부자의 재간으로 한평생 몰두하면 따라잡을 수도 있을 것이나, 이 세상에서 할 일도 많은데 무엇 때문에 그런 노릇을 하고 있겠느냐.

그러나 시를 쓰는데 전혀 고사를 인용하지 않고 음풍영월이나 하고 바둑이나 술 이야기에 그치고 만다면 그것이 운율이 맞더라도 세상일에는 관심 없는 고루한 마을 훈장들이나 할 노릇이다. 너는 시를 쓰면서 고사를 자연스럽게 인용하여야 한다.

고사를 인용하는데 우리 나라 사람이 중국 이야기만 많이 늘어놓는 것은 대단히 누추한 일이다. 《삼국사기》, 《고려사》, 《국조보감國朝寶鑑》, 《여지승람與地勝覽》, 《징비록懲毖錄》, 《연려실기술燃藜室記述》, 그 밖에 우리 나라 서적들에서 훌륭한 사실들을 찾아내며 또 고장마다의 현실을 연구하여 시에 끌어들여야만 그 시가 세상에 이름을 남기며 후대에 전해질 것이다. 유득공柳得恭의 《십육국 회고시》를 중국 사람들이 간행한 것도 우리의 주체성을 살려야 한다는 것을 실증해 준다. 《동사즐본東事櫛本》이 이런 필요로 만들어진 책인데 대연大淵이가 네게 잘 빌려 주지 않을 것이니 십칠사史의 '동이전東夷傳' 가운데서 좋은 고사들을 뽑아 활용하여라.

— '아들 연에게〔奇淵兒〕'에서, 《여유당전서》

글을 쓰려면
―정약용

　요즘 몇몇 청년들이 원나라, 명나라의 경박한 문인들의 시고 메마른 노래들을 모방하여 절구와 율시들을 지으면서 자기가 세상에 으뜸가는 문장가인 듯 거만을 부리며 예나 지금의 다른 것은 모조리 보잘것없는 것으로 여겨 쓸어버리려고 한다. 나는 이런 자들을 항상 안타깝게 생각한다.
　글을 쓰려면 반드시 세상을 다스리는 옛글들을 읽어 학식의 기초를 쌓은 뒤에 역사를 공부하여 흥망성쇠의 원인을 알고 또 실용적인 학문을 연구하며 선배들이 쓴 경세經世에 관한 서적을 읽어야 한다. 이리하여 마음속에 항상 수많은 백성을 구제하며 만물을 육성하려는 생각이 있어야 비로소 글 읽은 사람이라고 말할 수 있다.
　이렇게 한 다음에야 혹 안개 낀 아침이나 달 밝은 저녁, 무르녹는 그늘, 가랑비 내리는 때가 되면 문득 마음에 감흥을 얻고 표연히 생각이 나서 자연스럽게 노래를 읊으며 곡조가 이루어져 벅찬 음향이 울려 퍼지나니, 이것이 시인의 생동감 있는 창작일 것이다. 나의 말이 지나치다고 생각하지 마라.

최근 수십 년 동안 괴상한 논의들이 나와서 우리의 문학을 스스로 배척하여 우리 조상들의 문헌과 작품 들을 보려고도 하지 않으니, 이것은 큰 병집이다. 우리 젊은이들이 우리 나라의 옛일을 알지 못하며 선배들의 이론을 공부하지 않는다면 비록 학문이 고금을 통달하였다고 해도 소용없는 재간일 것이다.

시를 공부할 때, 시집부터 먼저 보지 말고 상소문, 차자, 묘비문, 서한문 들을 많이 읽어서 안목을 넓혀야 한다. 또 《아주잡록鵝洲雜錄》, 《반지만록盤池漫錄》, 《청야만집靑野謾輯》 같은 책을 널리 구해서 읽어야 한다.

— '두 아들에게〔奇二兒〕'에서, 《여유당전서》

호남의 인재 유윤오 군

―조수삼

　우리 호남 지방은 중국의 소주蘇州, 항주杭州와 같아서 산천이 맑고 아름다우며 토지가 비옥하여, 넉넉하고 맑은 기운이 수많은 물산에 나타나 있다. 유자, 석류, 생강, 참대 화살, 감, 소반, 삼, 가는 무명, 아름다운 목재, 좋은 쌀, 합죽선, 장지 종이 따위 특산물이 사방으로 퍼져 나가며 서울에도 올라가고, 온 나라 백성들이 호남의 생산품을 잘 이용하고 있다.
　그뿐만 아니라 이 고장에는 슬기롭고 뛰어난 인재들이 많이 나서 문학의 기량이 이웃 나라에 알려지고 뒷세상에 전해질 만한 사람이

■ 조수삼(趙秀三, 1762~1849)은 중인 신분인지라 여든세 살에야 과거에 합격해 진사가 되었다. 젊어서는 삶의 진솔한 이야기나 자연을 소재로 시를 썼고, 나중에는 사회 현실을 투철하게 묘사한 시를 많이 썼다. 홍경래 난을 묘사한 장편시 '서구도올', 함경도 백성의 삶을 그린 연작시 '북행백절', 저잣거리에서 보고 들은 사람들에 대해 쓴 연작시 '기이紀異' 들이 《추재집》에 전한다.

많이 있다. 지금 이 유윤오柳允五 군도 그런 사람 가운데 하나이다.

내가 처음 호남 땅에 갔을 때 군은 나를 전주 여관으로 찾아와서 자기 시를 보여 주었다. 그때 나는 시에 깊은 맛이 있는 것을 기뻐하여 우정을 맺고 돌아왔다. 군이 또 나를 뒤따라 서울로 올라왔을 때 소매 안에 가득하게 가지고 온 것이 시였다. 나는 군이 천 리 길을 멀다 하지 않고 찾아온 뜻을 알기에 집에 간직해 두었던 두보의 시집 한 질을 선물하면서 그의 시에서 지나치게 고운 면을 없애고 두보처럼 노련해질 것을 바랐다. 그 뒤에 다시 남쪽 고을에 내려갔을 때 다시 군과 더불어 밤낮으로 놀면서 수많은 그의 시를 보았는데 지나치게 화려하던 것이 진실해지고 연약하던 것이 굳세어져, 말로 칭찬은 하지 않았으나 마음속으로 대단히 기뻐하였다.

이제 군이 내가 돌아온 지 네 해 만에 또다시 나를 찾아왔는데, 이번에는 시의 감흥이 더욱 풍부해지고 재간이 더욱 발전하였으며 말이 세련되고 격이 새로워져, 깊고 노숙한 시풍이 이미 옛 선배들의 경지에 이르렀으니 고전 작품들을 방불케 한다.

높은 고개 위 큰 소나무도 군의 시보다 힘차지 못할 것이며 하늘을 나는 수리개의 날개도 군의 시보다 굳세지 못할 것이다. 내 구구한 말솜씨로는 군의 시를 찬양할 수 없구나.

아, 군이 시를 향해 노력하는 것이 지극하도다. 내가 군에게 준 선물이 빛이 나서 또한 다행스럽다. 군의 시가 앞으로 호남의 특산물인 화살, 유자, 석류 들처럼 사방으로 퍼져 나가며 서울에도 올라가서 사람마다 기뻐하고 집집마다 다 소장하게 될 것이다. 만일 군의 시가 이런 방향에서 발전한다면 몇 년 안에 반드시 남쪽 땅에서 크게 이름을 떨칠 것이며, 군을 우리 나라 수백 년 역사에서 호남 땅의 걸출한 인재라 할 것이다.
 내 유윤오 군의 그러한 성공을 기다려 마지않으므로 군이 돌아갈 때 그 시집 첫머리에 이 글을 써 주노라.

— '유윤오의 시집에 부쳐〔允五詩序〕', 《추재집秋齋集》

내 젊은 날의 창작 버릇
—조수삼

    나는 젊었을 때 경박하고 화려한 표현을 즐겨 썼다. 그러나 십수 년 전부터 잘못을 깨닫고 검소하고 진실하게 쓰기에 힘써 점차 낡은 버릇을 씻어 지금에 와서야 겨우 고쳤다.

    그러나 마치 말을 달리며 검술을 익히던 호협한 청년이 나이 들면서 차차 평소의 행실을 고치고 독서에만 열중하여 큰 선비가 되었으나 때때로 술을 마시고 흥분할 때에는 팔뚝을 걷어 올리며 큰소리치는 것처럼, 나의 창작도 또한 그렇게 되어 종종 예전 버릇이 튀어나온다. 다만 스스로 자책하며 노력할 뿐으로 옛사람들같이 지성을 다하며 세상을 걱정하지는 못한다. 이것은 나 혼자 아는 사실로 남들은 자세히 알지 못한다.

    형암 이덕무가 내가 젊었을 때 쓴 작품을 몹시 칭찬해 주었다. 작품을 보기만 하면 곧바로 여러 번 소리를 내어 읊고, "이 시를 쓴 이는 늘그막에 반드시 크게 변할 것이다." 하며 감탄하였다. 지금 내 시는 변하였으나 형암의 무덤에는 벌써 여남은 번이나 풀이 돋아났다. 매양 한밤중에 깨어 나의 시가 좋게 변하였는지 나쁘게 변하였는지 증명할 길이 없음을 한탄한다.

  그대가 이미 평론한 바 있지만 그대가 알고 보는 것이 내가 나 자신을 스스로 아는 것과 비슷한지, 또한 형암이 나를 아는 것처럼 그대가 알고 있는지. 이제 다시 그대의 평론이 있을 줄 믿으니, 그 평론이 기다려진다.

— '박생에게 주는 글〔與朴生〕' 에서, 《추재집》

"나는 지금 사람이다"
—김려

    이옥李鈺의 문장은 섬세하며 시정이 용솟음친다. 그의 시는 경쾌하고 맑으며 격조가 있고 예리하다. 이옥은 늘 말하기를, "나는 지금 사람이다. 내 스스로 시를 쓰며 문장을 만드는데 옛날 진, 한 시대가 무슨 상관이 있으며 위, 진 시대거나 당나라의 시가 우리와 무슨 관련이 있느냐." 하였다. 이옥은 또 옛 곡조에 가사를 써 넣는 작업도 잘했으나 이것을 나는 특별하게 여기지는 않는다.

                 — '묵토향초본 뒤에 쓴다〔題墨吐香草本卷後〕'에서, 《담정유고薄庭遺藁》

■ 김려(金鑢, 1766~1822)는 정통 고문에서 벗어나 '패사 소품稗史小品' 체로 썼다. 함경도 부령과 경상도 진해에서 십여 년간 귀양살이를 했다. 귀양지에서 겪은 일들을 '사유악부思牖樂府'로 썼고, 진해 바닷가에서 쓴 물고기들의 이야기를 담은 '우해이어보牛海異魚譜'를 썼다. 장편 서사시 '방주의 노래', 부령으로 귀양 가면서 쓴 '감담일기坎窞日記'들이 《담정유고》에 갈무리되어 있다.

이옥을 비난하는 것에 대해

— 김려

　사람들은 이옥이 고문에 능하지 못하다고 한다. 이것은 이옥 자신이 인정하는 바다. 이옥은, 고전을 연구한다고 하면서 진실하지 못한 길에 빠지는 것은, 오늘 유익하게 활용할 수 있는 문장을 배우는 것만 못하다고 주장한다. 그런데 남의 말을 덮어놓고 따르는 사람들이 이옥은 고문을 모른다고만 비난하니 안타까운 일이다.

— '문무자문초 뒤에 쓴다〔題文無子文鈔卷後〕'에서,《담정유고》

문장을 보는 것은 꽃을 보는 것과 같다
―김려

  남의 문장을 평가할 때 그 시대를 논할 수도 있으며 작품의 대소 장단을 논할 수도 있다. 그러나 만일 어떤 작품을 소품이라고 하여 고문이 아니라고 한다면, 이는 귀로 음식의 맛을 보려는 것처럼 무모한 짓이다.
  문장을 보는 것은 꽃을 보는 것과 같다. 모란이나 함박꽃이 탐스럽고 아름다운 것을 보고 석죽이나 수구화 따위를 버리며, 국화나 매화의 담박함을 좋아하여 복숭아나 살구꽃의 아리따움을 싫어한다면 어찌 꽃을 감상할 줄 안다고 하겠는가?

―'도화유수관소고 뒤에 쓴다〔題桃花流水館小稿卷後〕'에서,《담정유고》

곤궁하다고 시를 잘 쓰는 것은 아니다
— 김려

    구양수는 매요신의 시를 논하면서 시는 생활 처지가 곤궁할수록 더욱 우수하다고 하였으며 황정견은 두보의 시를 논하면서 시는 늙어 갈수록 더욱 정교하게 된다고 하였다. 사람들은 모두 이 두 사람의 말이 맞다고 인정한다.
    그러나 나는 시는 곤궁하다고 하여 우수해지는 것도 아니며 늙었다고 하여 정교해지는 것도 아니라고 생각한다. 시는 바로 스스로 노력할 때에만 우수하게 된다. 나는 이미 당나라와 송, 원, 명, 청의 여러 시대와 우리 나라 시인들의 시집들을 모두 수백 권이나 읽었는데 대체로 곤궁한 처지에서 쓴 시는 더욱 비통하고 노년에 쓴 시는 더욱 거칠어서 우수하다고 할 만한 것은 거의 보지 못하였다. 이로 보건대 오직 노력하는 자만이 우수한 시를 쓸 수 있는 것으로, 결코 곤궁한 처지가 시를 잘 쓰게 할 수도 없으며 늙은 나이가 시를 잘 쓰게 할 수도 없다는 사실은 다시 논의할 여지도 없다.
    — '정농오 시집에 부쳐〔鄭農塢詩集序〕' 에서, 《담정유고》

우리 나라의 시인들
―신위

이웃 나라 시인들과 재주를 겨루며
대륙 수만 리를 남북으로 달렸다.
시가와 악부로 사람들을 가르쳤으니
익재의 큰 공적 청사에 남았어라.
虞趙諸公共漸摩　蜀吳萬里壯經過
文章爾雅陶鎔化　功到于今儘覺多

*

목은은 휘파람 불며 돌층계 위에 섰고
정지상은 대동강에 눈물을 뿌렸느니.
하나는 웅건하여 대장부 같고
하나는 아리따워 요조숙녀 같아라.

▪ 신위(申緯, 1769~1845)는 조선 후기의 문신이자, 시인, 화가로 시와 글씨, 그림에 뛰어났다. 사라져 가는 악부를 보존하려 소악부로 담았고, 관우희觀優戲를 보고 시를 쓰는 등 민중 예술을 기록으로 남겼다. 《경수당전고警修堂全藁》, 《자하시집》이 전해지고 있다.

長嘯牧翁倚風磴　綠波添淚鄭知常
雄豪艶逸難上下　偉丈夫前窈窕娘

*

진화와 이규보는 한 시대의 시인이나
한마디 시구에도 특성이 나타났네.
"비 내리는 녹음 새로 밝은 해 비쳐 들고"
"봄비는 강 위에 실실이 내리어라."
齊名陳李有誰知　片羽零金恰小詩
密葉翳花雲漏日　一江春雨碧絲絲

*

사가의 풍만한 울안을 그 뉘가 따르랴
재주는 뛰어나고 뜻은 높거니.
오리와 벌떼는 경치를 더욱 돋우고
흰 구름은 끝없이 앞마을에 일어라.
四佳繁富孰窺潘　閑鴨遊蜂寫景渾
一種淸華廊廟氣　白雲如海滿前村

*

초야에 묻힌 몸 나라 이름 빛냈으니

조정의 벼슬아치 어이 비기랴.
악부에 이름난 노래는
송강의 가사와 석주의 시여라.
白衣妙選稱從事　何異將身到鳳池
樂府至今傳絶唱　松江歌曲石洲詩
― '동인논시절구東人論詩絶句'에서, 《신자하 시집申紫霞詩集》

제 소리 없었노라
―신위

세상엔 남의 시를 훔치는 법도 있어
돈은 훔치지 않고 남의 시를 따온다네.
제아무리 겉을 꾸민들 그 속을 뉘 모르랴
시 한마디 쓰지 않고 이름만 나는구나.

나도 처음에는 당시만을 모방하여
천 편에 한마디도 제 소리가 없었노라.
하루아침 화가 나 시를 모두 불사르고
주워 모으는 버릇을 말끔히 버렸노라.
―《신자하 시집》

題王子梅盜詩圖

盜亦有道盜人詩　其視摸金不亦韻
王郞听地歌莫哀　不著一字名盆聞
我初學詩貌盛唐　千篇一律無自運
一日發憤手自焚　然後免人勤撫捃

덕 있는 자는 문장도 아름답다
— 홍석주

문장이란 것은 말을 꾸미거나 가락을 맞추는 것을 이르는 게 아니다. 덕이 있는 자는 반드시 덕이 말로 드러나는데 이치를 깊이 이해한 사람은 문장도 아름답지 않은 것이 없다.

*

소식은 일찍이 이런 말을 하였다.
"길거리의 아이들이 옛말 하는 것을 듣다가 삼국시대 이야기에 이르러 유비가 패하였다고 하면 얼굴을 찡그리며 눈물을 흘리다가도 조조가 패하였다고 하면 아주 기뻐서 떠들어댄다."

▪ 홍석주(洪奭周, 1774~1842)는 조선 후기의 문신으로, 여러 벼슬을 거쳐 좌의정까지 지냈다. 성리학에 정통한 문장가로 꼽힌다. 저서《연천집淵泉集》에는 주로 정론과 시문이 수록되었으며《학강산필》에 문학론이 많이 실려 있다.

그렇다면 이미 북송 때부터 지금의 《삼국지연의》 같은 것이 거리와 부녀자들 사이에 퍼진 것이 아니겠는가? 사람들이 좋아하고 미워하는 감정은 예나 지금이나 슬기로운 이나 우둔한 이나 한결같음을 알 수 있다.

*

사람은 혼자 자신을 알려지게 할 수 없다. 반드시 말하는 사람이 있어야 남에게 일러 주게 된다. 더구나 글로 쓰지 아니하면 멀리 후세에 전할 수 없다. 이것이 문장을 소중히 여기는 까닭이다.

*

선비들 중에는 역사가 오랜 도구, 글씨, 그림 따위를 남달리 좋아하는 이가 많다. 그것은 도구, 글씨, 그림 따위를 좋아하는 것이 아니라 오랜 전통을 사랑하는 것이다. 옛것을 귀중히 여기는 것은 거기서 옛날의 문물제도를 볼 수 있으며 옛사람들의 유풍을 짐작할 수 있기 때문이다. 그러나 이것은 바로 옛사람의 생활의 한 측면을 보여 줄 뿐이다.

만일 오랜 것을 좋아할 뿐 그 속에서 진실로 좋은 것을 알아채지 못하면, 그것은 전통을 사랑한다고 할 수 없다.

시라는 것은 운율을 맞춘 말이다. 그러므로 시는 음률에 맞추지 않을 수 없다. 그런데 지금의 음률이란 것은 옛날의 음률이 아니다.

만일 운율이 없는 글이라면 그것은 물론 시와는 다르다. 저 사륙 변려체 문장은 고문이 아니고 문장의 한 형태이다.

—《학강산필鶴岡散筆》에서

낡은 말과 새로운 말
—홍석주

 구양수가 증공曾鞏에게 이르기를, "글을 지을 때에는 말을 억지로 지어내거나 이전 사람의 것을 모방하지 말라. 이런 버릇은 왕안석王安石이 시작한 것이다." 하였다.
 증공이나 왕안석의 문장과 같은 것을 가장 경계해야 할 것이니, 새로 글을 배우는 젊은이들이 어찌 이전 사람의 모범을 따르지 않겠는가마는 모범을 따르는 것과 모방하는 것은 같지 않다. 아, 명나라 중엽 이후 오늘까지 삼백 년 동안의 문장의 병집은 지어냄과 모방이라는 두 마디로 표현할 수 있다.

*

 옛사람의 글에는 지어낸 말[造語]이 없는가? 말하자면 지어낸 말과 창발적인 말[立言]은 같지 않다. 자기 의사를 충분히 표현하면 그 표현은 자연히 이치에 맞으며, 이전 사람이 미치지 못한 바를 비로소 계발할 뿐만 아니라 후세 사람들이 받들어 모범을 삼을 것이니,

이런 것을 바로 창발적인 말이라고 한다. 그러나 만일 글귀를 이상하게 만들려고 하며 문헌에 없는 새것이라 내세워 이치에 어긋나는 표현을 억지로 한다면 이것은 바로 지어낸 말인 것이다.

*

    문장은 내용이 우수하고 표현이 세련될 뿐 아니라 왕성한 기백이 있어야 한다. 한유의 문장을 으뜸으로 치는 것은 이 때문이다.
    어떤 사람이 평론하기를 "이미 낡은 말(陳言)을 없애려고 노력한 것이 한유의 특징 아닌가? 낡은 말을 없애려는 것이 어찌 억지로 말을 지어내는 것으로 되지 않겠는가?" 한다. 그러나 나는 이렇게 주장한다. "그대는 낡은 말이라고 하면 옛사람들이 먼저 쓴 어구만을 의미하는 것이라 생각하는가? 옛사람들이 이미 쓴 어구를 한유는 본래 쓰지 않았다."
    그러면 소위 낡은 말이란 무엇을 의미하는가?
    나는 이렇게 말한다. 문장이란 제 생각을 표현하는 것뿐이다. 비록 옛사람이 쓴 말이라도 그것으로 제 생각을 표현할 수 있다면 어찌 쓰지 못하겠는가?

*

    나는 일찍부터 문장이란 재능이 있고 기백이 있고 또 힘이 있어야 한다고 말해 왔다. 재주에는 고금의 구별이 없으나 힘에는 구별이 있다. 기백은 기를 수 있으나 힘은 억지로 할 수 없다.

*

　옛사람의 문장 중에는 참으로 억지로 지어낸 듯한 말이 있다. 그러나 그것은 마음속에 있는 뜻을 표현하기 위해 이전 사람의 말을 답습하지 않았을 뿐이다. 더구나 말을 억지로 지어내려고 한 것도 아니다.
　한유는 말을 지어내려고 하였으나 한 번도 어렵게 쓰려고 애쓰지는 않았다. '백공천창百孔千瘡'이니, '단독일인單獨一人'이니, '뇌불가파牢不可破'니 하는 따위의 말들이 지금은 시골 사람들의 속담으로 되어 부녀자들도 쉽게 알아들을 수 있지만, 이런 말들도 처음에는 다 지어낸 말들이었다.

　*

　문장은 사상의 표현(達意)을 주로 삼고 사상은 이치에 맞는 것을 귀히 여긴다. 이치는 예나 지금이나 다름이 없다. 옛사람의 말을 써서 자기 사상을 전달할 수 있다면 옛사람의 말을 쓸 수도 있다. 비록 자기 사상을 표현하고자 하나 옛사람이 미처 말을 만들지 못했을 경우에는 새로운 말을 지어낼 수도 있다. 옛사람의 말을 쓰면서 다만 어구만을 고쳐 새롭게 보이려고 하는 것은 비루하기 짝이 없는 짓이다.

　*

사투리와 입말을 문장에 사용하는 것은 작가들이 크게 꺼린다. 그러나 옛날의 어조사들은 다 지금의 입말들이다. 무릇 경전, 역사, 문집 들에서 거칠어 읽을 수 없는 것은 모두 입말이 아니면 사투리들이다.

—《학강산필》에서

시의 사명

―홍석주

  시의 사명은 사람을 감동시키는 것이다. 비록 품격의 높낮이가 다르고 느낌의 바르고 그름이 있을지언정 시란 결국 사상-감정[性情]에 뿌리박고 심오한 진리[天機]에서 피어난다는 것은 예나 지금이나 마찬가지이다. 안연지顔延之, 사령운謝靈運 때에 이르러 대우법이 성행하고 심전기沈佺期, 송지문宋之問에 이르자 격률이 엄정해져서 아름다운 말로 꾸미고 평측법으로 구속할 뿐만 아니라 해박한 고사를 자랑하고 어려운 운자로 기교를 다투더니 마침내는 꾸미고 장식하는 솜씨만 늘어 가고 백성들의 목소리를 표현하는 기능은 잦아들게 되었다. 시작이 애초부터 사상-감정에 뿌리박지 않고, 피어남이 심오한 진리에서 말미암음이 아닐진대 아무리 사람을 감동케 하려 한들 어찌 비슷하게나마 할 수 있겠는가?

  내 일찍부터 강조하기를 성인이 나라를 다스리게 되면 혹시 마을 부녀자들이 흥얼거리는 노래에서 시를 구할지언정 결코 후대의 율시에서 배우려 하지 않는다고 한 것 또한 주자朱子의 가르침을 따른 것이다.

*

옛사람과 지금 사람의 거리가 멀어도 옛사람의 문장에서 이해 못할 것이 없는 것은 인간 정서에서 고금의 차이가 없기 때문이다. 말은 감정의 표현인데 시는 더욱 그러하다.

*

문장은 성현의 가르침을 밝히는 것이 기본이며, 시는 사람을 감동시키는 것이 귀하다. 공자는 시를 논하면서 첫째로 '흥興'에 대하여 말하였다. 흥이란 사람을 감동시켜 분발케 한다는 말이다. 그리고 뭇사람들의 신념을 나타냄도 모두 사람을 감동시키는 데 귀착된다.

《시경》 삼백 편은 물론이요, 초나라 사람의 '이소離騷'나 한나라의 고시나 당나라의 악부 가행歌行이 사람들로 하여금 비분강개하여 흐느끼며 눈물을 흘리게 할 수 있고 혼연히 의기양양하여 뛰놀게 할 수도 있는 것은 모두 사람에게 감동을 주기 때문이다. 비단처럼 화려하고 장식처럼 교묘할 뿐만 아니라 어려운 운자를 달아 더욱 솜씨를 부리고 새것을 내세워 더욱 눈에 띄게 한 작품이 비록 화려하기 당나라 음악 같고 기이하기 이하李賀와 같고 교묘하기 황정견 같고 박식하기 전겸익錢謙益 같더라도 나는 그것을 시라고 하지 않는다.

그러면 제齊, 양梁의 '자야가子夜歌'와 '독곡가讀曲歌', 원나라 사람들의 '비파회琵琶會' 같은 것은 진정 음란하고 화려한 노래로 모두 사람들을 급속히 그릇된 데로 이끄는데, 이런 따위를 어찌 《시경》 삼백 편과 견줄 수 있겠는가?

어찌 이뿐이랴. 오늘 마을에서 부르는 백성들의 구전 가요도 능히 사람의 감흥을 일으킬 수 있는 것은 다 시이기 때문이다.

그리하여 느낌이 있다는 점에서는 같지만 거기서 느끼는 바가 바르고 어지러움은 같지 않다. 만일 시가 바르지 못하면 사람을 더 깊이 미혹케 하며 사람의 심정을 더 혹독하게 해친다. 옛사람들이 음란한 소리를 배척한 것은 이 때문이다. 또한 옛사람들이 시를 논할 때 반드시 생각을 바르게 하는 것에 주목한 것도 이 때문이었다.

*

주석이 복잡하면 고전의 본뜻이 흐려지고, 평론이 지나치면 문장이 쇠하고, 의논이 많으면 성취하기 어려운 것은 당연한 이치이다. 문장을 논하되 가르침을 밝히는 것을 기본으로 하며 시를 논하되 사람을 감동시키는 것을 기본으로 하면 능히 한마디로 그칠 것이다. 이른바 체재니 격조니 운율이니 하는 것들은 모두 가지에 지나지 않는다. 더구나 어음이 맞는가 안 맞는가, 대구가 되었는가 어떤가, 고사와 운자의 이용이 솜씨 있게 되었는가 그렇지 못한가 따위는 말할 나위도 없다.

*

시라는 것은 사상-감정(性情)에 바탕을 두고 심오한 진리(天機)에서 출발하니 내용은 진실하고 시어는 유창하고 기백은 자유롭다. 그리하여 사람들을 감동시킴으로써 선을 권하고 악을 징계하여 사람들을 교양하며 생활 풍습을 개선하게 한다.

예부터 지금에 이르기까지 모든 시가들이 비록 격조의 높낮이가 다르고 취지의 아름다움을 달리하고 있으나 모두 진실하고 유창하고 자유로워 사람들을 감동시키는 것에는 차이가 없다.

문장이 화려할수록 사상-감정[性靈]이 은폐되고 꾸밈이 공교로울수록 천진한 맛이 없어진다. 이런 폐단은 대체로 사령운 때부터 시작되었다는 사실을 지적하지 않을 수 없다.

*

시는 사상적 내용[義]을 주로 한다. 만일 그 내용이 지극히 정당하여 다른 말로 바꿀 수 없다면 운자를 달지 않아도 무방하다. 운으로 쓸 만한 글자가 없으면 다른 운을 달 것이며 만일 다른 운이 없다면 차라리 운을 달지 말아야 한다. 운율을 시인에게 복종시키는 것은 옛사람의 시요, 시인을 운율에 복종시키는 것은 지금 사람의 시이다.

—《학강산필》에서

도적도 본시 착한 백성이다
―홍석주

착한 일을 하면서 행복을 느끼는 것은 옳은 일을 이루면서 기운을 기르는 것과 같다. 이 기운은 옳은 일을 하는 데서 생기는 것이지 억지로 얻어지는 것은 아니다. 다만 한 가지 좋은 일을 하고서 문득 기운이 온 세상에 차기를 바란다면 이는 기운을 억지로 취하는 것이다.

*

나라의 전란은 도적으로 말미암아 일어나는 것이 적지 않으며 도적의 봉기는 민생의 곤란 때문에 일어나는 것이 적지 않다. 민생의 곤란은 또한 위정자들의 사치로 말미암은 것이 적지 않다. 두보의 시에, "오직 검소하게 다스려야 하느니, 도적도 본시 착한 백성이니라.〔不過行儉德 盜賊本王臣〕" 하는 말이 있다. 아름답다, 이 말이여. 이를 어찌 한갓 시구로만 보겠는가?

―《학강산필》에서

문장의 묘리
— 김정희

많은 것을 듣지도 보지도 못하고 다만 속되고 좁은 식견으로 천하의 문장을 보려고 하는 사람들이 어찌 문장을 정당히 파악하겠는가? 문장의 묘리는 남의 것을 비슷하게 따라가는 데 있는 것이 아니라 걷잡을 수 없이 솟아오르는 감정을 황홀하게 느끼고 저도 모르는 사이에 잡아내서 이루 형용할 수 없는 다종다양한 표현을 하는 데 있다.

— '인재설人才說'에서,《완당집阮堂集》

■ 김정희(金正喜, 1786~1856)는 조선 후기의 문신으로, 시와 글씨와 그림에 능해 예술가로 이름을 떨쳤다. 북학파의 맥을 이으며 고증학 특히 금석학에 조예가 깊었다. '추사체'라는 글씨를 완성했으며 한문만이 아니라 우리 글로도 편지를 많이 남겼다.《완당척독阮堂尺牘》,《완당선생전집》들이 전한다

자기를 속이지 말라

―김정희

지나친 찬사와 사실에 어긋나게 기리는 것은 뜻있는 사람들이 부끄러이 여기는 일이다. 이는 뜻있는 사람들만이 부끄럽게 여길 뿐만 아니라 문장에서도 몹시 꺼린다.

지금 문장에 뜻을 두는 사람들이 첫째로 주의할 것은 자기를 속이지 않는 것이다. 자기를 속이지 않는 것에서 출발하면 마음이 이치에 통하고 온갖 관찰력이 환하게 밝아질 것이다. 이렇게 된다면 어찌 문장에 능하지 못하겠는가?

이것은 물론 다른 사람에게서 구할 것이 아니라 자신에게서 찾아야 한다.

― '이최상에게 주다〔與李汝人最相〕'에서, 《완당집》

시대의 노래
―김정희

당나라 시와 송나라 시가
다 각각 훌륭하여
자기 시대를 노래하였도다.
시들의 격조가 서로 다른 건
또한 어찌할 수 없는 일
시대가 변한 때문이로다.
어찌 지난 시대의 격조를
억지로 본받아
남의 정신으로 뜻없이
자기 목소리를 울리랴.

송나라 시인들은
당나라 뒤에 났으니
자기 시대의 노래를 개척하기
진실로 쉬운 일이 아니었도다.
능히 이 일을 해낸 시인
한 시대에도 몇 사람뿐
나머지 사람들은 저마다
한결같이 흠집이 많도다.

시의 깊은 곳에는
진리가 숨어 있고
사회의 질서를 지켜야 하는
강한 주장도 변함이 없도다.

원나라와 명나라 시인들은
옛 테두리에 얽매여
자기 시대의 격조를 만들지 못했으니
그들의 기량은 몹시 뒤떨어졌도다.

시인의 시야는 한이 있고
시의 극치는 비교하기 어려운 것
어이하여 오늘의 어리석은 사람들
당나라 송나라를 갈라놓고
그 어느 하나를 모방만 하려는가.
입에 침이 마르도록
당나라 시를 치켜세워도
무엇이 다르랴
양이 범의 가죽을 쓰려는 것과.

남의 흉내를 내어 큰소리치지만
시 정신은 이미 죽어
냄새가 풍기는구나.
억지로 옛 시의 기상을 갖추고

무리하게 위신도 세워 보지만
가련하다 그것은 썩어 가는 물건
가장 신성하게 받들어야 할
시대의 노래는 되지 못하리.

만일 그대, 소식과 황정견의
뒤꼬리를 따르며 배운다면
어리석은 종처럼
종일토록 매나 맞으리.
명나라 왕세정과 이반룡 떠받들어도
남의 비웃음을 면치 못하리.
하물며 재간이 서툴러
허수아비 같은 걸 만들어 놓고
신선이라고 우길 수야 없지 않은가.

이백과 두보가
오늘 태어났어도
그들 또한 예전 수법
그대로는 시를 쓰지 않으리.
내 말하노니 그대 옳게 배우려거든
당나라 송나라 시인들의
시대 정신을 배우게.
　　　　―《완당집》

辨詩[1]

唐宋皆偉人　各成一代詩
變出不得已　運會實迫之
格調苟沿襲　焉用雷同詞
宋人生唐後　開闢眞難爲
一代只數人　餘子姑多疵
敦厚旨則同　忠孝無改移
元明不能變　非僅氣力衰
能事有止境　極詣難角奇
奈何愚賤子　唐宋分藩籬
哆口崇唐音　羊質冒虎皮
習爲廓落語　死氣蒸伏屍
撐架陳氣像　桎梏立威儀
可憐餕敗物　欲代郊廟犠
使爲蘇黃僕　終日當鞭笞
七字推王李　不免貽笑蚩
況設土木形　浪擬神仙姿
李杜若生晚　亦自易規矩
寄言善學者　唐宋皆吾師

---

1) 이 시의 원래 제목은 '사열士說이 시를 이십 년 동안 지었는데 요즈음 갑자기 원나라 시인들의 시를 배우려 하였다. 그것은 원나라 시인들이 당나라의 시를 많이 배웠기 때문이다. 이에 내가 시에 대한 변론 한 편을 지어서 시 짓는 원리를 밝히려 한다.〔士說爲詩二十年 忽欲學元人詩 蓋其意元人 多學唐故也 余遂書辨詩一篇 以明詩道之作〕'이다.

문장에서 꺼릴 일
―김정희

　모름지기 소식과 황정견의 시집을 읽고 다시 읽되 여러 번 곱씹어 읽어야 한다. 예부터 경험이 우리에게 알려 주는 대로 문장에서 가장 꺼릴 것은 생각이 거칠어 정밀치 못한 표현을 하는 것이며, 또 빨리만 하려고 하여 덤비는 것이며, 또한 맨손으로 날아가는 용을 잡으려고 허풍을 떠는 것이다. 사자가 한번 어흥 소리를 지르면 코끼리를 잡을 때도 온갖 힘을 다 들이고 토끼를 잡을 때도 온갖 힘을 다 들인다.

— '아이들의 시집 뒤에 쓴다〔題兒輩詩卷後〕'에서, 《완당집》

애꾸눈이의 평가
―김정희

  문장을 어찌 함부로 어지럽게 비평하여 애꾸눈이의 판단을 경구로 지목하여 절창이라고 하겠는가? 김위[1] 같은 이는 제멋대로 거리낌 없이 판단하여 남의 웃음을 사고 있다. 이런 태도는 묵암도 받아들이지 않으며 나도 원하지 않는다.
  내 일찍이 고시 열아홉 편을 읽었는데, 뒷사람들이 꼽을 만한 경구 한 마디나 절창 한 편도 찾지 못하였다.
  사람들에게 두 가지 탈이 있다. 하나는 나귀를 타고 나귀를 찾는 것이며, 다른 하나는 나귀를 탄 뒤에는 내리려고 하지 않는 것이다. 이미 나귀를 탄 줄 알면서도 내리려고 하지 않는 것은 가장 고치기 어려운 병이다.

― '묵암의 시집에 쓴다〔題默庵稿〕'에서,《완당집》

---

[1] 김위金喟는 명나라 말기 사람. 자는 성탄聖嘆.《수호지》와《서상기》에 대해 쓴 비평글이 세상에 널리 퍼졌다고 한다.

권돈인의 시
— 김정희

　사상-감정〔性靈〕과 격조가 갖추어져야 작품은 우수해진다. 그런데 《주역》에는 "진퇴에 있어서나 득실에 있어서나 바른길을 잃지 말아야 한다." 하였다. 대개 바른길을 잃지 않는다는 것을 시를 짓는 도리에서 말한다면, 시는 반드시 격조로써 사상-감정을 바로잡아야 하며 그렇게 해서 어지럽고 괴상한 티를 버려야 하는 것이다. 그런 뒤에야 작품이 우수하게 될 뿐만 아니라 바른길에서 벗어나지 않게 될 것이니, 하물며 진퇴 득실에서는 다시 논의할 여지도 없지 않겠는가?

　아, 지금 내가 《동남 이시》를 사상-감정과 격조가 갖추어졌다고 평가하는 것은 바로 이 때문이다.

— '이재의 동남 이시 뒤에 쓴다〔題彝齋東南二詩後〕'에서, 《완당집》

---

1) 권돈인(權敦仁, 1783~1859)은 조선 후기의 문신. 글과 그림에 뛰어났다.

문학과 생활
―김정희

　문체의 종류가 열세 가지인데 글을 완성하기 위해서는 여덟 가지 조건이 필요하다. 곧 정신, 이치, 기백, 맛, 격조, 음률, 소리, 빛이다. 그 여덟 가지 중에 정신, 이치, 기백, 맛은 글의 내용을 이루고 격조, 음률, 소리, 빛은 글의 형식을 이루고 있다. 그런데 형식을 돌보지 않으면 내용이 어디에 담기겠는가? 문학을 공부하는 사람이 처음 부딪히는 것은 형식이며 그 다음은 내용에 부딪히고 마지막에는 내용을 통하여 형식을 자유자재로 결정하게 된다. 이제 형식을 돌보지 않으면 내용에 파고들 수가 없으며 더구나 내용을 통하여 형식을 자유자재로 규정하는 경지에는 이를 수 없는 것이다.
　세상에는 흔히 글 쓰는 것을 작은 일로 여기고 소홀히 하는 사람이 있다. 그런 사람은 문학을 한갓 유희로 생각하고 있기 때문이다. 글을 통하지 않고서는 올바른 길을 밝힐 수가 없으므로 문학과 생활은 밀접히 연관되어 있어 조금도 떠날 수 없다.

옛글의 문체란 신기하건, 바르건, 짙건, 연하건, 상세하건, 간략하건 경우에 알맞게만 쓸 것이요, 일정한 규칙은 없다. 요컨대 글을 쓰는 목적이 네 가지 있으니 진리를 밝히는 것, 세상을 건지는 것, 숨은 것을 발견하는 것, 풍속을 바로잡는 것이다. 이 네 가지 목적이 명확하게 들어 있고 그다음에 여러 가지 수법과 규칙으로 다듬으면 이러한 글이야말로 세상을 다스리는 데 도움이 되며 후세에 길이 전할 것이다.

*

시의 세계란 넓고 커서 그 속에는 없는 것이 없다. 웅장하고 씩씩한 감정, 섬세하거나 농후한 감정, 고상한 감정, 신기한 감정 들이 각각 사상-감정〔性靈〕에 따라서 나온다. 그러므로 자기가 알고 있는 것에만 사로잡혀 편벽된 주장을 하는 것은 옳지 않다. 시를 평론하는 사람이 그 시인의 세계〔性情〕를 이해하지 못하고 자기의 주견으로만 판단하여 웅장한 것을 내세우면서 섬세한 것을 배격한다든지 하면 마음속에 천태만상이 깃든 것을 어떻게 드러낼 수 있으랴.

*

운율을 위주로 하고 사상-감정〔意〕이 거기에 따르게 하면 말하고자 하는 것이 있어도 충분히 표현할 수 없다. 근대에 와서 운을 가지고 기교를 보이려고 하는 화운和韻이란 것이 있다. 실상인즉 남의 운율을 따라가는 것이다. 화운에서는 마땅히 작품 전체의 혈맥이 끊어지고 구절과 사상-감정이 긴밀히 연결되지 않는다. 뜻있는 작가들은 속된 형식에 매이지 말아야 할 것이다.

— '생각나는 대로 기록하다〔雜識〕'에서, 《완당집》

시 '관악산'을 읽고서
— 김정희

'관악산' 시의 네 번째 구에서, "한결같이 푸르기 그 몇 천 년이더냐.〔一碧幾千年〕" 하고 쓴 것은 매우 웅장하고 기발하지만 사람들이 쉽게 이해할 수 있고 또 혹 이렇게 지을 수도 있다.

"바위와 소나무가 서로 얽혀 잇닿았다.〔巖松相鉤連〕"고 한 두 번째 구는 얼핏 보면 평범한 필치인 듯하다. 그러나 전에 한번 심상히 이 산을 구경한 사람으로 가슴속에 책 오천 권을 소화하였거나 붓끝에 신통력을 가지지 않고서는 이런 표현은 할 수 없을 것이다.

자연스럽게 여러 현상이 한데 모여 훌륭한 조화를 이룬 표현임을 작자 자신도 실감하지 못하였을지 모르겠거든 하물며 평범한 식견을 가진 범속한 작가야 어찌 표현할 수 있으며 이해할 수 있으랴? 작가의 오묘한 안목이란 바로 이러한 경지에 있다. 따라서 이것이 옛 작가의 솜씨가 지금 사람의 솜씨와 다른 점이다.

— '단전의 관악산 시에 쓴다〔題丹鄭冠嶽山詩〕'에서, 《완당집》

글이 정에서 나는지 정이 글에서 나는지
―이상적

옛사람이 시 한 구절을 읊조리고 "글이 정情에서 나는지 정이 글에서 나는지 모르겠다."고 하였다.

대개 감정에는 얕고 깊음이 있고 글에는 잘 되고 못 됨이 있는 터라, 글을 잘하고 감정도 풍부하여 정과 글이 서로 호응하기는 그렇게 쉬운 일이 아니다.

그대는 감정이 글보다 앞설 뿐만 아니라 글도 감정에 못지않다.

아, 그대의 글에는 미칠 수 있으나 감정에는 도저히 따를 수 없다.

― '홍희의 무덤에서〔書紅姬墓守護約後〕' 에서, 《은송당집恩誦堂集》

■ 이상적(李尙迪, 1804~1865)은 역관으로 중인 신분이었으나, 지중추부사와 온양군수 같은 벼슬을 했다. 열두 번이나 중국을 오가며 저명한 중국 문인들과 사귀었다. 신위, 김정희, 정유산丁酉山 들에게서 배우고 영향을 받았으며, 시를 비롯 서화와 금석에 조예가 깊었다. 문집《은송당집》에 수백 편의 시와 산문이 들어 있다.

시
—이상적

꽃에서는 모란꽃이 가장 귀엽고
새에서는 공작이 가장 화려하구나.
자연은 왜 이리 치우치게 주었나
꾀꼬리에겐 맑은 소리를
난초에게는 향긋한 냄새를.

연릉[1]은 음악을 듣고 풍속을 판단했네.
한 고장의 민요는 백성의 목소리라
형상은 모름지기 진선미를 요하느니
전통을 또한 어찌 소홀히 하랴.

남의 글을 주워다가 함께 보는 짓
돌이켜 생각하면 내가 심했네.
여산의 풍경은 그대로가 아니니
남의 차림을 모방한들 무엇 하랴.

---

1) 연릉延陵은 중국 춘추시대의 계찰季札이라는 사람이다.

시는 바로 그림이요, 그림은 시이러니
오묘한 건 깨닫고 다시 확인함이라.
준마를 낡은 끈으로 얽매지 말라
창공을 달리는 발굽 소리는 우리 이상이네.

거문고는 바다 밖으로 마음을 끄는데
아양 같은 옛 곡조를 어찌 그냥 버려두랴.
분분한 다툼 소리 귓등으로 들려도
초동의 피리 소리 오히려 흐뭇하여라.
　　　　　　　　―《은송당집》

論詩絶句

花數牧丹惟富貴　鳥稱孔翠最文章
天生花鳥多偏賦　鸎有淸音蘭有香
延陵觀樂辨貞淫　一國風存一國音
取法只須歸畵美　服周行夏聖人心
拾人牙慧與人看　一步回頭我甚干
自有廬山眞面目　不須楚相假衣冠
詩參於畵畵參詩　妙處往來悟後知
莫把驪黃拘古法　天閑萬馬是臣師
琴心移我海山遙　未許莪洋竟寂寥
耳食紛紛爭度曲　却將村笛認簫韶

광대가
— 신재효

거려천지[1] 우리 행락
광대 행세 좋을시고
그러하나 광대 행세
어렵고 또 어렵다
광대라 하는 것이
제일은 인물치레요
둘째는 사설치레[2]
그다음 득음이요
그다음 너름새[3]라

너름새라 하는 것이
구성지고 맵시 있고
경각에 천태만상

■ 신재효(申在孝, 1812~1884)는 조선 말의 음악인. 판소리의 이론을 수립하는 한편 판소리 광대를 모아 판소리를 가르치는 등 판소리가 상하를 아울러 우리 겨레의 예술로 자리 잡게 하였다. '춘향가', '심청가', '박타령', '토별가', '적벽가', '변강쇠'의 판소리 여섯 마당을 골라서 그 사설을 개작하고 정리했으며, 판소리 단가 수십 수를 지었다.

위선위귀[4] 천변만화
좌중의 풍류호걸
구경하는 노소남녀
울게 하고 웃게 하는
이 귀성 이 맵시가
어찌 아니 어려우며

득음이라 하는 것은
오음[5]을 분별하고
육률[6]을 변화하야
오장에서 나는 소리
농락하여 자아낼 제
그도 또한 어렵구나

사설이라 하는 것은
정금미옥[7] 좋은 말로
분명하고 완연하게

---

1) 여관이란 뜻. 사람의 일생을 나그네로 보고 쓰는 말.
2) 창을 하는 중간 중간에 이야기를 늘어놓는 것. 아니리.
3) 소리를 하며 몸짓, 손짓 따위를 섞는 것. 발림.
4) 신선도 되고 귀신도 된다는 뜻.
5) 동양 음악의 기본 음 다섯 가지 소리. 궁宮, 상商, 각角, 치徵, 우羽.
6) 동양 음악에서, 12율律 중 양성陽聲인 여섯 가지 율. 곧 황종黃鐘, 태주太簇, 고선姑洗, 유빈蕤賓, 이칙夷則, 무역無射.
7) 치밀하게 제련한 금과 아름다운 옥.

색색이 금상첨화
칠보단장 미부인이
병풍 뒤에 나서는 듯
보름날 밝은 달이
구름 밖에 나오는 듯
새눈 뜨고 웃게 하기
대단히 어렵구나
인물은 천생이라
변통할 수 없거니와
깊디깊은 이 속판이
소리하는 법례로다

영산 초장[8] 다스림이
은은한 청계수가
얼음 밑에 흐르는 듯
끄을러 내는 목이
순풍에 배 노는 듯
차차로 돌리는 목
봉회로전[9] 기이하다
돋우어 울리는 목

---

8) 아악의 곡조인 '영산회상'의 첫째 악장.
9) 봉우리가 굽이굽이 돌고 산길이 고불고불 이어 가는 것.
10) 만길이나 높은 봉우리.

만장봉[10]이 솟구는 듯
툭툭 굴러 내리는 목
폭포수가 솟치는 듯
장단고저 변화무궁
이리 농락 저리 농락
아니리 짜는 말이
아리따운 제비 말과
공교로운 앵무 소리
중머리[11] 중허리며
허성이며 진양조[12]를
달아두고 놓아두고
걸리다가 들치다가
청청하게 도는 목은
단산[13]의 봉의 울음
청원[14]하게 뜨는 목이
청전[15]의 학의 울음
애원성[16] 흐르는 목

---

11) 판소리에서 약간 빠르게 부르는 곡조.
12) 아주 느리게 부르는 곡조.
13) 중국의 산 이름. 붉고 큰 굴이 있는데 옛날 이 산에서 봉황이 났다 한다.
14) 맑고 원망하는 듯한.
15) 중국 지방 이름인데 옛날 여기서 학이 많이 났다고 한다.
16) 슬프고 원망스러운 소리.
17) 순임금의 아내인 아황娥皇과 여영女英으로 순임금이 죽자 상수에 빠져 죽었는데, 그들의 넋이 비파를 슬프게 탔다는 전설이 있다.

신재효 | 385

황영[17]의 비파 소리
무수히 농락 변화
불시에 튀는 목이
벽력이 부딪는 듯
화가 난 호령 소리
태산이 흔드는 듯

어느덧 변화하여
낙목한천 찬바람이
소슬케 부는 소리
왕소군의 출새곡과[18]
척부인의 황곡가라[19]
좌중이 낯빛 변하고
구경꾼 눈물 떨구니
이러한 광대 노릇
그 아니 어려우냐

---

18) 중국 한나라 궁녀 왕소군王昭君이 북쪽 오랑캐에게 시집가게 되어 국경을 넘으면서 슬프게 불렀다는 노래.
19) 척부인戚夫人은 중국 한나라 태조의 사랑을 받던 여자로 태조가 죽은 뒤 황후에게서 갖은 악행과 학대를 받았다. 황곡가黃鵠歌는 척부인이 자기 처지를 기러기에 비겨 부른 노래이다.

부록

고전 작가들의 미학 사상에 대하여 — 신구현

원문

찾아보기

고전 작가들의 미학 사상에 대하여

신구현

1

 우리 나라 문학 전통은 유구하고 고상하다. 그 전통 가운데 가장 고상한 것의 하나는 선진적이며 전투적인 문학 정신이다.
 9세기에 혜성처럼 나타나서 나라 안팎에 명성을 떨쳤으며 우리 나라 문학의 고상한 전통을 개척한 최치원을 비롯하여, 그 전통을 이어받아 발전시킨 12~13세기의 이인로, 이규보, 최자, 이제현, 이곡과 15~16세기의 서거정, 김시습, 성현, 정철, 임제, 어숙권, 17~19세기의 허균, 윤선도, 박인로, 김만중, 김창협, 실학파의 거장들인 이익, 홍대용, 홍양호, 박지원, 정약용과 조수삼, 김려, 홍석주, 김정희, 이상적 등은 모두 독창적인 자기 세계를 개척한 고전 작가들이지만 한결같이 그 문학 정신은 선진적이고 전투적이며 시대의 요구와 인민의 지향을 절실하게 반영하고 있다.
 그들의 문학 정신은 그들의 선진적인 세계관과 사회 정치적 견해와 관련되

■ 신구현은 1912년 충북 진천에서 태어났다. 1956년에 작가 동맹 중앙위원회 고전 문학 분과 위원장을 거쳐 1965년 김일성 종합 대학 언어문학 연구부 교수를 지냈다. '고전 문학의 진지한 계승 발전의 길에서'(1958), '우리의 고귀한 민족 고전을 구원하자'(1960), '임제의 문학 창작과 형상적 특징'(1964), '작품의 언어와 형상―고전 작품을 중심으로'(1964) 같은 논문을 썼다.

어 있다. 그들은 대체로 물질과 정신의 호상 관계에 있어서 항상 운동하고 있는 물질을 일차적인 것으로 보는 기원론자들이었다. '조물주에게 묻노라〔問造物〕'에서 볼 수 있는 것처럼 이규보는 이미 13세기에 우주 삼라 만물의 생성 발전을 운동하는 물질인 '기氣'로 설명하여 기일원론氣一元論적인 근대 유물론 철학의 전통을 열어 놓았다. 이 전통을 이어받아 발전시킨 것이 위대한 시인이며 소설가인 동봉 김시습이다. 그의 노작 '귀신론鬼神論', '천지편天地篇'은 이를 실증하여 준다. 김시습의 철학 사상은 화담 서경덕에게 계승되어 체계화되고 심화되었으며, 실학의 거장이자 우리 나라 근대 자연 과학과 문학의 정초자들인 이익, 홍대용, 박지원, 정약용 등에 이르러 한층 심화되어 실천과 결부되기 시작하였다.

고전 작가들의 유물론적 세계관은 직접 간접으로 봉건에 반대하는 백성들의 계급 투쟁과 관련되고 있으며, 지배적인 봉건 사상이었던 불교, 유교의 특단과 전횡을 반대하는 투쟁의 산물로 선진성과 전투성을 고유한 속성으로 하고 있다. 선진적이며 전투적인 세계관은 고전 작가들이 선진적인 사회 정치적 견해의 소유자가 되게 하였으며 선진적이며 전투적인 문학 정신이 항상 시대의 요구와 인민의 지향을 심각하게 반영할 수 있게 하였다.

충담사忠談師의 향가 '안민가安民歌'에서 볼 수 있는 인민 위주의 민주주의 사상은 최치원에게서 피어나기 시작하였다. 유명한 시 '강남녀江南女'가 보여주듯이 최치원은 빈부의 대립 속에서 현실을 비판적으로 묘사하고 있으며, '옛 뜻〔古意〕'과 '향악잡영鄕樂雜詠' 등 일련의 시 작품과 '쌍녀분雙女墳'과 같은 산문에 반영되어 있는 것처럼 봉건 통치자들을 사람의 탈을 쓴 여우와 삵의 집단으로 낙인하고, 인민의 자유와 행복을 염원하는 민주주의 사상을 고취하고 있다.

선진적인 사회 정치적 견해는 이인로를 비롯한 '해좌칠현' 시인들과 그 영향 아래 성장하였고 그를 지양한 이규보에 이르러 심화되었다. 이인로의 유명한 시 '살기 어려워라〔續行路難〕'라든가 '산매山梅'에 여실히 반영되어 있는 강한 반봉건 사상은 봄과 같이 따사롭고 광명한 사회가 오기를 갈망하였다.

이규보는 자기의 사회 정치적 이상을 농민들의 생활과 직접 결부시켰다. '농사군의 노래〔代農夫吟〕', '햇곡식의 노래〔新穀行〕', '농사군에게 청주와 이밥을 못 먹게 한단 말을 듣고〔聞國令禁農餉淸酒白飯〕', '군수 몇 놈이 뇌물을 받아 죄를 입었다는 말을 듣고〔聞郡守數人以贓被罪〕'와 같은 시 작품들과 '지지헌기〔止止軒記〕'와 같은 산문에서 볼 수 있는 것처럼 이규보는 현실에 발을 붙이고 심각한 계급적 대립과 모순을 적발, 폭로하였으며 농민을 나라의 주인이며 물질적 부의 창조자로 보고 이들을 가혹하게 억압하고 착취하는 봉건 통치자들을 규탄하고 있다.

> 강물을 마시는 검은 쥐도
> 제 배가 부르면 그만두는데
> 대체 네 놈들은 몇 개나 입을 가져
> 만백성의 살을 모조리 다 먹느냐.
> 君看飮河鼴　不過滿其腹
> 問汝將幾口　貪喫蒼生肉

시인의 외침 속에는 강물을 마시는 검은 쥐보다 더 매몰스럽고 몰강스러운 봉건 통치자들을 처단하고 나라의 주인이며 물질적 부의 창조자인 만백성의 행복을 염원하는 반봉건적 민주주의 사상이 관통하고 있다.

이제현, 이곡의 사회 정치적 견해는 이규보의 계승이며 심화이다. 이제현의 산문 '백주에게 주는 글'과 '동지', '김해 부사로 부임하는 정국경을 보내며〔送金海府使鄭尙書國徑得時字〕'와 같은 일련의 시 작품, 이곡의 '수재와 한재를 논하다〔原水旱〕', '말을 빌린 이야기〔借馬說〕'와 같은 일련의 정론들과 '상률가橡栗歌'와 같은 시 작품이 이를 실증하여 준다. 특히 이곡의 '말을 빌린 이야기'에 반영된 사회 정치적 견해는 심각하다. 그는 말하기를 "임금은 백성의 힘을 빌려 존귀하고 부하며", 때문에 백성의 힘이 없이는 비록 "한 나라의 임금이라 할지라도 하찮은 사나이"에 지나지 않는다고 하였다. 이는 이규보 사상의 계승이고, 다음 시기에 김시습의 '생재설生財說', '인군의人君義'와 같은 정론들과 소설 '남염부주지南炎浮洲志'에서 전개한 근대적인 사회 정치적 견해, 이익, 박지원, 정약용 등 실학파들에게서 활짝 피어난 선진적이고 전투적인 근대 사상의 단초로 되고 있다.

정약용의 노작 '원목原牧'의 "백성이 통치자를 위하여 존재하는 것이 아닌가? 아니다, 아니다. 통치자가 백성을 위하여 존재하는 것이다." 하는 명제라든가, '전론田論'의 "제 손으로 밭갈이하는 자만이 땅을 얻고 제 손으로 밭갈이하지 않는 자는 땅을 얻지 못한다."라든가, 박지원의 소설 '허생전許生傳'만 가지고도 뿌리가 깊은 우리 나라 고전 작가들의 사회 정치적 견해의 선진성과 전투성의 면모를 알 수 있다.

우리 나라 고전 작가들의 문학 정신은 위에서 고찰한 것과 같이 그들의 세계관과 사회 정치적 견해의 선진성으로 하여 한결같이 선진적이며 전투적이었다.

2

이 책에는 이인로, 이규보를 비롯한 33명의 고전 작가들의 문학 견해들을 소개하고 있다. 그들은 자기의 세계관과 사회 정치적 견해에 기초하여 문학 예술에 대한 자기 견해를 주장하고 있다. 그들은 우리 나라 고전 문학의 고상하고 풍부한 창작 경험들을 일반화하고 있으며 사실주의적인 문예 이론을 풍부히 하고 있다. 그들의 견해와 주장에서 한결같이 선진적인 것은 형식주의, 모방주의 등 반동적인 문예 사상에 반대하고 문학의 인식 교양적 기능을 강조하고 있는 점이며, 내용과 형식의 호상 관계에서 내용의 우위성과 세계관의 결정적 역할을 강조하고 있는 점이다.

고전 작가들은 문학은 마땅히 정치에 복무하여야 하며 투쟁과 사회 발전을 돕는 수단의 하나라는 것을 한결같이 강조하고 있다. '향악잡영'에서 최치원은 당시 백성들 사이에서 성행하던 민간극을 관조적으로 대하는 것이 아니라

미자권징美刺勸懲의 기백을 선진적인 정치적 이상에 비추어 높이 찬양하고 있다. '강남녀', '옛 뜻', '붓 가는 대로', '촉규화'와 같은 시에서도 최치원은 문학을 자기의 사회 정치적 이상을 주장하고 선전하고 실현하는 수단으로 인정하고 있다.

이인로도《파한집》에서 문학의 인식 교양적 기능을 강조하고 있다.

이규보는 '시에 대하여〔論詩〕'에서 형식주의, 모방주의, 기교주의를 배격하면서, "요즘 시 짓는 사람들은 시로 사람을 깨우칠 줄 모르도다.〔邇來作者輩不思風雅義〕"하고 문학의 거대한 교양적 기능을 강조하고 있으며 "혼자 부르는 노래는 외로워 사람들은 아직 비웃기만 하리.〔孤唱人必戲〕"하고 노래하여 문학은 마땅히 시대에 복무해야 한다고 주장하였다.

바로 이러한 선진적 입장에서 이규보는 백성들을 애국주의 사상과 민족적 자주 정신으로 교양하기 위하여 서사시 '동명왕편東明王篇'을 썼고 백성들에게 승리에 대한 신심과 외적에 대한 불타는 적개심을 고취하기 위하여 '시월의 번개〔十月電〕'와 같은 시편을 썼다.

문학의 인식 교양적 기능에 관한 최자의 주장은 특별한 의의를 갖는다. 최자는《보한집》에서 최치원으로 시작하여 이규보에 이르기까지 문학 창작의 고귀한 경험을 총화하여 우리 나라 사실주의 문학 이론의 기초를 개척하였으며 특히 문학의 거대한 인식 교양적 기능을 강조하였다. 그는 최치원, 박인량, 정지상 등 고전 작가들의 작품이 주는 감동에 대하여 높이 평가하고 있으며 특히 이규보 작품이 가진 거대한 교양적 의의에 대하여 다음과 같이 강조하였다.

"문순공 이규보는 정직하고 공명정대한 인물이다. 그가 좋은 것을 칭찬하고 나쁜 것을 질책하는 것은 그의 천성에서 나온 것이었다."

문학의 교양적 의의와 관련하여 이인로의《파한집》, 이규보의《백운소설》, 최자의《보한집》, 이제현의《역옹패설》등 패설 작품에 대하여 말하지 않을 수 없다.《역옹패설》후편 서문에 밝혀져 있는 바와 같이 패설이란 "본래 심심풀이로 붓 가는 대로 쓴" 잡문 형식이나, 복잡하고 풍부한 사회 생활을 내용으로 하고 있으며 교양적 목적 실현을 사명으로 하고 있다. 패설은 다른 산문이 따를 수 없는 우월성을 가지고 있는데 그것은 복잡하고 풍부한 사회 생활에 대한 예리한 관찰이며 '미자권징'의 심각한 비판이다. 패설은 거의 논쟁의 문자이며 책 자체가 본질적으로 논평집인 것이다. 이러한 우월성은 15~16세기에 아주 잘 갖춰진 형태로 자기 발전을 이룬 패설은 성현의 《용재총화》, 서거정의 《동인시화》, 유몽인의 《어우야담》, 어숙권의 《패관잡기》 등에서 심오하게 피어났다.

문학의 교양적 의의와 관련하여 김시습을 강조하지 않을 수 없다. 문학의 교양적 의의에 대한 김시습의 주장은 그의 근대적인 문학 정신을 떠나서 생각할 수 없다.

> 얼른 보면 뜬소리나 다시 보면 진담이라
> 다채로운 경개들이 경개마다 새롭구나.
> ……
> 세상을 교훈하니 잡된들 그 어떠랴
> 사람들 감동하니 뜬소리도 재미있네.
> 初若無憑後有味　佳境恰似甘蔗茹
> 語關世敎怪不妨　事涉感人誕可喜

《전등신화》를 읽고 쓴 시의 한 구절인데 '뜬소리' 곧 허구를 떠나서 생각할 수 없는 소설과 문학 일반, 특히 소설의 고유한 생명인 인식 교양적 기능을 정당하게 지적하고 있다. 실지로 김시습은 자기의 선진적이며 전투적인 사회 정치적 이상을 주장하고 선전하며 실현하기 위하여 "세상 사람들이 보지도 못한 글"이며 "풍요롭고 신기한 이야기"인 《금오신화》를 썼다.

문학의 인식 교양적 기능에 관한 김시습의 선진적인 견해는 김만중에 이르러 그의 창작 실천과 결부되어 심화되고 있는 것을 보게 된다. 그의 노작 《서포만필西浦漫筆〉에서 강조하고 있는 '통속 소설을 짓는 까닭'과 소설 '구운몽'과 '사씨남정기'는 이를 실증하고 있다.

문학의 교양적 기능에 대한 심오하고도 구체적인 해명은 박지원과 정약용의 주장과 창작 실천에서 보게 된다. 그들은 확고히 사실주의적 원칙에서 문제를 제기하고 해결하고 있다.

"나라를 걱정하지 아니하는 것은 시가 아니며 어지러운 시국을 아파하며 퇴폐한 습속을 통분히 여기지 아니하는 것은 시가 아니며 진실을 찬미하고 허위를 풍자하며 선을 권하고 악을 징계하는 사상이 없으면 시가 아니다."
('아들 연에게〔寄淵兒〕')

정약용이 아들 학연에게 준 편지의 한 대목인데 문학의 거대한 교양적 의의를 강조한 것이다.

이러한 사상은 박지원의 '방경각외전放璚閣外傳' 머리말에서도 구체적으로 이야기하고 있다. 그 주장을 요약하면 미자권징의 사상인데 문학의 교양적 목적이 박지원과 정약용에 이르러 생성 발전하는 전형적 성격을 통하여, 즉 사실주의 원칙에서 실현되고 있는 것이다.

박지원의 '말 거간전〔馬駔傳〕'을 보면 이 소설의 교양적 목적은 "남을 참소하고 남에게 아첨하는 부정적 인물들의 죄상을 폭로"하는 데 있다. 이 목적을 실현하기 위하여 작가는 벗을 무어 가지고 세상을 피하여 돌아다니는 세 긍정적 인물들의 전형적 성격과 함께 부정적 인물들을 "마치 그들의 화상을 그려 내다시피" 생동하게 형상화하고 있다.

정약용도 "모든 형상이 섬세하여 진실에 핍진하는" 사실주의적 필치로 자기 주장을 실현하고 있다.

고전 작가들의 문학 견해의 선진성은, 문학의 인식 교양적 의의와 함께 문학의 내용과 형식의 호상 관계에서 내용의 우위성을 한결같이 강조하고 창작 실천에서 그것을 솜씨 있게 실현한 데서도 찾아볼 수 있다. 그 선진성도 그들의 세계관과 사회 정치적 견해의 선진성에 기초하고 있는 것이며 형식주의와 모방주의 등 반동적인 문예 사상을 반대하는 줄기찬 투쟁의 결실이었다.

3

문학의 내용과 형식의 호상 관계를 사실주의 원칙에서 정당하게 해명한 이는 이규보와 최자이다. 이들은 최치원을 비롯한 고전 작가들과 특히 이인로, 임춘, 오세재 등 '해좌칠현' 시인들의 고상한 유산을 계승하고 형식주의, 모방주의를 반대하는 투쟁과 창작 실천을 통하여 문학의 내용과 형식의 호상 관계를 정당하게 해명하였다.

이규보는 '시에 대하여〔論詩〕'에서,

> 시 짓기란 참으로 어려운 것
> 말과 뜻이 함께 아름다워
> 그 안에는 깊이 숨은 뜻이 있고
> 씹으면 씹을수록 맛이 나야 하느니.
> 作詩尤所難 語意得雙美
> 含蓄意苟深 咀嚼味愈粹

라고 하면서 말(형식)과 뜻(사상 내용)의 통일을 강조하고 있다.

그러나 이규보의 선진성은 내용과 형식을 칼과 칼집과 같은 것으로 보지 않고 열매와 꽃에다 비유하여 내용의 우위성을 강조하면서 형식의 중요성을 함께 인정한 데 있다.

> 곱게 하는 것이 나쁘기야 하랴
> 겉치레에도 품을 들여야 하지만
> 꽃만 따고 열매를 버리는 것은

시의 참뜻을 잃어버리는 것이라.

華艷豈必排　頗亦費精思
攬華遺其實　所以失詩旨

내용과 형식 문제는 '시의 사상-감정의 미묘함을 간단히 논평한다'에서 더욱 심오하게 전개되고 있다. 이 논평에서 이규보는 시에서 위주가 되는 것은 사상 내용이라고 단정하면서 사상 내용을 설정하는 것이 어렵고 어휘 선택과 문장 조직은 부차적이라고 강조하고 기원론적 유물 사상에 기초하여 사상 내용은 또한 기백을 위주로 하는데 기백의 우열에 따라 그 사상 내용은 깊고 얕은 것으로 구별되는 것이라고 주장하였다.

최자도 이규보와 동일한 입장에 서서 "시를 논할 때에는 먼저 기백과 사상 내용을 위주로 할 것이며 언어와 운율은 다음으로 해야 한다."고 하였으며 내용과 형식 문제를 사실주의 원칙에서 해명하고 있다.

이제현은 "시는 사상-감정의 표현이다. 마음속에 있을 때는 사상적 지향에 지나지 않으며 말로 표현하면 시로 된다."고 하면서, 창작 실천에서 작가의 현실 침투와 체험의 거대한 의의를 '정혜사 시서定慧社詩序'에서 다음과 같이 강조하고 있다.

"보는 바가 넓으면 서 있는 바도 높으며 체험한 바가 따가우면 지키는 바도 확고하다", "말은 엄정하고 사상 내용은 언제나 새로워야 한다"

이제현의 사실주의적 창작 원칙도 창작과 생활 체험의 관계에 대한 선진적 견해에 기초하고 있다.

이규보, 최자가 주장하고 이제현이 심화시킨 내용과 형식 문제와 기백론은 15~16세기에 이르러 서거정, 김시습 등에 와서 한층 심화되었다. 특히 서거정의 노작《동인시화》서문에서 강희맹은 "무릇 시는 평론이 없이는 흠을 고칠 수 없고 의원은 처방이 없이는 병을 고칠 수 없다."고 하였는데,《동인시화》의 평론적 성격과 그 선도성에 대하여 논평한 것이다.

《동인시화》에서 우리의 주목을 끄는 것은 문학의 내용과 형식의 호상 관계에 대한 선진적인 견해다.

"시는 마땅히 기절을 앞세우고 기교는 다음으로 해야 한다."

여기에서 '기절'은 시의 사상 내용에 해당하며 기백과 사상-감정(意)을 동시에 파악하여 표현한 것으로 이규보, 최자, 이제현의 기백설을 발전시켰다.
서거정은 "시는 사람이다."라고 주장하면서 기절의 생활적 기초를 현실 생활, '우국우민憂國憂民'의 열렬한 애국주의와 가장 심각한 사회적 문제에다 두고 있다. 그는 내용의 선차성을 주장하면서도 형식의 기교 연마의 중요성을 강조하는 사실주의 원칙에 서 있다.

"무릇 시의 기교는 어구 하나를 묘하게 쓰는 데 있다. 때문에 옛사람은 어구 하나를 모범으로 삼았다."

하면서, 서거정은 형식 연마의 중요성을 다음과 같이 강조하고 있다.

"옛사람은 시에서 격조를 다듬고 시구를 다듬고 시어를 다듬었다."

시인의 생활 체험과 사상-감정이란 항상 구체적이며 새로운 것이다. 때문에 시인이 자기의 사상-감정을 표현할 때에는 복잡 미묘한 음색과 농도와 열도와 기복까지 심각하게 반영하지 않으면 안 된다. 연격研格, 연구研句, 연자研字는 바로 사상-감정을 진실하게 반영하기 위한 퇴고 과정을 말한다.
서거정과 동시대 사람이며 친우인 김시습도 문학의 내용과 형식에 대하여 선진적인 견해를 피력하고 있다. '유자한柳自漢에게 준 편지'에서 김시습 역시 형식주의를 배격하고 사상 내용의 우위성을 강조하고 있다.

"무릇 글을 쓰려면 번다하고 허식적인 말은 되도록 깎아 버리고 다만 실속 있는 말만 살려서 시종일관 자자구구마다 진실이 내풍기고서야 사람들의 심금을 울릴 수 있을 것이다."

김시습은 관서 지방을 방랑할 때 김수온을 만나서 시의 진실성은 오직 생활에서 실천을 통하여 찾으며 창조되어야 한다고 강조하였다. 그러한 사상을 또한 '시〔學詩〕'에서 샘에 비유하여 다음과 같이 표현하고 있다.

> 시란 무엇인가
> 시는 샘물
> 돌에 부딪히면 흐느껴 울부짖고
> 못에 고이면 거울처럼 비추나니.
> 客言詩可學 詩法似寒泉
> 觸石多鳴咽 盈潭靜不喧

문학의 내용과 형식에 관한 고전 작가들의 선진적인 견해는 17~19세기에 이르러 실학파 작가들에 의하여 계승되고 박지원과 정약용 같은 거장들의 창작 실천을 통하여 사실주의 문학 이론의 기본 문제의 하나로 확인되고 구체화되었다.

박지원은 사의지법寫意之法을 제창하면서 그 원칙을 '좌소산인에게〔贈左蘇山人〕', '소단적치인騷壇赤幟引'과 서문, 발문, 편지 등 일련의 산문 작품들에서 천명하고 있다. 박지원은 사의지법의 원칙을 '소단적치인'에서 전법에다 비기어 다음과 같이 주장하고 있다.

"글을 잘 짓는 사람은 전법을 잘 알고 있는 것이다. 글자는 말하자면 병사〔士〕요, 글의 사상 내용〔意〕은 말하자면 장수〔將〕다"

실로 간단한 명제지만 문학의 내용과 형식의 복잡한 문제를 간단명료하게 사실주의적으로 천명하고 있다. 내용과 형식의 통일, 문학에서 병사 격인 형식의 중요성을 인정하면서도 문학의 우열을 결정하는 선차적 요인은 지휘관 격인 사상 내용이라는 것이다.

사의지법이란 결국 문학의 내용과 형식에 관한 사실주의적 원칙인 것이다. 사의지법에서 문제로 되는 것은 지휘관인 사상 내용의 생활적 바탕이다. '좌소산인에게'에서 밝혀져 있듯이 그것은 눈앞의 현실 생활이며 자기 시대와 자기 민족을 심각하게 관찰하는 것이다.

눈앞에 보이는 일
참이 거기 있거늘
어쩨 꼭 먼 옛날
지키어 가자나.

한대와 당대가
지금은 아니요
우리 나라 가요가
중국과는 다른 게라.
卽事有眞趣　何必遠古抯
漢唐非今世　風謠異諸夏

사의지법이란 문학과 현실의 관계에서 인간의 의식 밖에 객관적으로 존재하며 끊임없이 변화 발전하는 현실 생활이야말로 문학의 토양이며 원천이라는 사실주의 원칙이다. 때문에 박지원은 계속하여,

새로운 글자를
만들지 못하나
내가 품은 생각

다 써 내야 한다.
……

지금은 가깝다
떠들기 그치라
천 년 뒤 이르런
아득히 오랜 옛날.

新字雖難刪　我臆宜盡寫

莫爲今時近　應高千載下

하고 문학과 현실의 떼려야 뗄 수 없는 관계를 재삼 강조하는 것이다.

문학의 내용과 형식 문제, 문학과 현실의 관계에서 정약용의 주장과 사상도 박지원의 입장과 동일한 것이었다. 정약용의 주장과 사상은 '양덕 사람 변지의에게 주는 말〔爲陽德人邊知意贈言〕', '이인영에게 주는 말〔爲李仁榮贈言〕', '중 초의에게 주는 말〔爲草衣僧意洵贈言〕'과 같은 글에 집중적으로 반영되어 있다.

'중 초의에게 주는 말'에서 정약용은 "시는 사상-감정의 표현이다."라고 하면서 "사상-감정이 본디 비속하고 낮으면 제아무리 맑고 고상한 말로 표현하려 해도 이치에 맞지 않으며, 사상-감정이 본디 좁고 고루하면 제아무리 넓고 활달한 말로 표현하려 해도 실정에 부합되지 않는다."고 지적하고, "시를 배우려 하면서 사상-감정을 단련하지 않으면 맑은 물을 똥무더기 속에서 길어 내고 아리따운 꽃을 썩은 가죽나무에서 찾는 것과 같아서 일생 동안 애써도 시를 배울 수 없다."고 쓰고 있다. 박지원이 말한 지휘관 격인 사상 내용의 선차성이 심각하게 형상적으로 강조되고 있다.

'양덕 사람 변지의에게 주는 말'에서도 동일한 주장과 사상이 반영되고 있다. "문장이란 밖에서 가져오지 못한다."고 강조하면서 정약용은 시인을 나무를 가꾸는 사람에다 비기며 다음과 같이 말한다.

"문학을 하는 사람은, 나무 가꾸는 이가 뿌리를 묻어 주듯이 사상-감정을 살피고 마음을 바르게 하며, 나무 줄거리를 편히 해 주듯이 행동을 도탑게 하고 몸을 수양하며, 나무에 진액이 오르듯이 고전을 연구하고 예법을 연구하며 나뭇가지가 뻗고 잎이 돋아 오르듯이 견문을 넓히고 기교를 익힌 다음에 깨달은 것을 분류하여 축적하고 그 축적한 것을 작품으로 표현한다면 사람들이 그것을 보고 문장이라고 한다."

정약용은 사상-감정의 단련 문제를 실천 활동과 결부시키면서 앞선 작가들이 강조하고 있는 생활 체험 문제와 함께 세계관의 확립, 고전 연구와 문화성, 인간성 고양, 기교 연마를 문학과 뗄 수 없는 요인으로 강조하였다. 때문에 정약용은 실천 활동을 무시하고 안일하게 문학을 하려는 자들을 '이인영에게 주는 말'에서 지적하고 있는 바와 같이 "마작이나 투전으로 세월을 보내는 노름꾼보다 못하다."고 규탄하였다.

위에서 본 것처럼 문학의 내용과 형식에 대한 우리 나라 고전 작가들의 선진적인 견해는 박지원과 정약용에 의해 문학과 현실에 대한 그들의 선진적인 견해와 결부됨으로써 우리 나라 사실주의 문학 이론의 토대를 확고히 하고 있다.

우리 나라 고전 작가들의 문학적 견해와 선진성은 문학의 전통과 혁신의 호상 관계 문제에서도 진보적 견해를 가지고 있으며 그것을 사실주의적 높이까지 발전시킨 데서도 찾아볼 수 있다. 전통과 혁신에 대한 고전 작가들의 선진적 견해 역시 형식주의와 모방주의, 복고주의와 허무주의 등 반동적인 문예사조와의 줄기찬 투쟁과 창작 실천을 통하여 형성 발전하였다.

전통과 혁신 문제가 심각한 문제로 널리 논의된 것은 12세기와 13세기 사이였다. 이 시기의 선진적인 작가들 앞에 제기된 임무는 형식주의와 모방주의를 반대하고 문학의 혁신을 위한 투쟁이었다. 이 투쟁에서 이인로를 중심으로 한 해좌칠현 작가들과 이규보, 최자의 역할이 컸다. 형식주의, 모방주의는 과거 제도와 관련하여 조장되었다. 이인로는 형식주의, 모방주의를 환골탈태換骨奪

胎의 표략잠절剽掠潛竊 행위로 규탄하고 나섰으며, 문학의 혁신을 위하여 '사엄이의신詞嚴而意新'을 주장하였다. 해좌칠현의 임춘도 황보항과 이인로에게 준 편지에서 과거 제도와 그것에 의하여 조장되고 있는 형식주의, 모방주의를 규탄하고 있다.

젊어서부터 형식주의, 모방주의를 증오하고 반대하여 싸운 이규보는 해좌칠현의 뒤를 이어 계속 투쟁을 전개하였으며 창작 실천을 통하여 전통과 혁신 문제를 정당하게 해명하였다. 전이지의 논문에 화답한 글에서 알 수 있듯이 소동파를 모방하는 자들과 해마다 삼십 명의 소동파를 낳는 과거 제도를 "시끄러운 것"으로 인정하면서 이규보는 "문학의 창조성"을 주장하고 "고전 작가들의 문체를 본받으려면 반드시 먼저 그 시를 습득해야 한다."고 강조하는 것이다. 이 글에서 흥미 있는 것은 이규보가 이인로의 '사엄이의신'의 원칙을 심화하면서 전통과 혁신 문제를 해명하고 있는 점이다.

"고전 시인들은 참신한 사상 내용을 창조하더라도 그 말까지 원만치 않은 것이 없으니 그것은 고전을 열심히 읽되 마음에 그것이 배도록 단련하여 입에 푹 익도록 해서 창작할 적에 절로 흘러나와 응용되기 때문이다. 시와 산문이 비록 다르더라도 언어, 문자를 쓰는 법은 같아서 말까지 원만치 않을 수 없다."

이미 이규보의 견해에는 18세기에 이르러 박지원이 주장한 법고창신法古創新의 선진적 사상이 번득이고 있다. 이규보의 선진적 견해는 최자에 의해 계승되고 이제현, 김시습, 서거정을 거쳐 박지원, 정약용에 이르러 심화되고 구체화된다. 박지원은 전통과 혁신 문제를 '사의지법'과 떼어서 생각할 수 없는 심각한 문제로 제기하고 있다. 문학의 혁신성, 창조성은 전통과 관련되고 있기 때문이다. 전통과 혁신에 대한 박지원의 선진 사상을 집중적으로 반영하고 있는 것이 '초정집 서문'이다. 그는 이 서문에서 두 가지 그릇된 편향을 규탄하고 있다. 그 하나는 고전을 반드시 배워야 한다고 주장하면서도 혁신할 줄 모르는 모방주의자, 복고주의자 들이며 다른 하나는 새것을 만들어야 한다고 주장은 하면서도 허황하고 괴벽한 소리만 늘어놓는 허무주의자들이었다. 이 두 가지 그릇된 편향을 규탄하면서 유명한 법고창신의 선진적 견해를 제기하였다.

"고전을 배우자고 하는 사람은 그에 사로잡혀 버리는 것이 흠집이고 새것을 창조하자고 하는 사람은 고전에 의거하지 않으려는 것이 걱정이다. 모름지기 고전을 본받되 개변할 줄 알아야 하며 새것을 창조하되 고전에 의거할 줄 알아야만 오늘의 글이 고전과 같이 좋은 글로 될 것이다."

박지원의 견해는 역사적 전통과 현재 상태에서 그 발전을 보게 되며 그 연구를 진행하게 되는 문학 발전의 객관적 합법칙성에 대한 인식에 기초한 것으로, 우리 나라 사실주의 문학 이론의 선진성을 과시하고 있다. 박지원은 선진적인 법고창신의 원칙에서 눈부신 창작 활동을 전개하였을 뿐만 아니라 평론 활동을 전개하여 문학 발전에 크게 기여하였다.

정약용도 이전의 고전 작가들의 법고창신의 선진적 견해를 계승하고 구체화하고 있다.

이미 앞에서 내용과 형식 문제와 관련하여 언급하였지만 정약용은 생활에 대한 체험의 지식과 함께 두 아들에게 보낸 편지에서 고전들을 "널리 구하여 두루 읽어야 한다."고 강조하고 있다. 그는 고전 연구에서 중요하게는 다음과 같이 세 가지 목적을 추구하고 있다. 그 하나는 작가의 세계관을 닦기 위함이요, 두 번째는 역사 발전 과정을 알기 위함이요, 셋째는 사회를 개조하고 발전시키기 위함이다. 단순한 지식과 기교가 아니라 주요하게는 문학의 사상 내용을 단련하기 위해서였다.

정약용의 견해는 박지원의 심오한 사상을 보충하고 심화하고 있다.

전통과 혁신 문제와 관련하여 강조할 것은 우리 나라 고전 작가들이 민족적 긍지감을 가지고 민족적인 것, 민중적인 것을 대하고 관찰하고 그것을 창작의 무진장한 원천으로 인정함으로써 우리 나라 고전 문학을 옳은 길로 발전시킨 사실이다.

정약용의 시 작품들과 박지원, 김만중, 허균, 임제, 김시습의 소설이 바로 백성들의 작품을 원천으로 하고 있으며 패설 작품들과 이제현, 이곡, 이규보 등 고전 작가들의 창작에서 이채를 띠고 있는 악부시들 역시 백성들의 작품을 원천으로 하고 있다.

최치원의 '향악잡영', '쌍녀분'도, 이규보의 서사시 '동명왕편'도 그러한 것이며 신재효, 신위, 홍양호, 김려, 조수삼도 예외로 될 수 없다.

이와 같은 창작 실천 과정에서 민족적인 것, 인민적인 것의 계승과 혁신에 대한 선진적인 문학 견해가 확립되었으며 우리 나라 사실주의 문학 이론을 풍부하게 했다.

· "우리 나라 사람들은 걸핏하면 중국의 고사만을 사용하는데 이것 역시 비루한 문풍이다. 응당《삼국사기》,《고려사》,《국조보감》,《여지승람》,《징비록》,《연려실기술》을 비롯 우리 나라 저작들에서 그 사실을 따내며 해당 지방의 현실을 연구하여 시에 들여놓아야만 바야흐로 그 이름을 세상에 남기며 후대들에게 전할 수 있다."

이는 정약용이 '아들 연에게'에서 강조한 것인데 민족적인 전통에 기초하여 우리 나라 문학을 발전시키려는 열망으로 충만해 있다. 이러한 열망은 멀리 최행귀의 '균여전 서문'에도 반영되어 있으며 홍석주의 우리 나라 고전에 대한 논평과 신위가 우리 나라 고전 시가를 논한 단시들에서도 볼 수 있다. 특히 백성들의 작품에 대한 고전 작가들의 관심은 한결같이 심각한 것이었다. 이규보의 서사시 '동명왕편 서문', 홍양호의 '풍요속선 서문'과 특히 김만중, 박지원, 정약용의 문학 견해에 심각하게 반영되고 있다.

김만중은《서포만필》에서 "시골에서 나무하는 아이들이나 물 긷는 아낙네들이 서로 화답하며 부르는 노래가 비록 상스럽다고 하나 그 참과 거짓을 말한다면 원래 사대부의 소위 시부와는 서로 비교할 수조차 없다."고 하였으며, 박지원은 '영처고 서문'에서 "말을 글자로 옮기고 민요를 운율에 맞추면 자연스럽게 문장을 이루어 참다운 맛이 나타나는 것이니 옛것을 모방할 것도 없고 남의 것을 빌려 올 것도 없고 있는 그대로를 묘사할 것이라."고 말하고 있는데 민족적인 것, 인민적인 것에 대한 관심이 아주 심각한 것을 알 수 있다.

4

우리 나라 고전 작가들의 선진적인 문학 견해 가운데서 원칙적인 문제만을 개괄하면 이상과 같다.

물론 이 밖에도 고귀한 유산으로 우리가 계승해야 할 많은 문제들이 있고 그것도 개괄해야 한다고 본다. 그 가운데 하나가 예술적 기교에 관한 문제다. 그러나 이것은 독자들이 스스로 개괄할 수 있는 문제이기 때문에, 예술적 기교 문제에서 가장 보편적이고 슬기로운 것으로 관심을 돌려야 할 탁물우의托物寓意의 수법에 대해서만 언급하겠다.

우리 나라 고전 작가들의 작품의 매력은 고상한 사상성과 함께 탁물우의의 수법에 기초하고 있는 고상한 예술성을 떠나서 생각할 수 없다. 탁물우의란 직역하면, 사물을 빌려서 사상 내용을 표현한다는 뜻이고 일반적으로 말하면 사상 내용을 직설적으로가 아니라 형상을 통하여 표현하는 수법인데, 서사적인 것과 서정적인 것의 통일, 함축성, 회화성, 음악성을 생명으로 하고 있는 예술적 수법이다.

우리 고전 작가들은 한결같이 이인로를 탁물우의의 명수로 높이 평가하였으며 항상 그에게서 이 수법을 배워 창작에 도입하였다. 물론 이 수법이 이인로에 의하여 비롯한 것은 아니다. '향악잡영', '촉규화'와 같은 시가들이 말해 주듯이 이미 최치원이 탁물우의의 비결을 알고 있었다. 그러나 이인로는 '야국', '산매'와 같은 시 작품들에서 보듯이, 후세의 고전 작가들이 한결같이 인정하고 있는 것처럼 이 수법을 적용하는 데 실로 명수였던 것이다. 그렇다고 해서 이인로 이후에는 명수가 없었던 것은 아니다. 이 수법은 점차로 보편화되어 갔으며 시가의 다른 형태에까지 널리 예술적으로 적용되어 심화되고 세련되어 갔다.

이규보의 '시월의 번개〔十月電〕', '밥알꽃〔詠黍飯花〕'이 이를 말해 주며 정철의 '관동별곡', '사미인곡', '속미인곡', 박지원의 '농가〔田家〕', '총석정 해돋이〔叢石亭觀日出〕'와 정약용의 '범 사냥〔獵虎行〕', '솔 뽑는 중〔僧拔松行〕', '솔피와 고래〔海狼行〕', '오징어와 해오라비〔烏鰤魚行〕' 등 일련의 시가 작품들은 오히려 탁물우의의 예술적 수법을 변천된 시대 생활과 사상-감정에 적합하게 발전시키고 있다.

이상의 개괄을 통해서도 우리 나라 고전 작가들의 문학적 견해가 실로 선진적이며 슬기롭고 다양하다는 것을 우리는 알 수 있다.

오늘의 사회주의 사실주의 문학 예술의 전면적 발전을 위하여 고전 작가들의 문학적 견해들을 비판적으로 계승하여 우리 시대에 활짝 꽃피도록 해야 한다.

崔行歸

均如傳序

詩搆唐辭 磨琢於五言七字 歌排鄕語 切磋於三句六名 論聲則隔若參商 東西異辨 據理則敵如矛盾 強弱難分 雖云對衒詞鋒 足認同歸義海 各得其所 于何不臧 《均如傳》

李仁老

天下之事 不以貴賤貧富 爲之高下者 唯文章耳 蓋文章之作 如日月之麗天也 雲煙斂散於大虛也 有目者無不得覩 不可以掩蔽 是以布葛之士 有足以垂光虹霓 而趙孟之貴 其勢豈不足以富國豐家 至於文章 則蔑稱焉 《破閑集》

*

昔山谷論詩 以謂不易古人之意 而造其語 謂之換骨 規模古人之意 而形容之 謂之奪胎 此雖與夫活剝生吞者 相去如天淵 然未免剽掠潛竊以爲之工 豈所謂出新意於古人所不到者之爲妙哉 《破閑集》

*

且人之才如器皿 方圓不可以該備 而天下奇觀異賞 可以悅心目者甚夥 苟能才不逮意 則譬如駑蹄臨燕越千里之途 鞭策雖勤不可以致遠 是以古之人 雖有逸材 不敢妄下手 必加鍊琢之功 然後足以垂光虹蜺輝映千古 《破閑集》

*

古今詩人 託物寓意 多類此 二公之作初不與之相期 吐辭悽惋 若出一人之口 其有才不見用 流落天涯 羈游旅泊之狀 了了然見於數字間 則所謂詩源乎心者 信哉 《破閑集》

*

詩家作詩多使事 謂之點鬼簿 李商隱用事險僻 號西崑體 此皆文章一病 近者 蘇黃崛起 雖追尙其法 而造語益工 了無斧鑿之痕 可謂靑於藍矣… 吾友耆之 亦得其妙… 皆播在人口 眞不愧於古人 《破閑集》

林椿

學者 但當隨其量 以就所安而已 不必牽強模寫 失其天質 亦一要也 《西河集》
 *

近世取士 拘於聲律 往往小兒輩 咸能取甲乙 而宏博之士 多見擯抑 故朝野嗟冤 吾恐妓弊已久 不可一旦矯之 《西河集》

李奎報

東明王篇 幷序

世多說東明王神異之事 雖愚夫駿婦 亦頗能說其事 僕嘗聞之 笑曰 先師仲尼 不語怪力亂神 此實荒唐奇詭之事 非吾曹所說 及讀魏書通典 亦載其事 然略而未詳 豈詳內略外之意耶 越癸丑四月 得舊三國史 見東明王本紀 其神異之迹 踰世之所說者 然亦初不能信之 意以爲鬼幻 及三復耽味 漸涉其源 非幻也 乃聖也 非鬼也 乃神也 況國史直筆之書 豈妄傳之哉 金公富軾重撰國史 頗略其事 意者公以爲國史矯世之書 不可以大異之事爲示於後世而略之耶 按唐玄宗本紀楊貴妃傳 竝無方士升天入地之事 唯詩人白樂天 恐其事淪沒 作歌以志之 彼實荒淫奇誕之事 猶且詠之 以示於後 矧東明之事 非以變化神異眩惑衆目 乃實創國之神迹 則此而不述 後將何觀 是用作詩以記之 欲使夫天下知我國本聖人之都耳 《東國李相國集》

論詩中微旨略言

夫詩以意爲主 設意尤難 綴辭次之 意亦以氣爲主 由氣之優劣 乃有深淺耳 然氣本乎天 不可學得 故氣之劣者 以雕文爲工 未嘗以意爲先也 蓋雕鏤其文 丹青其句 信麗矣 然中無含蓄深厚之意 則初若可翫 至再嚼則味已窮矣 雖然凡自先押韻 似若妨意 則改之可也 唯於和人之詩也 若有險韻 則先思韻之所安 然後措意也 至此寧且後其意耳 韻不可不安置也 句有難於對者 沈吟良久 想不能易得 則卽割棄不惜宜矣 何者 計其間儻足得全篇 而豈可以一句之故 至一篇之遲滯哉 有及時備急則窘矣

方其搆思也 深入不出則陷 陷則着 着則迷 迷則有所執而不通也 惟其出入往來 左之右之 瞻前顧後 變化自在 而後無所礙 而達于圓熟也 或有以後句救前句之弊 以一字助一句之安 此不可不思也 純用淸苦爲體 山人之格也 全以姸麗裝篇 宮掖之格也 惟能雜用淸警雄豪姸麗平淡 然後備矣 而人不能以一體名之也

詩有九不宜體 是予所深思而自得之者也 一篇內多用古人之名 是載鬼盈車體也 攘取古人之意 善盜猶不可 盜亦不善 是拙盜易擒體也 押强韻無根據處 是挽弩不勝體也 不揆其才 押韻過苦 是飮酒過量體也 好用險字 使人易惑 是設坑導盲體也 語未順而勉引用之 是强人從己體也 多用常語 是村父會談體也 好犯語忌 是凌犯尊貴體也 詞荒不刪 是莨莠滿田體也 能免此不宜體格 而後可與言詩矣

人有言詩病者 在所可喜 所言可則從之 否則在吾意耳 何必惡聞 如人君拒諫終不知其過耶 凡詩成 反覆視之 略不以己之所著觀之 如見他人及平生深嫉者之詩 好覓其疵失 猶不知之 然後行之也 凡所論 不獨詩也 文亦幾矣 況古詩者 如以美文句斷押韻者佳矣 意旣優閑 語亦自在 得不至局束也 然則詩與文 亦一揆歟 《東國李相國集》

答全履之論文書

夫編集之漸增 蓋欲有補於後學 若皆相襲 是杳本也 徒耗費楮墨爲耳 吾子所以貴新意者 蓋此也 然古之詩人 雖造意特新也 其語未不圓熟者 蓋力讀經史百家古聖賢之說 未嘗不熏鍊於心 熟習於口 及賦詠之際 參會商酌 在抽右取 以相資用 故詩與文雖不同 其屬辭使字一也 語豈不至圓熟耶 僕則異於是 旣不熟於古聖賢之說 又恥效古詩人之體 如有不得已及倉卒臨賦詠之際 顧乾涸無可以費用 則必特造新語 故語多生澁可笑 古之詩人 造意不造語 僕則兼造語意無愧矣 由是世之詩人 橫目而排之者衆矣 何吾子獨過美若是之勤勤耶

嗚乎 今世之人 眩惑滋甚 雖盜者之物 有可以悅目 則第貪翫耳 孰認而詰其所由來哉 至百世之下 若有人如足下者 判別其眞贗 則雖善盜者 必被擒捕 而僕之生澁之語 反見褒美 類足下今日之譽 亦所未知也 吾子之言 久當驗焉 不宣 某再拜 《東國李相國集》

書韓愈論雲龍雜說後

夫粲乎文章 鬱乎詞氣 皆人之所自吐也 絢焉爲錦繡羅縠 峭焉爲高峯絶岸 舒也卷也

形也靑也 皆類雲之紛紜翕霍 千狀萬態也 則可謂靈怪矣 其靈也乃人之所自爲 而非文章才藝之能靈人也 然人不憑文章才藝 亦無以神其靈也 且乖龍不能興雲 唯神龍然後興之 則非雲之靈其龍 審矣 然龍不乘雲 無以神其靈 庸人不能吐文章詞氣 唯奇人然後吐之 則文章之不能靈人亦審矣 然人不憑文章 亦無以神其靈 則神龍與詩人之變化一也 《東國李相國集》

驅詩魔文 效退之送窮文

夫累土而崇曰丘陵 瀦水而潴曰溝井 其或木也石也屋宇也墻壁也 是皆天地間無情之物 鬼或憑焉 騁怪見妖 則人莫不疾而忌之 且呪且驅 甚者 夷丘陵塞溝井 斬木椎石 壞屋滅牆而後已 人猶是焉 厥初質樸無文 淳厚正直 及溺之於詩 妖其說怪其辭 舞物眩人 可駴也 此非他故 職魔之由 吾以是敢數其罪而驅之曰

人始之生 鴻荒樸略 不賁不華 猶花未萼 錮聰塗明 猶竅未鑿 孰闢其門 以挺厥鑰 魔爾來闖 曶然此託 耀世眩人 或獜或攦 舞幻騁奇 敎屑翕霍 或媚而嫷 筋柔骨弱 或震而聲 風颭浪鹹 世不爾壯 胡踊且躍 人不汝功 胡務刻削 是汝之罪一也 地向乎靜 天難可名 窅乎造化 眹若神明 沌沌而漠 渾渾而冥 機開悶邃 且鑰且扃 汝不是思 偵深諜靈 發洩幾微 搪突不停 出脅兮月病 穿心兮天驚 神爲之不念 天爲之不平 以汝之故 薄人之生 是汝之罪二也 雲霞之英 月露之粹 蟲魚之奇 鳥獸之異 與夫芽抽萼敷 草木花卉 千態萬貌 繁天麗地 汝取之無愧 十不一棄 一嚼一吟 雜然坌至 攢羅戢孲 無有窮已 汝之不廉 天地所忌 是汝之罪三也 遇敵卽攻 胡斁胡曇 有喜於人 不衷而貢 有慍於人 不刃而刺 爾柄何鉞 惟戰伐是恣 爾握何權 惟賞罰是肆 爾非肉食 謀及國事 爾非侏儒 嘲弄萬類 施施而夸 挺挺自畏 孰不猜爾 孰不憎爾 是汝之罪四也 汝着於人 如病如疫 體垢頭蓬 鬚童形腊 苦人之聲 矉人之額 耗人之精神 剝人之胸膈 惟患之媒 惟和之賊 是汝之罪五也

負此五罪 胡憑人爲 憑於陳思 凌兄以馳 豆泣釜中 果困于箕 憑於李白 簸作顚狂 捉月而去 江水茫茫 憑於杜甫 狼狽行藏 羈離幽抑 客死來陽 憑於李賀 誕幻怪奇 才不偶世 夭死其宜 憑於夢得 譏訕權近 偃蹇落拓 卒躓不振 憑於子厚 鼓動禍機 謫柳不返 誰其爲悲

嗟乎爾魔 爾形何乎 歷誤幾人 又鍾於吾 自汝之來 萬狀崎嶇 怳然如忘 戇然如愚 如瘖如瞶 形慸跡拘 不知飽渴之逼體 不覺寒暑之侵膚 婢怠莫詰 奴頑罔圖 園翳不薙

屋甫不扶 窮鬼之來 亦汝之呼 傲貴凌富 放與慢俱 言高不遜 面強不婾 着色易惑 當酒益囂 是實汝使 豈予心歟 猖猖吠怪 寔繁有徒 我故疾汝 且呪且驅 汝不速遁 搜汝以誅

是夕疲臥 而枕上騷 窣然有聲 若色袖文裳而煌煌者卽而告余曰 甚矣 子之訊我也斥我也 何疾我之如斯 我雖魔之微 亦上帝所知 始汝之生 帝遣我以隨 汝孩而赤 亦潛宅而不離 汝童而卝 竊竊以窺 汝壯而犢 騫騫以追 雄子以氣 飾子以辭 塲屋較藝 連年中之 欻天動地 名聲四飛 列侯貴戚 聳望風姿 是則我之輔汝不薄 天之豊汝不薄 惟口之出 惟身之持 惟色之適 惟酒之歸 是各有使 非吾所尸 子胡不愼 以狂以癡 實子之答 非予之疵

居士於是 是今非昨 局縮忸怩 磬折以拜 迎之爲師 《東國李相國集》

送崔先輩下第西遊序

夫士之求售於有司也 譬之農業 則若先自疑天澤之必不時 地力之必不利 迺不理鎡錤耒耜之具 而便不耕不種曰 是天地也 非我也 則可乎 要必磨礪其器用 旣耕之 又繼以耘耨 汲汲欲及時 然後天時地利之不相答 則是天地之咎也 非耕者之罪也

今吾子自妙齡 栖息於書圃 礪舌耕之具 求試於有司 而有司不取 是有司之恥也 非子之恥也 子退焉 益復利其器銳其用 待明有司而較藝 則朝種暮穫 積至千廂 何不稔是懼 吾子勖之 一鶚南飛 木葉半脫 送君此時 能不哀哉 白雲居士序 《東國李相國集》

承誤事議

古人錯用故事 而後人承之 又後人以此爲承誤 而不之甚咎者 如李白黃庭杜牧一麾之類是已 予以爲非也· 何者 人不能無失 雖大手容或有失 失則因以鑑誡足矣 又承而用之 此何異於尤而效之者歟 此則特小失耳 若或有差大於是者 又以爲古賢所用 而承其誤耶 承誤之說 雖古人有或肯焉 吾不取已 《東國李相國集》

李山甫詩議

詩話又載李山甫覽漢史詩曰 王莽弄來曾半沒 曹公將去便平沈 予意謂之此佳句也 有高英秀者譏之曰 是破船詩也

予意以爲凡詩有言物之體者 有不言其體而直言其用者 山甫之寓意 殆必以漢爲之船 而直言其用曰 半沒不沈也 若其時山甫在而言曰 子以吾詩爲破船詩 然也 予以漢擬之 船而言之也 而善乎子之能知也 則爲英秀者 其何辭以答之耶 詩話亦以英秀爲惡喙薄 徒 則未必用其言也 但詩話不及是議 予所未知也 《東國李相國集》

王文公菊詩議

予按西淸詩話 載王文公詩曰 黃昏風雨暝園林 殘菊飄零滿地金 歐陽脩見之曰 凡百花皆落 獨菊枝上黏枯耳 何言落也 永叔之言 亦不爲大非 文公大怒曰 是不知楚辭云 夕飱秋菊之落英 歐陽九不學之過也

予論之曰 詩者興所見也 予昔於大風疾雨中 見黃菊亦有飄零者 文公詩旣幸云黃昏風雨暝園林 則以興所見 拒歐公之言可也 强引楚辭則其曰 歐陽某何不見此 亦足矣 乃反以不學 一何褊歟 脩若未至博學洽聞者 楚詞豈幽經僻說 而脩不得見之耶 況脩一代名儒也 而以不學目之 又何大甚也 予於介甫 不可以長者期之也 《東國李相國集》

白雲小說

堯山堂外紀備記乙支文德事 且載其遺隋將于仲文五言四句詩曰 神策究天文 妙算窮地理 戰勝功旣高 知足願云止 句法奇古 無綺麗雕飾之習 《東國李相國集》

崔滋

氣尙生 語欲熟 初學之氣生然後 壯氣逸 壯氣逸然後 老氣豪 《補閑集》

*

凡作者當先審字本 凡與經史百家所用 參會商酌 應筆 卽使辭輒精强 能發難得巧語 辭若不精强 雖有逸情豪氣 無所發揚 而終爲拙澁之詩文也 《補閑集》

*

夫才勝其情 則雖無佳意 語猶圓熟 情勝其才 則辭語鄙靡 而不知有佳意 情與才兼得而後 其詩有可觀 《補閑集》

＊

　詩文以氣爲主 氣發於性 意憑於氣 言出於情 情卽意也 而新奇之意 立語尤難 輒爲生澁 惟文順公 遍閱經史百家 薰芳染彩 故其辭 自然富艷 雖新意至微難狀處 曲盡其言 而皆精熟 《補閑集》

　　　＊

　學者讀經史百家 非得意傳道而止 將以習其語效其體 重於心熟於口 及賦詠之際 心與口相應 發言成章 故動無生澁之辭 其不襲古人 而出自新警者 惟構意設文耳 《補閑集》

　　　＊

　庸才 欲率爾立成 則其語俚雜 俚雜之捷 不如善琢之爲遲也 《補閑集》

　　　＊

　凡作詩 莫善於借字爲喩 然老手用之 則語熟而意巧 新學用之 則語生而意疎 《補閑集》

　　　＊

　金壯元莘鼎曰 夫意雖雄深 已陳則常也 雖淺近 新鑿則可警 予未能答 今復思之金之言然 《補閑集》

　　　＊

　大抵體物之作 用事不如言理 言理不如形容 然其工拙在乎構意造辭耳 《補閑集》

　　　＊

　凡留題 以辭簡義盡爲佳 不必誇多耀富 《補閑集》

　　　＊

　李學士知深 題豐州城頭樓云 天與海無際 茫茫望不窮 四方千里目 六月九秋風 圖畵應難妙 篇章豈得工 只疑生羽翼 身在大虛中 時人以此聯 言不雕鑿 而氣豪意豁 雖然十字中 言無際 又言不窮 或上言望不窮 下言千里目 似乎意疊 而讀之 不知有相疊之意者 蓋無聲病也 古人以回忌聲病爲金針格 信哉 《補閑集》

　　　＊

　吳秘丞世文題綠楊驛云 有花村價重 無柳驛名孤 喬木日先照 枯桑風自呼 此聯高淡有味 有味不如意盡 《補閑集》

　　　＊

進士崔裕 題桃源驛云 避秦三四家 仍作桃源驛 自言迎送勞 却勝長城役 有風騷諷喩之意 當時以爲警策 裕十上不第以布衣終 則古人觀文章 知人之行止 似未必信 雖然 觀崔詩 語意自苦 無和裕將大之氣 《補閑集》

*

文者 踞道之門 不涉不經之語 然欲鼓氣肆言 竦動時聽 或涉於險怪 況詩之作 本乎比興諷諭 故必寓託奇詭然後 其氣壯 其意深 其辭顯 足以感悟人心 發揚微旨 終歸於正 若剽竊刻畵 誇耀靑紅 儒者固不爲也 雖詩家有琢鍊四格 所取者琢句鍊意而耳 今之後進 尙聲律章句 琢字必欲新 故其語生 鍊對必以類 故其意拙 雄健老成之風 由是喪矣 《補閑集》

*

文以豪邁壯逸爲氣 勁峻淸駛爲骨 正直精詳爲意 富贍宏肆爲辭 簡古倔强爲體 若局生澁瑣弱蕪淺是病 若詩則新奇絶妙 逸越含蓄 險怪俊邁 豪壯富貴 雄深古雅 上也 精雋遒緊 爽豁淸峭 飄逸勁直 宏贍和裕 炳煥激切 平淡高邈 優閑夷曠 淸婉巧麗 次之 生拙野疎 寒澁寒枯 淺俗蕪雜 衰弱淫靡 病也 夫詩評者 先以氣骨意格 次以辭語聲律 一般意格中 其韻語或有勝劣 一聯而兼得者 蓋寡 故所評之辭 亦雜而不同 詩格曰 句老而字不俗 理深而意不雜 才縱而氣不怒 言簡而事不晦 方入於風騷 此言可師 《補閑集》

*

夫世之嗜常惑凡者 不可與言 況筆所未到之氣也 《補閑集》

*

予嘗謁文安公 公曰 近得李學士春卿詩稿見之 警絶 新意頗多 其長篇中 氣至末句而愈壯 如千里驥足 方展走通衢 未半途而勒止也 《補閑集》

*

文安公嘗言曰 至妙之辭 久而得味 鄙近之作 一見卽悅 學者 看書 當熟讀之 深思之 期至於得意 《補閑集》

*

文順公嘗謂人曰 吾平生所作 隨歲而進去年所作 今年視之 可笑 年年類此 凡公少年時 走筆立書 略不構思 其語或有近於詩體者 則人皆傳寫以頌之 至於老貫 閒吟徐詠 覃思造語之作 學者罕能悅其味 然則知詩之難 難復難矣 《補閑集》

＊

凡詩琢鍊 如工部 妙則妙矣 彼手生者欲琢彌苦 而拙澁愈甚虛雕肝腎而耳 豈若各隨才局 吐出天然 無礱錯之痕 《補閑集》

　　＊

文順公 家集已行於世 觀其詩文 如日月不足譽 近代律詩 於五七字中 有聲韻對偶 故必須俯仰穿琢 以應其律 雖宏材偉器不得肆意放言 披露妙蘊 故例無氣骨 公自妙齡走筆 皆創出新意 吐辭漸多 騁氣益壯 雖入於聲律繩墨中 細琢巧構 猶豪肆奇峭 然以公爲天才俊邁者 非謂對律 蓋以古調長篇 強韻險題中 縱意奔放 一掃白紙 皆不踐襲古人 卓然天成也 《補閑集》

　　＊

棄菴居士安淳之 見文順公文藁 作小序略云 發言成章 頃刻百篇 天縱神授 清新俊逸 人以公爲李太白 蓋實錄 然以僕言之 其醉吟之際 狂海蕩然 錦腸爛然 卽已相類 至於律格嚴整 對偶眞切 於忽忽不暇中 尤見工夫 似過之矣 《補閑集》

　　＊

李學士仁老 言皆格勝 使事如神 雖有蹈古人畦畛處 琢鍊之巧 靑於藍也 《補閑集》

李齊賢

送大禪師瑚公之定慧社詩序

所見者廓然 則所立者卓然矣 所驗者灼燃 則所守者確然矣 於是乎 悠然而歸 澹然而止 向之 疑者悟 譏者服矣 《益齋集》

櫟翁稗說前集序

至正壬午 夏雨連月 杜門無跫音 悶不可袪 持硯承簷溜 聯友朋往還折簡 遇所記書諸紙背 題其端曰 櫟翁稗說 夫櫟之從樂 聲也 然以不材遠害 在木爲可樂 所以從樂也 予嘗從大夫之後 自免以養拙 因號櫟翁 庶幾其不材而能壽也 稗之從卑 亦聲也 以義觀之 稗禾之卑者也 余少知讀書 壯而廢其學 今老矣 顧喜爲駁雜之文 無實而可卑 猶

之稗也 故名其所錄 爲稗說云 仲思序 《益齋集》

櫟翁稗說後集序

客謂櫟翁曰 子之前所錄 述祖宗世系之遠 名公卿言行 頗亦載其間 而乃以滑稽之語 終焉 後所錄 其出入經史者 無幾 餘皆雕篆章句而已 何其無特操耶 豈端士壯夫所宜 爲也 答曰 坎坎擊鼓 列於風 屢舞婆娑 編乎雅 矧此錄也 本以驅除閑悶 信筆而爲之 者 何怪夫其有戱論也 夫子以博奕者 爲賢於無所用心 雕篆章句 比諸博奕 不猶愈乎 且不如是 不名爲稗說也 仲思序 《益齋集》

*

古人之詩 目前寫景 意在言外 言可盡 而味不盡 若陶彭澤 採菊東籬下 悠然見南山 陳簡齋 開門知有雨 老樹半身濕之類 是也 予獨愛池塘生春草 以爲有不傳之妙 昔嘗 客于餘杭 人有種蘭盆中以相惠者 置之几案之上 方其應對賓客 酬酢事物 未覺其有香 焉 夜久靜坐 明月在牖 國香觸乎鼻觀 淸遠可愛 而不可形於言也 予欣然獨語曰 惠連 春草之句也 《櫟翁稗說 後集》

*

夢得金陵五題 山圍故國周遭在 潮打空城寂寞回 淮水東邊舊時月 夜深還過女墻來 朱雀橋邊野草花 烏衣巷口夕陽斜 舊時王謝堂前燕 飛入尋常百姓家 生公說法鬼神聽 身後空堂夜不扃 猊座寂寥塵漠漠 一方明月可中庭 三篇皆佳作也 白樂天 獨愛潮打空 城寂寞回 掉頭苦吟曰 吾知後之詞人 不復措辭矣 東坡嘗書第三篇 人問何不道 明月 滿中庭 坡笑而不答 古人於詩所取者如此 《櫟翁稗說 後集》

*

歐陽永叔自矜曰 吾之廬山高 今人不能作 太白能之 吾之明妃後篇 太白不能作 子 美能之 前篇子美不能作 我則能之 此後之好事者 見廬山高音節類太白 明妃後篇類子 美 故妄爲之說耳 蘇老泉有上歐公書云 非孟子韓子之文 乃歐陽子之文也 雖詩亦然 使李杜作歐公之詩 未必似之 歐公而作李杜之詩 如優孟抵掌談笑 便可謂眞孫叔也耶 《櫟翁稗說 後集》

*

鄭司諫知常詩云 雨歇長堤草色多 送君南浦動悲歌 大同江水何時盡 別淚年年添作 波 燕南梁載嘗寫此詩 作別淚年年漲綠波 予謂作漲二字 皆未圓 當是添綠波耳 《櫟

翁稗說 後集》

*

　張章簡鎰 昇平燕子樓詩云 風月淒涼燕子樓 郞官一去夢悠悠 當時座客何嫌老 樓上佳人亦白頭 郭密直預 壽康宮逸鷂詩云 夏涼冬暖飼鮮肥 何事穿雲去不歸 海燕不曾資一粒 年年還傍畫樑飛 李文安承休 咏雲詩云 一片忽從泥上生 東西南北便縱橫 謂成霖雨蘇群槁 空掩中天日月明 鄭密直允宜 贈廉使云 凌晨走馬入孤城 籬落無人杏子成 布穀不知王事急 傍林終日勸春耕 令人喜稱之 然章簡感奮而作 無他義 三篇 皆含諷諭 鄭郭微而婉 《櫟翁稗說 後集》

*

　洪平甫侃 每出一篇 人無賢愚 皆喜傳之 語不云乎 鄕人 皆好之 未可也 皆惡之 未可也 不如其善者 好之 其不善者 惡之也 爲詩文 亦奚以異於是乎 古人云 詩可以喧萬古 不可以得首肯 可以驚四筵 不可以適獨坐 眞名言也 《櫟翁稗說 後集》

*

　坦之 登科 有詩名 出家號鷲峰 賦落梨花云 玉龍百萬爭珠日 海底陽侯拾敗鱗 暗向春風花市賣 東君容易散紅塵 正所謂村學中詩也 金文貞圻 亦有之 飛舞翩翩去却回 倒吹還欲上枝開 無端一片黏絲網 時見蜘蛛捕蝶來 作家手段 固自不同 《櫟翁稗說 後集》

*

　林西河椿 聞鷪詩云 田家椹熟麥將稱 綠樹初聞黃栗留 似識洛陽花下客 慇懃百囀未能休 崔文淸公滋 夜直聞採眞峰鶴唳詩云 雲掃長空月正明 松巢宿鶴不勝淸 滿山猿鳥知音少 獨刷疎翎半夜鳴 二詩 俱是不遇感傷之作 然文淸氣節慷慨 非林之比 《櫟翁稗說 後集》

*

　詩者 志之所之 在心爲志 發言爲詩 《史贊》

徐居正

　詩者 心之發 氣之充 古人以謂讀其詩 可以知其人 信哉 《東人詩話》

*

凡詩用事 當有來處 苟出己意 語雖工 未免砭者之譏 《東人詩話》

*

作詩非難 能造情境 模寫形容 一言而盡 此古人所難 《東人詩話》

*

詩雖細事 然古人作詩 必期傳後 《東人詩話》

*

古人詩鍊格鍊句鍊字 又就師友求其疵而去之 《東人詩話》

*

詩忌蹈襲 古人曰 文章當出機杼 成一家 風骨何能共人生活耶 《東人詩話》

*

凡詩妙在一字 古人以一字爲師 《東人詩話》

*

詩貴含蓄不露 然微詞隱語 不明白痛快亦詩之大病 《東人詩話》

*

詩當先氣節而後文藻 《東人詩話》

*

古人用事 有直用其事 有反其意而用之者 直用其事 人皆能之 反其意而用之 非材料卓越者 自不能到 《東人詩話》

*

古之詩人 托物取況 語多精切 如⋯崔文靖恒 詠黑豆云 白眼似嫌憎俗意 添身還有報仇心 以文人烈士 譬黑豆 用事奇特 《東人詩話》

*

李大諫仁老 題天水寺壁云 待客客未到 尋僧僧亦無 唯餘林外鳥 疑曲勸提壺 古之評詩者 以謂詩能狀難寫之景 如在目前 含不盡之意 見於言外然後爲至 予於此詩見之矣 《東人詩話》

*

李大諫仁老 瀟湘八景絶句 淸新富麗 工於模寫 陳右諫澕 七言長句 豪健峭壯 得之詭奇 皆古人絶唱 後之作者 未易伯仲 惟益齋李文忠公 絶句樂府等篇 精深典雅 舒閑

容與 得與二老頡頏上下於數百載之間矣 《東人詩話》

*

　樂府 句句字字 皆協音律 古之能詩者尙難之⋯ 吾東方 語音與中國不同 李相國 李大諫 猊山 牧隱 皆以雄文大手 未嘗措手 唯益齋 備述衆體 法度森嚴 先生北學中原 師友淵源 必有所得者 近世學者 不學音律 先作樂府 《東人詩話》

*

　作詩非難 而知詩爲尤難 李文順嘗評古人詩 以梅聖愈爲不佳 池塘生春草 爲非警語 而徐凝瀑布詩爲妙 然東坡稱徐爲惡 歐陽子以梅爲工 春草之句 古今絕唱 而李之評品如是 知詩豈不爲難乎 《東人詩話》

*

　動安居士李承休 詠雲詩 一片纔從泥上生 東西南北便縱橫 謂爲霖雨蘇群枯 空掩中天日月明 頗含譏調 承休仕忠烈朝爲御史 言事落職 卜居頭陁山 終身不仕 蓋以雲之掩日月以比群小壅蔽之狀⋯ 李詩 實祖於忠 而詞意俱圓 古人以謂述者未必不賢於作者 信哉 《東人詩話》

*

　唐詩 幽閨少婦不知愁 春日凝粧上小樓 忽見陌頭楊柳色 悔敎夫婿覓封侯 古今以爲絕唱 曾見高平章兆基 寄遠詩 錦字裁成寄玉關 勸君珍重好加餐 封侯自是男兒事 不斬樓蘭未擬還 唐詩雖好不過形容 念夫之深 愛夫之篤 情意狎呢之私耳 高詩句法不及唐詩遠甚 然先之以思念之深 信書之勤 繼之以征戍之愼 飲食之謹 卒勉之以功名事業之盛 無一語及乎燕昵之私 隱然有國風之遺意 詩可以工拙論乎哉 《東人詩話》

*

　陶隱詩文 刻意鍊琢 精深雅高 陽村詩文 平淡溫厚 成於自然⋯ 陶之鍊琢 陽爲之有裕 陽之天機 陶終不能及也 《東人詩話》

*

　評者曰 牧隱之詩 雄豪雅健 天分絕倫 非學可到 稼亭之詩 精深平淡 優游不迫 格律精嚴 自有優劣 具眼者辨之 《東人詩話》

*

　詩者小技 然或有關於世敎 君子宜有所取之⋯ 陳補闕瑾 言事落職 將赴沃川詩 欲知民水載君舟 要盡忠誠戒逸遊 諫院未能陳藥石 長沙見謫不須愁 無孤臣怨謫之辭 有

警戒規箴之意 吳諫議洵 觀稼亭詩 春耕易耨夏多熱 秋斂未盡冬已寒 安得妓亭移輦道 君王一見此艱難 有陳戒稼穡艱難之意… 是烏可以小技 而少之哉 《東人詩話》

　　　　*

予嘗讀李相國長篇 豪健峻壯 凌厲振踔 如以赤手搏虎豹 挐龍蛇 可怪可愕 然有儷猛處 牧隱長篇 變化闔闢 縱橫古今 如江漢滔滔波瀾自闊 奇怪畢呈 然喜用俗語 學詩者 學牧隱不得 其失也 流於鄙野 學相國不得 其失也 如捕風繫影 無著落處 《東人詩話》

　　　　*

趙先生 嘗詠秋穫詩 有磨鎌似新月之句 語予曰 韓退之詩云 新月似磨鎌 吾用此語 而反其意 此謂飜案法 學詩者 不可不知也 《東人詩話》

泰齋集序

昔之論詩者 有曰 有朝廷臺閣之詩 有山林草野之詩 夫所處之地不同 則發而爲言辭者 不得不爾也

天地精英之氣 鍾於人而爲文章 文章者人言之精華也 是故有遭遇盛時 賡載歌詠者 則其文之昭著 如五緯之麗天而燁乎其光 不遇而嘯咏山林 托於空言者 則其文之炳耀 如珠璧捐委山谷 明朗而終不掩其煒矣 其所以駭一時之觀聽 而垂名聲於不朽 一也 《四佳文集》

桂庭集序

詩言志 志者心之所之也 是以讀其詩 可以知其人 《四佳文集》

送咸吉道節度使鄭東萊詩序

文之與武 猶陰陽之不相離 故曰一張一弛 文武之道 蓋文者非章句訓詁之謂 武者非斬將搴旗之謂 文以立其體 武以達其用 安民之責 籌邊之略 施無不可 然後可言文武矣 《四佳文集》

送峻上人遊妙香山序

未知上人之所以遊者 有何所求耶 曰道焉而已 予曰墻甓瓦礫 無非道也 江山風月 無非道也 以至動靜言黙 著衣喫飯 道無往而不在 則獨可以遠遊乎哉 獨可以宴坐乎哉 《四佳文集》

遊松都錄序

蘇穎濱嘗論 文者 氣之形 孟子善養浩然之氣 司馬遷遠遊以壯其氣 故其爲文 有宏博焉 有疎蕩焉 穎濱亦欲求大觀以壯其氣 則覽終華之窮崇 瞻黃河之奔放 及觀京師宮闕之壯麗 人物歐韓之俊偉 然後乃曰天下之文章 盡在是矣 馬子才亦曰 子長之文 不在書 在學遊 不學遊而學文 乃腐熟常常耳…(居正)亦嘗從事乎遊 有志於壯其氣 奇其文者 今則老矣 《四佳文集》

送李書狀詩序

士可以遠遊乎 曰讀書萬卷 不出戶 而知天下古今之事 何必遠遊乎哉 士可以不遠遊乎 曰奉使四方 歷覽山川 增益其文章意氣 何不遠遊乎哉 然則讀萬卷 以立其體 遊四方以達其用 然後大丈夫之能事畢矣 《四佳文集》

眞逸集序

予嘗以謂 天地英靈之氣 鍾於人而爲文章 發而爲功名事業 天旣予斯人以文章 宜其不奪於時命 奈何文人才士 或困於屢空 或阨於不遇 或痼之以疾 或不假以年 懷奇抱藝 不大以遠者 古今常有是 何造物者之戲劇於人者至此耶 《四佳文集》

金時習

與柳自漢

就中此疏 伸意極美 非備員旅進者所可取意 而實荒政之要策 僕從命之日 馬上立草 欲於中路書呈 還山者忽忽 冒雨入洞 坐於茅齋 後探思精簡 作草以上 試詳覽取 凡作

文不欲虛飾多言 只以實語摛綴 首尾一貫 而句句字字 誠懇發越 然後可以感格人心 豈不見諸葛亮出師表 胡銓上高宗奉事乎 雖不得終伸其志 千載之下 忠誠卓然 見者知其諸葛胡氏精神不死 爽塏長存 豈非作文字之模範乎 今之科場之文 看之則似美 究之則無趣 但以之而乎也飾淺意 其辭雖流於唇吻 其意若曉露春霜之無實 此唐韓子所以變古 宋朱子以魏伯陽參同契謂似先秦文而發揮之也 前日上書恐意好 文無繁語 故下議依違而莫之果斷也 此辭欲盡惇實 令意以爲何如 詳擇 《梅月堂集》

鬼神論

或又難曰 屈原楚之忠臣 諫其君不聽 將赴汨羅之淵 作祀神之歌 其章有九 極陳主宰造化之靈 山怪戰殤之魂 以娛樂之 而抒其懷 按太史公議屈原曰 蟬蛻於濁穢之中 以浮遊塵埃之外 不獲世之滋垢 推此志也 與日月爭光可也 如太史之言 屈子當斥之矣 乃何竭誠祀事 至於製作樂章如此其勤乎 清寒子曰 屈原旣不遇君主 放逐湘南 自不能陳其情志 乃托淫祀之歌 以抒忠臣不獲明主之情 冀悟君心而終不省也 故其歌有云 沅有芷兮 澧有蘭 思公子兮 未敢言 可以見忠君愛國之心矣 焉有呢於淫祀 以助揚其荒誕乎 《梅月堂集》

天地篇

古之聖人 成天下之亹亹 今其曰 何不如太古 非也 禮備樂具 無可加焉 謂古制不合時宜 亦非也 若夫因循沿革 風土習尚不通變 無以考古合今 如其百王不易之大法律令格例 則謹且嚴 不可改而有爲也 《梅月堂集》

成俔

論文章

我國文章 始發揮於崔致遠 致遠入唐登第 文名大振 至今配享文廟 今以所著觀之 雖能詩句而意不精 雖工四六而語不整 有如金富軾能贍而不華 鄭知常能曄而不揚 李奎報能押闔而不斂 李仁老能鍛鍊而不敷 林椿能縝密而不關 稼亭能的實而不慧 益齋

能老健而不藻 陶隱能醞藉而不長 圃隱能純粹而不要 三峰能張大而不檢 世稱牧隱能集大成 詩文俱優 然多有鄙疎之態 准乎元人之律且不及 其可擬於唐宋之域乎 陽村春亭 雖秉文柄 不能及牧隱 而春亭尤卑弱 世宗始設集賢殿 延文學之士 有如申高靈崔寧城李延城與朴仁叟成謹甫柳太初李伯高河仲章 皆擅名一時 謹甫文瀾豪縱 而短於詩 仲章長於對策疏章 不知詩 太初天子夙成而其覽不博 伯高淸穎英發 詩亦精絶 然儕輩皆推朴仁叟爲集大成 謂其經術文章筆法俱善也 然皆被誅 其所著不顯於世 寧城精於四六 延城能爲擧科之文 而惟高靈文章道德 一代尊仰 繼躅者徐達城金永山姜晉山李陽城金福昌及我伯氏而已 達城文章華美而其爲詩專倣韓陸之體 隨手輒艶麗無雙 久掌文衡 永山讀書必誦 故能得文之體 其文雄放豪健 人無與爭其鋒 然性無檢束 故詩之押韻 多錯不中窾曰 晉山詩文典雅 天機自熟於諸子最爲精絶 陽城詩文俱美 如巧匠雕鐫自無斧鑿痕 伯氏之詩 得晚唐體 如行雲流水之無礙 福昌天資早成 以班固爲準 爲文老健 嘗編世祖實錄 《慵齋叢話》

論畫

描寫物像 非得天機者不能精 能精一物 而能精衆品尤爲難 我國名畫史罕少 自近代觀之 恭愍王畫格甚高 今圖畫署所藏魯國大長公主員 興德寺所在釋迦出山像 皆王手跡 往往甲第有畫山水甚奇絶也 尹泮者亦善山水 今士大夫多有藏之者 然筆跡平澹無奇趣 至本朝有顧仁者 自中國出來 善畫人物 其後安堅崔涇齊名 堅山水涇人物 皆入神妙 今人愛保堅畫如金玉 余爲承旨 見內藏靑山白雲圖 眞絶寶 堅常云 平生精力在此 涇晚年亦畫山水古木 而當讓於堅矣 其他洪天起崔渚安貴生之屬 雖名山水 而皆庸品 惟士人金瑞之馬 南汲之山水稍佳 姜仁齋天機高妙 得古人所不科處 山水人物俱優 嘗見所畫麗人圖 毫髮無差訛 靑鶴洞菁川江兩簇及耕雲圖 皆奇寶也 有裵連者 俱善山水人物 平生不數涇 由是與堅相惡 仁齋常稱連有雅趣 李長孫吳信孫秦四山金孝男崔叔昌石齡 今雖有名 而皆未可與論畫域也 《慵齋叢話》

論音樂

音樂於諸技最難學 非有天資者 不能得其眞趣 三國各有音律樂器 然世代綿邈不可詳 惟今之玄琴 出於新羅 伽倻琴出於金官 大笒唐笛而爲之 其聲最壯 爲樂之根本 鄕琵琶亦倣唐琵琶 其設掛則與玄琴同 其調絃撚撥 學者難之 不善鼓則不堪也 有典樂宋

太平善彈 其子田守傳得其法尤妙絕 余少時在伯氏家聽其聲 如麻姑爬癢 靡靡不厭 然 比諸都善吉則不及也 然田守而下 惟善吉近之 其他則不可及也 今則無能之者 唐琵琶 則田守亦爲第一手 善吉與之齊名 今之伶人多有能者 至如士庶 學樂必先琵琶 然無有 拔萃者 惟金臣番盡得善吉指法 而豪縱過之 亦今之第一手也 玄琴於樂最善 學樂之門 戶 有盲李班 遇知於世宗 出入禁中 有金自麗者 亦善鼓琴 余少時聽之 慕其音而不得 指法 今若律以伶人之樂 則未免古態也 伶人金大丁李亇知權美張春皆一時人 當時論 者云 大丁之簡嚴 亇知之要妙 名臻其極 大丁早誅未及聽 美春皆凡手 惟亇知爲士林 所重 至紆聖眷 再爲典樂 余與希亮伯仁子安琛珍而毅者蔡壽之 嘗往學焉 日日邀致 或時偕宿 聽之甚慣 其爲聲也 如從琴底出 無匙撥所行之跡 心神驚悚 眞絶藝也 亇知 死後 其音盛行於世 今士大夫家女僕 亦有能之者 皆得亇知遺法 無瞀矇鄙習 典樂金 福樂工鄭玉京尤善鼓 爲當時第一手 有妓上林春 亦寢近之 伽倻琴則有黃貴存者善彈 余未及聽 又聽金卜山之彈 當時服膺而不能已 以今觀之 則亦太質直也 近有老女召史 者 自公侯家謫出 始播其音於外 其音要妙 人無與敵 亇知斂衽自以爲不能及 今有鄭 凡者 盲中之最善彈 膾炙於世大矣 世宗朝有許吾繼 有李勝連徐益成 勝連遇知於世祖 拜軍職 益成往日本而死 今有金都致 年過八十 而聲猶不衰 推爲巨擘牙箏 昔有金小 村者 能之 而亦死於日本 其後廢絕已久 上留意敎之 能者相繼而出 《慵齋叢話》

車天輅

題芝峰詩卷後

蓋天地之氣 得其秀者爲人 而作文者又其人之秀也 詩又精於言辭 而發其秀者也 天 地之生才 無古今殊 而才之卓卓者 不繫世之汙隆 若然 雖後之學者 未必不及古之人 歷觀載籍 庸有可言者 吾鰈域 有文獻來 作者不知幾何 而在羅國 有若崔孤雲 在麗氏 有若李相國 最其大家 其後若牧若陶若圃 亦可謂傑然者也 《五山集》

詩能窮人辯

夫詩者 隨其才之高下 發於性情 非可以智力求 非可以勉強得 或有阨窮 而能之者

或有顯達 而能之者 又有窮者達者 而不能者… 蓋文章 不朽之盛事 詩亦其一也 《五山集》

柳夢寅

詩者言志 雖辭語造其工 苟失意義所歸 則知者不取 《於于野談》
　　*
　詩關風敎 匪直哦咏物色… 今之閔相公夢龍 斥詩人曰 作詩其多諷時事 或成白眼 或致詩案之患 宜勿學也 非無才也而終身不作一句詩 鄭尙書宗榮 亦戒子孫學詩 余以爲兩人 雖工於身謀 殊非古人三百篇遺意也 《於于野談》
　　*
　夫雕鏤萬物者詩人之才也 吾友成汝學 詩才之高 一世寡倫而至六十 未得一命之官 其詩曰 露草蟲聲濕 風林鳥夢危 又曰 面惟其友識 食爲丈夫哀 又曰 雨意偏侵夢 秋光欲染詩等句 其語雖極工 而寒澹蕭索 殊非榮貴氣象 豈獨詩之使其窮哉 詩亦鳴其窮也… 詩者出性情 虛靈之府 非詩能窮人 人自窮也 故詩自如斯哉 《於于野談》
　　*
　韓明澮 得渭川垂釣圖絶筆也 求名人詩 咸曰 非五歲難稱此畵(梅月公 五歲能文 世稱五歲文章 一說與傲世字同音 因以自號云) 於是請五歲來 梅月公自京山至 援筆立寫曰 風雨蕭蕭拂釣磯 渭川魚鳥却忘機 如何老作鷹揚將 空使夷齊餓采薇 其詩句句含諷 吟之 不覺悵然 《於于野談》
　　*
　朴贊成忠元 爲文未嘗起草 良久沈思 展一紙 或上一點 或作圓圈 或作折劃 或書雖然字 或書嗚呼字 然後正書字試紙 不改一字 或問之 曰 凡爲文所難者命意 至於文字在筆下矣 司諫祖考爲文 亦不起草 細思大小曲折 臨紙一揮而就之改正 申塾對策起草時 高枕而队 脫冠覆面 如醉如眠 忽起而書之 策成半篇 又如是一篇終矣 於此三者 余皆試之 大小曲折一一腹藁 或有所遺忘可惜 獨運意已定 文字果在筆下 如朴二相之爲可也 《於于野談》
　　*

自古倡優之設 非爲觀美 裨益世敎 優孟優旃是也 恭獻大王爲大妃殿 陳進豐呈宴於
闕內 京中優人貴石 以俳戲進 束草爲苞四 大者二 中者一 小者一 自稱守令坐於東軒
召進封色吏 有一優人 自稱進封色吏 膝行匍匐而前 貴石低聲擧大苞一 與之曰 此獻
吏曹判書 又擧大苞與之曰 此獻兵曹判書 又擧其中者 與之曰 此獻大司憲 後與其小
苞曰 以此進上 卿宰侍宴者莫不變色 《於于野談》

　　　＊

古者妙畫之傳於世者 畫長松下有人仰面看松 神釆如生 稱天下名畫 處士安堅曰 是
畫雖妙 人之仰面也 項後必有皺文 此則無之 大失其旨 自此終爲棄物 又有古畫稱妙
筆 畫老叟 抱兒孫匙飯以飼之 神釆如活 康靖大王見之曰 是畫雖好 凡人之飼幼兒 必
自開其口 是則含之 大爲失格 自此終爲棄畫 夫畫與文章 何異 一失本意 雖錦章繡句
識者不取 惟具眼者 能知之 《於于野談》

　　　＊

康靖大王朝 華使金湜工畫竹 爲曠世絶筆 請見東方畫竹之筆 時安堅妙畫 亞郭熙
中國素服其神妙 上使安堅 盡一生筆力 畫若干幅以示之 湜曰 此雖妙手 非竹也蘆也
上素知畫格 令園圃進一盆竹 摘其密葉 存其疎葉 置軒墀 當夕陽 使堅依樣畫之 試諸
湜 湜一見大驚曰 此眞竹也 雖中國名畫罕與之倫 上大奇之 《於于野談》

李睟光

成惕齋倪曰 崔致遠 雖能詩句 而意不精 雖工四六 而語不整 余謂此言未必通論 而
致遠詩文 亦豈無小疵 但新羅時文風未振 而致遠倡之 故我東人言文章者 必稱致遠如
不可幾及者耳 致遠所選桂苑筆耕 皆偶對之文 而詩則窓外三更雨 燈前萬里心 一絶
與畫角聲中朝暮浪 靑山影裏古今人 一聯最佳 《芝峰類說》

　　　＊

余謂文貴自然 不假人巧 至此則爲無所用其力矣 凡爲文詞者 不可不知此言 《芝峰
類說》

　　　＊

韓昌黎云惟陳言之務去 按諸說 皆以蹈襲前作爲陳言 然余意陳言非特指古人語句

蓋以時其綺麗騈偶之文 爲陳言也 《芝峰類說》

　　　　＊

　　姜夔曰 彫刻傷氣 敷演傷骨 若鄙而不精 不彫刻之過也 拙而無委曲 不敷演之過也 余謂不彫琢不敷演 則不足謂文也 然彫刻而不傷氣 敷演而不傷骨 難矣 是故文之所貴 氣骨而已 《芝峰類說》

　　　　＊

　　嚴羽曰 律詩難於古詩 絶句難於八句 七言律難於五言律 五言絶難於七言絶 信矣 《芝峰類說》

　　　　＊

　　唐人作詩 專主意興 故用事不多 宋人作詩 專尙用事 而意興則少 至於蘇黃 又多佛語 務爲新奇 未知於詩格如何 近世此弊益甚 一篇之中 用事過半 與剽竊古人句語者相去無幾矣 《芝峰類說》

　　　　＊

　　古人曰 詩以意爲主 又須篇中鍊句 句中鍊字 乃得工耳 余謂此千鍊成句 百鍊成字者也 故曰 吟成五字句用破一生心 又曰 吟安一箇字 撚斷幾莖髭 爲詩之難如此 《芝峰類說》

　　　　＊

　　前朝人詩 若李奎報之雄贍 鄭知常陳澕之婉麗 李仁老李齊賢之精緻 李穡之沖粹 鄭夢周之豪邁 李崇仁之醖籍 可謂秀出者 而其中李奎報 最大手 李齊賢爲近唐 李穡於詩文俱善 李奎報之文亦自豪健 《芝峰類說》

　　　　＊

　　余謂詩文多則多少則少 隨意而成 意盡而止 如韓愈之原道 杜甫之北征 不厭其多韓愈之獲麟解 孟浩然之絶句 不嫌其少矣 《芝峰類說》

　　　　＊

　　余謂夫文猶造化也 成於心者必工 而成於手者不必工 固也 世之能成於心者鮮矣 其不工也 宜哉 《芝峰類說》

　　　　＊

　　詩必專而後工者 故爲工者 多出於寒苦困阨之中⋯ 以近世言之 李容齋 金慕齋 申企齋 鄭湖陰 林石川 盧蘇齋 或久於竄謫 或久於閑退 白光勳 李達 車天輅 皆出於寒

苦 古今如此者 難以悉擧 《芝峰類說》

    *

 我國歌詞 雜以方言 故不能與中朝樂府比竝 如近宋純鄭澈所作 最善 而不過膾炙口頭而止 惜哉 長歌則感君恩 翰林別曲 漁父詞最久 而近世退溪歌 南冥歌 宋純俛仰亭歌 白光弘關西別曲 鄭澈關東別曲 思美人曲 續美人曲 將進酒辭 盛行於世 他如水月亭歌 歷代歌 關山別曲 古別離曲 南征歌之類 甚多 余亦有朝天前後二曲 亦戲耳 《芝峰類說》

    *

 詩者吟詠性情而已 雖使十分精至 不過閑漫言語 無補於實用 《芝峰類說》

    *

 林悌詩曰 南邊壯士劍生塵 手閱陰符三十春 臥睡蒲團起索酒 野僧只道尋常人 又胡虜曾窺二十州 當時躍馬取封侯 如今絶塞烟塵靜 壯士閑眠古驛樓 可見其氣豪矣 《芝峰類說》

    *

 林子順詩曰 世有病心人 騎牛馬載去 用之旣違才 鞭策不少恕 太行之路靑泥坂 馬蹶牛債將伯助 吁嗟吁嗟 健牛良馬一時疲 誰爲負也誰爲馭 此近於俳優之談 而意則好矣 《芝峰類說》

申欽

贈李畫師楨詩序

 畫有絶品 有妙品 有神品 人工極 則絶與妙可能也 唯神也者 非人工可及 離乎色 脫乎境然後 迺可以語於神矣 其神全 故其天全其天全 故能不離於物 而爲物之主 盍亦觀夫造化乎 《象村集》

白玉峰詩集序

 其氣完 其聲淸 其色淡而古 其旨雅而則 噫其得於天者耶 詩非天得 不可謂之詩業

嘉祐以下者 不必論 至於號追踵古風者 若無得於天者 則雖劌心錄目 終身觚墨 而所就不過咸通諸子之優孟爾 譬如剪綵爲花 非不燁然而不可語生色也 《象村集》

松江詩集序

古人不曰 詩之爲道 出於性情乎 亶其然乎 斯詩乎 清而秀矣 峭而拔矣 長言雋永 短語高邁 翩翩霞擧 有玉宸藥珠之遺 《象村集》

覈僞篇

以白爲白者 眞也 以白爲黑者 僞也 其眞其僞 童孺立察 而瞽者憒焉 以鍾爲鍾者 眞也 以鍾爲磬者 僞也 其眞其僞 臺圉卽辨 而聾者迷焉 有所蔽 故有所惑 小蔽 則小惑 大蔽則大惑 小蔽者 黑白鍾磬之類也 大蔽者 天下國家之機也 《象村集》

許均

閑居事 與達官有異 觀聖賢書如對君父 觀史如觀公案 觀少說如觀優伶 觀詩如聽歌曲 此其樂與達者何異 《閑情錄》

*

子弟諸病皆可醫 唯俗不可醫 醫俗病者 獨有書耳 《閑情錄》

楊士彦 秋思

孤煙生曠野 殘日下平蕪 爲問南來雁 家書寄我無 公詩 氣骨不俗 筆法奇古 《國朝詩刪》

白光勳 洛中別友

長安相送處 無語贈君歸 却向江南望 青山又落暉 公詩 語淡有味 《國朝詩刪》

金萬重

人心之發於口者爲言 言之有節奏者 爲詩歌文賦 四方之言雖不同 苟有能言者 各因其語而節奏之 則皆足以動天地通鬼神不獨中華也 今我國詩文 捨其言而學他國之言 設令十分相似 只是鸚鵡之人言 而閭巷間樵童汲婦咿啞而相和者 雖曰鄙俚 若論眞贗 則固不可與學士大夫所謂詩賦者 同日而論 況此三別曲(關東別曲 前後美人曲)有天機之自發 而無夷俗之鄙俚 自古左海眞文章 只有三篇 《西浦漫筆》

　　＊

東坡志林曰 塗巷中小兒薄劣 其家所厭苦 輒與錢 合聚坐聽說古話 至說三國事 聞劉玄德敗 頻蹙有出涕者 聞曹操敗 卽喜唱快 此其羅氏衍義之權輿乎 今以陳壽史傳溫公通鑑 聚衆講說 人未必有出涕者 此通俗小說之所以作也 《西浦漫筆》

金昌協

宋人之詩 以故實議論爲主 此詩家大病也 明人功之是矣 然其自爲也 未必勝之 而或不及焉何也 宋人雖主故實議論 然其問學之所蓄積 志意之所蘊結 感激觸發 噴薄輸寫 不爲格調所拘 不爲塗轍所窘 故其氣象 豪蕩淋漓 時有近於天機之發 而讀之猶可見其性情之眞也 明人太拘繩墨 動涉模擬 效顰學步 無復天眞 此其所以反出宋人下也歟 《農巖集》

　　＊

詩固當學唐 亦不必似唐 唐人之詩 主於性情興寄 而不事故實議論 此其可法也 然唐人自唐人 今人自今人 相去千百載之間 而欲其聲音氣調無一不同 此理勢之所必無也 强而欲似之 則亦木偶泥塑之象人而已 其形雖儼然 其天者 固不在也 又何足貴哉 《農巖集》

金昌翕

西浦集序
其性靈所蘊 必其玲瓏穿穴 與物靡隔 而其發爲文辭 亦將有動觸天眞 不期工而自工者矣 夫不期工而自工 斯淸通之所以爲妙 而在文章 特可貴重 此西浦金公文集之謂也 《三淵集》

仲氏農巖先生文集序
蓋天地間 固自有順氣中聲 不乖不雜 與人心相流通者 自然成象而入律 一涉作爲 輒間隔以失之 先生於此得之以易簡 斯其文與道之合一者歟 《三淵集》

仲氏文集後序
詩人之優游 騷人之情深 爲文者 不可少此意… 先生如之 則以其委性之溫厚與氣象之淸通合之也… 比物託興 非不愜當也 擒藻琢辭 非不華鍊也… 倫淸韻圓 使人耳解而心融 宜其善讀而審音者得之 蓋卽文而詩在乎斯 卽詩而樂在乎斯 合而觀之 是又所謂泯然一色者也 《三淵集》

觀復稿序
余之迂疎 百無所解 獨於詩道 三十年用心矣 其始以立格必高取法必古爲準 務以矯東人卑靡之習 其自標致… 知詩有別才 果非虛言 而規規於師法高下 亦陋矣 《三淵集》

雩沙集序
所謂文章亦何物哉 取諸襟抱 達于事境 不失其天眞可矣… 調脆過多 則反失正味 塗抹太盛 則却累眞姿 噫 其末世之文弊也已 以約失之者鮮 《三淵集》

嗚巖遺藁集序
今世文章 方鶩於模擬刻畫 則子東之文 得無受其嗤… 是以論人 當觀其氣象 論文

章 當觀其地步 《三淵集》

何山集序

詩之爲道 不可無法 不可爲法所拘也…… 夫詩何爲者也 原於性靈 假於物象 靑黃之錯爲文 宮商之旋爲律…… 蓋合而論之 百家一格 卽夫一人之作 而境事雷同 情致混倂 又是千篇一律 無可揀別矣 噫 詩可以觀 豈欲其如是哉 余於靑丘之詩 所病其拘於法者如此 晚得何山詩而讀之 是眞能脫略忌諱而不安於仍製者也 《三淵集》

金春澤

東方之詩 翠軒爲最 但以其少時所作 或病粗率 使假之年 當勝東坡 其才然也 然余恨其取法不高 或有自以爲法高者 才又不逮如…… 吾家西浦翁 古詩短律 本諸風雅 出入騷選唐宋 多有絶佳處 未知篤論者 何以處之也 《北軒集》

*

其以本國言語爲之者 不論其自合於本國樂律與否 就其辭意 或多悠揚婉切 眞可以動人聽感人心者 不惟勝於效古之歌詞 其視詩文諸作 又不啻過之 無他 眞與假之分也 諸詞中 如鄭松江前後思美人詞 又其最勝者 嘗聞金淸陰劇好聽此詞 家內婢使皆令誦習 吾家老婢春臺者 兒時逮事淸陰 至老而猶道舊日事 能誦其羅幃寂寞繡幕虛等句 淸陰之好之如此 豈無所以然者哉 《北軒集》

*

松江前後思美人詞者 以俗諺爲之 而因其放逐鬱悒 以君臣離合之際 取譬於男女愛憎之間 其心忠 其志潔 其節貞 其辭雅而曲 其調悲而正 庶幾追配屈平之離騷 而吾家西浦翁 嘗手寫兩辭於一冊 書其目曰 諺騷 蓋亦以爲可與日月爭光焉耳 余來濟州 又以諺作別思美人詞 追和松江兩詞 其大意以爲彼娘子 猶嘗陪侍君子於白玉京廣寒殿 寵愛嬌態雖遭災殃 而被斥逐 亦不必永傷 惟此娘子 未嘗一承恩於鴛鴦枕翡翠衾 而乃獲罪遠放 無因緣而有離別 最爲可恨 其命意措辭 若兩娘子相遇 而答問者然 皆古所謂變彼諸姬 聊與晤言之遺意 而其辭比松翁 益婉 其調比松翁 益苦 卽賤臣今日所

遭罹者然也 《北軒集》

　　　*

　西浦頗多以俗諺爲小說 其中所謂南征記者 有非等閑之比 余故翻以文字而其引辭曰 言語文字以敎人 自六經然爾 聖人旣遠 作者間出 少醇多疵 至稗官小說 非荒誕則浮 靡 其可以敦民彝裨世敎者 惟南征記乎 記本我西浦先生所作 而其事則以人夫婦妻妾 之間 然讀之者 無不咨嗟涕泣 豈非感於謝氏處難之節 翰林功過之懿 皆根於天具於性 而然者 其憤痛裂眦 又豈不以喬董之惡哉… 先生之作之以諺 蓋欲使閭巷婦女 皆得 以諷誦歡感 固亦非偶然者而顧無以列於諸子 愚嘗病焉 會謫居無事 以文字翻出一通 又不自揆 頗增刪而整釐之 然先生特以其性情思致之妙而有是書 故於諺之中 猶見詞 采 今愚所翻 反有不及焉者 《北軒集》

李瀷

　詩者志之發也 有語有意 意深而語淺 故語可了而意不窮 《星湖僿說類選》

　　　*

　至於我國 有科詩科表式 句句有套 字字依樣 其術極難而極易 以此取士 作卿作相 外此不但人之嗤點 已亦羞吝 若無所容 故人從孩童至老死 尺步寸驟 局局拘繫 若懷 襄大勢 靡靡幷驅而不自覺 至于經史 留心者反被譏誚 擧一世淪於利慾套中 民風斲喪 盡矣 其專以詞科導人 自隋廣始 李唐仍之 俗情便之 遂不復改 自此將不見古道之復 其爲蒼生之災害 孰甚於此 豈此天地一時之不幸也 《星湖僿說類選》

洪良浩

風謠續選序

　蓋列國之風 皆出於村謳巷謠 敍其情志 發於天機 於以見四方之俗 審治亂之本 孔 子曰 詩可以觀 此之謂也 降至後世 詩體屢變 人工勝而天機淺 失其自然之眞 然風俗

之異同 治道之升降 有不可揜者 《耳溪集》

春庵集序

詩則發於天機 疎宕而不靡於俗 溫雅而自中於軌 文則流出胸中 浩浩不竭 譬如太湖之水 風定浪平 萬象俱形 《耳溪集》

芝溪集序

至若東人之詩 專尙近體 雖稱名家大手 率不過較短長於聲律 鬪巧拙於態色 古人沖和悠永之音 漠然難見 可勝惜哉 友人宋德文 隱居紫芝之溪 志高而行簡 脫略流俗 好歌詩 慨然以古作者爲準 不數數於繩尺 而音調曠逸 自中軌律 《耳溪集》

文會齋記

所謂文者 非章句佔畢之謂也 學以聚之 問以辨之 修辭以明理 立言以衛道 皆是也… 會必以文則其業不二 不二則專 專則有功 善之士其將斐然興矣 《耳溪集》

稽古堂記

夫文章者 道之精華也 道形於外 文乃成章 如水有源而波瀾生焉 木有根而榮華發焉… 聖人之文章 如日月之麗天 江河之畫地 自然成象也 古者 當時之今也 今者 後世之古也 古之爲古 非年代之謂也 蓋有不可以言傳者 若夫貴古而賤今者 非知道之言也 世有志於古者 慕其名而泥其迹 譬如學音者 執追蠡而拊土鼓 不知韶武之變 好味者 挹汙樽而啜大羹 不識鹽梅之和 號於人曰 我能古也 我能古也 其可乎哉 《耳溪集》

詩解

人心之靈 發而爲聲 聲藏於內 機觸以生 神與機合 應律成章 天假之風人 其鳴鏗錚 譬如雷奮於夏 蟲吟於秋 若或命之 不可得而休焉 故詩之爲言 以時而名 人之爲詩 與天偕行 不可有意則離於眞 不可無意 恐喪其神 若有若無 妙在其間 玄乎微哉 《耳溪集》

疾雷

疾雷破山 聾者不聞 白日中天 瞽者不見 道德文章之美 愚者不信 王霸義利之分 衆人不辨 嗟爾世間男兒 莫言有耳有目 聰明不在耳目 惟係一片靈覺 《耳溪集》

詩解

萬竅各生吹 人聲最得奇 樂從虛處出 鳴豈不平爲 內裏藏天籟 毫端見化兒 風騷千古響 寥闊間憑誰 《耳溪集》

雨中獨坐

鳴鳥爲何語 吾詩亦漫成 天機非得已 無處不生生 《耳溪集》

洪大容

大東風謠序

歌者言其情也 情動於言 言成於文 謂之歌 舍巧拙 忘善惡 依乎自然 發乎天機 歌之善也 故詩之國風 多從里歌巷謠 或囿涵泳之化 亦有諷刺之意 雖有遜於康衢謠之盡善盡美 固皆出於當世性情之正也 是以邦國陳之 太師採之 被之管絃而用之宴樂 使庠塾絃誦之士 田野襁褓之氓 俱得以歡欣感發而日遷善而不自知 此詩教之所以自下達上也⋯⋯

顧里巷歌謠之作 出於自然之音響節族者 腔拍雖間於華夷 邪正多從其風俗 分章叶韻 而感物形言者 固異曲同工 而所謂今之樂 猶古之樂也 乃以其文不師古 詞理鄙俗也 邦國不陳 太師不採 使當時無有比音律獻天子 則後世無以考治亂得失之迹 蓋詩教之亡 於是乎極矣 朝鮮固⋯⋯

其所謂歌者 皆綴以俚諺 而間雜文字 士大夫好古者 往往不屑爲之 而多成於愚夫愚婦之手 則乃以其言之淺俗 而君子皆無取焉 雖然詩之所謂風者 固是謠俗之恒談 則當時之聽之者 安知不如以今人而聽今人歌耶 惟其信口成腔 而言出衷曲 不容安排 而天眞呈露 則樵歌農謳 亦出於自然者 反復勝於士大夫之點竄敲推言則古昔而適足以鑿喪

其天機也 苟善觀者 不泥於迹 而以意逆志 則其使人歡欣感發 而要歸於作民成俗之義
者 初無古今之殊焉 且其取比起興之意 傷時懷古之辭 或出於賢人君子之口 則其忠君
愛上之意 又渢渢乎言有盡 而意有餘 蓋已深得乎風雅遺意 而其辭淺而明 其意順而著
使婦人孺子 皆足以聞而知之 則所謂詩教之達于上下者 舍此奚以哉 謹採古今所傳 集
成二冊 名以大東風謠 凡千有餘篇 又得別曲數十首 以附其後 以備太師之採 庶有補於
聖朝觀風之政 若其調戲淫褻之辭 亦夫子不去鄭衛詩之意 晦翁所謂思所以反而有以
勸懲之者 尤在上者之所不可不知也云爾 《湛軒書》

洪花蒲 奏請日錄略

東方之詩 新羅之崔孤雲 高麗之李白雲 號爲人家 而孤雲地步優於展拓 聲調短於蒼
健 白雲造語偏喜新巧 韻趣終是淡薄… 本國以來 如朴挹翠盧蘇齋 俗稱東方李杜 雖
然挹翠韻格高爽而少沈渾之味 蘇齋體裁遒勁 而無脫灑之氣 惟權石洲之鍊達精確 深
得乎少陵餘韻 蔚然爲中葉之正宗 而高爽不及挹翠 遒勁不及蘇齋 悠揚簡澹之風 又不
能不遜於國初諸人 此皆先輩定論 《湛軒書》

與篠飲書

弟自十六七時 粗解東國之琴 學之旣久 頗得其妙 凡滌散塵想 宣撥拂鬱 其功或有
賢於詩酒 是以 凡有所往 必匣而自隨 每遇風軒月樓一水一石 可坐可賞者 必欣然度
曲 樂而忘歸 或與歌姬舞女雜坐爲歡 狂蕩慷慨 不知其不可也 知我者 責以無檢 不知
我者 目以伶人 夫人之多言 雖亦可畏 此固不足道也 惟浮浪者 愛其疎放 謹勅者 笑
其喪志 是以 蕩子日親 莊士日遠 駸駸乎儒門之棄物矣 乃數年以來 頗自悔悟 杜門省
愆 點檢書史 謝絕紛華 疎遺襟類 乘閒據梧 聊以自娛 冀以收功於一原 補過於桑楡
顧無檢之責 伶人之目 曉曉者方生而未已 則德之不修 學之不講 無怪乎人言之來矣
此其大小清濁之殊 固不敢比擬於吾兄 而其事相類 其跡相近 則孺子之歌 不妨爲聖人
之鑑戒否 《湛軒書》

與孫蓉洲書

容素不喜聲詩 年來病中無聊 偶見昭明選詩 始欣然慕之 不惟才思卑劣 性本狷滯

語多躁妄 且窮居排鬱 時逞憤慨 不能安分養精 此其本源病根 不特爲詩學之疵而已 承此枇敎 敢不益自警省耶 蓋詩貴沖遠 寧拙無巧 又必本之以溫厚文心 《湛軒書》

與秋庫書

惠贈詩義 極感勤意 顧凶衰在身 咏歌非時 姑未得逐章硏究 且不敢妄措贊頌 惟恭玩敬歡而已 且說詩 豈有定法 言之理到 橫說竪說 無所不同 如孟子言詩 太半遺却本旨 專取其義 最爲活法 《湛軒書》

朴趾源

放璚閣外傳自序

友居倫季 匪厥疎卑 如土於行 寄王四時 親義別叙 非信奚爲 常若不常 友廼正之 所以居後 廼殿統斯 三狂相友 遯世流離 論厥讒謟 若見鬚眉 於是述馬駔 士累口腹 百行餕缺 鼎食鼎烹 不誠饕餮 嚴自食糞 迹穢口潔 於是述穢德先生 閔翁煌人 學道猶龍 託諷滑稽 翫世不恭 書壁自憤 可警惰懦 於是述閔翁 士廼天爵 士心爲志 其志如何 弗謀勢利 達不離士 窮不失士 不飭名節 徒貨門地 酤鬻世德 商賈何異 於是述兩班 弘基大隱 廼隱於遊 淸濁無失 不抜有求 於是述金神仙 廣文窮丐 聲聞過情 非好名者 猶不免刑 矧復盜竊 要假以爭 於是述廣文 變彼虞裳 力古文章 禮失求野 亨短流長 於是述虞裳 世降衰季 崇飾詭僞 詩發含珠 愿賊亂紫 逕捷終南 從古以醜 於是述易學大盜 入孝出悌 未學謂學 斯言雖過 可警僞德 明宣不讀三年善學 農夫耕野 賓妻相揖 目不知書 可謂眞學 於是述鳳山學者 《燕巖集》

楚亭集序

爲文章如之何 論者曰 必法古 世遂有儗摹倣像而不之耻者 是王莽之周官 足以制禮樂 陽貨之貌類 可爲萬世師耳 法古寧可爲也 然則刱新可乎 世遂有恠誕淫僻而不知懼者 是三丈之木 賢於關石 而延年之聲 可登淸廟矣 刱新寧可爲也 夫然則如之何其可也 吾將奈何無其已乎 噫 法古者 病泥跡 刱新者 患不經 苟能法古而知變 刱新而能

典 今之文 猶古之文也 古之人有善讀書者 公明宣是已 古之人有善爲文者 淮陰侯是 已 何者 公明宣學於曾子 三年不讀書 曾子問之 對曰 宣見夫子之居庭 見夫子之應賓 客 見夫子之居朝廷也 學而未能 宣安敢不學而處夫子之門乎 背水置陣 不見於法 諸 將之不服固也 乃淮陰侯則曰此在兵法 顧諸君不察 兵法不曰置之死地而後生乎 故不 學以爲善學 魯男子之獨居也 增竈逓於減竈 虞升卿之知變也 由是觀之 天地雖久 不 斷生生 日月雖久 光輝日新 載籍雖博旨意各殊 故飛潛走躍 或未著名 山川草木 必有 秘靈 朽壤蒸芝 腐草化螢 禮有訟 樂有議 書不盡言 圖不盡意 仁者見之謂之仁 智者 見之謂之智 故俟百世聖人而不惑者 前聖志也 舜禹復起 不易吾言者 後賢逑也 禹稷 顏回其揆一也 隘與不恭 君子不由也 朴氏子齊雲年二十三 能文章 號曰楚亭 從余學 有年矣 其爲文慕先秦兩漢之作 而不泥於跡 然陳言之務祛則或失於無稽 立論之過高 則或近乎不經 此有明諸家於法古刱新 互相訾謷而俱不得其正 同之竝墮于季世之瑣屑 無裨乎翼道而徒歸于病俗而傷化也 吾是之懼焉 與其刱新而巧也 無寧法古而陋也 吾 今讀其楚亭集 而竝論公明宣 魯男子之篤學 以見夫淮陰 虞詡之出奇 無不學古之法而 善變者也 夜與楚亭言如此 遂書其卷首而勉之 《燕巖集》

孔雀館文稿自序

文以寫意則止而已矣 彼臨題操毫 忽思古語 強覓經旨 假意謹嚴 逐字矜莊者 譬如 招工寫眞 更容貌而前也 目視不轉 衣紋如拭 失其常度 雖良畵史 難得其眞 爲文者亦 何異於是哉 語不必大 道分毫釐 所可道也 瓦礫何棄 故檮杌惡獸 楚史取名 椎埋劇盜 遷固在叙 爲文者惟其眞而已矣 以是觀之 得失在我 毁譽在人 譬如耳鳴而鼻鼾 小兒 嬉庭 其耳忽鳴 啞然而喜 潛謂鄰兒曰 爾聽此聲 我耳其嚶 奏鞸吹笙 其團如星 鄰兒 傾耳相接 竟無所聽 悶然叫號 恨人之不知 甞與鄕人宿 鼾息磊磊 如哇如嘯 如嘆如 嘘 如吹火 如鼎之沸 如空車之頓轍 引者鋸吼 噴者豕狗 被人提醒 勃然而怒曰 我無 是矣 嗟乎己所獨知者 常患人之不知 己所未悟者 惡人先覺 豈獨鼻耳有是病哉 文章 亦有甚焉耳 耳鳴病也 悶人之不知 況其不病者乎 鼻鼾非病也 怒人之提醒 況其病者 乎 故覽斯卷者 不棄瓦礫 則畵史之渲墨 可得劇盜之突髩 毋聽耳鳴醒我鼻鼾 則庶乎 作者之意也 《燕巖集》

自笑集序

嗟乎 禮失而求諸野其信矣乎 今天下薙髮左袵 則不識漢官之威儀者 已百有餘年矣 獨於演戲之場 像其烏帽團領玉帶象笏 以爲戲笑 嗟乎 中原之遺老盡矣 其有不掩面而不忍視之者歟 亦有樂觀諸此而想像其遺制也歟 歲价之入燕也 與吳人語 吳人曰 吾鄉有剃頭店 榜之曰盛世樂事 因相視大噱 已而潸然欲涕云 吾聞而悲之曰 習久則成性 俗之習矣 其可變乎哉 東方婦人之服 頗與此事相類 舊制有帶 而皆襉袖長裙 及勝國末 多尙元公主 宮中嘗服 皆蒙古胡制 于時士大夫爭慕宮樣 遂以成風 至今三四百載 不變其制 衫纔覆肩 袖窄如纏 妖佻猖披 足爲寒心 而列邑妓服 反存雅制 束釵爲髻 圓衫有純 今觀其廣袖容與長紳委蛇 褭褭可喜 今雖有知禮之家 欲變其妖佻之習 以復其舊制 而俗習久矣 廣袖長紳 爲其似妓服也 則其有不決裂而罵其夫子者耶 李君弘載自其弱冠 學於不佞 及旣長 肄漢譯 乃其家世舌官 余不復勉其文學 李君旣肄其業 冠帶仕本院 余亦意謂李君前所讀書頗聰明 能知文章之道 今幾盡忘之乾沒可歎 一日李君稱其所自爲者 而題之曰自笑集 以示余 論辨若序記書說百餘篇 皆宏博辯肆 勒成一家 余初訝之曰 棄其本業 而從事乎無用何哉 李君謝曰 是乃本業 而果有用 則益其事大交鄰之際 莫善乎辭令 莫嫺乎掌故 故本院之士 其日夜所肄者 皆古文辭而命題試才皆取乎此 余於是改容而歎曰 士大夫生 而幼能讀書 長而學功令 習爲騈麗藻繪之文 旣得之也 則爲弁髦筌蹄 其未得之也 則白頭矻矻 豈復知有所謂古文辭哉 鞶象之業 士大夫之所鄙夷也 吾恐千載之間 反以著書立言之實 視爲胥役之末技 則其不爲戲場之烏帽 邑妓之長裙者幾希矣 吾故爲是之懼焉 特書此集而序之曰 嗟乎 禮失而求諸野 欲觀中原之遺制 當於戲子而求之矣 欲求女服之古雅 當於邑妓而觀之矣 欲知文章之盛 則吾實慚於鞶象之賤士
《燕巖集》

鍾北小選自序

嗟乎 庖犧氏歿 其文章散久矣 然而蟲鬚花蘂 石綠羽翠 其文心不變 鼎足壺腰 日環月弦 字體猶全 其風雲雷電 雨雪霜露 與夫飛潛走躍 笑啼鳴嘯 而聲色情境 至今自在 故不讀易則不知畫 不知畫則不知文矣 何則 庖犧氏作易 不過仰觀俯察 奇偶加倍 如是而畫矣 蒼頡氏造字 亦不過曲情盡形 轉借象義 如是而文矣 然則文有聲乎 曰伊尹之大臣 周公之叔父 吾未聞其語也 想其音則欵欵耳 伯奇之孤子 杞梁之寡妻 吾未見

其容也 思其聲則懇懇耳 文有色乎 曰詩固有之 衣錦褧衣 裳錦褧裳 鬒髮如雲 不屑髢
也 何如是情 曰鳥啼花開 水綠山靑 何如是境 曰遠水不波 遠山不樹 遠人不目 其語
在指 其聽在拱 故不識老臣之告幼主 孤子寡婦之思慕者 不可與論聲矣 文而無詩思
不可與知乎國風之色矣 人無別離 畫無遠意 不可與論乎文章之情境矣 不屑於蟲鬚花
葯者 都無文心矣 不味乎器用之象者 雖謂之不識一字可也 《燕巖集》

蜋丸集序

子務子惠出遊 見瞽者衣錦 子惠喟然歎曰 嗟乎 有諸己而莫之見也 子務曰 夫何與
衣繡而夜行者 遂相與辨之於聽虛先生 先生搖手曰 吾不知吾不知 昔黃政丞自公而歸
其女迎謂曰 大人知蝨乎 蝨奚生 生於衣歟 曰然 女笑曰 我固勝矣 婦請曰 蝨生於肌
歟 曰是也 婦笑曰 舅氏是我 夫人怒曰 孰謂大監智 訟而兩是 政丞莞爾而笑曰 女與
婦來 夫蝨非肌不化 非衣不傳 故兩言皆是也 雖然 衣在籠中 亦有蝨焉 使汝裸裎 猶
將癢焉 汗氣蒸蒸 糊氣蟲蟲 不離不襯衣膚之間 林白湖將乘馬 僕夫進曰 夫子醉矣 隻
履韡鞋 白湖叱曰 由道而右者 謂我履韡 由道而左者 謂我履鞋 我何病哉 由是論之
天下之易見者莫如足 而所見者不同 則韡鞋難辨矣 故眞正之見 固在於是非之中 如汗
之化蝨 至微而難審 衣膚之間 自有其空 不離不襯 不右不左 孰得其中 蜣蜋自愛滾丸
不羨驪龍之珠 驪龍亦不以其珠 笑彼蜋丸 子珮聞而喜之曰 是可以名吾詩 遂名其集曰
蜋丸 屬余序之 余謂子珮曰 昔丁令威化鶴而歸 人無知者 斯豈非衣繡而夜行乎 太玄
大行 而子雲不見 斯豈非瞽者之衣錦乎 覽斯集 一以爲龍珠 則見子之鞋矣 一以爲蜋
丸 則見子之韡矣 人不知猶爲令威之羽毛 不自見猶爲子雲之太玄珠丸之辨 唯聽虛先
生在 吾何云乎 《燕巖集》

菱洋詩集序

達士無所恠 俗人多所疑 所謂少所見 多所恠也 夫豈達士者 逐物而目視哉 聞一則
形十於目 見十則設百於心 千恠萬奇 還寄於物而己無與焉 故心閒有餘 應酬無窮 所
見少者 以鷺嗤烏 以鳧危鶴 物自無恠已 迺生嗔一事不同 都誣萬物 噫 瞻彼烏矣 莫
黑其羽 忽暈乳金 復耀石綠 日映之而騰紫 目閃閃而轉翠 然則吾雖謂之蒼烏可也 復
謂之赤烏 亦可也 彼旣本無定色 而我乃以目先定 奚特定於其目不視 而先定於其心

噫 錮烏於黑足矣 廼復以烏錮天下之衆色 烏果黑矣 誰復知所謂蒼赤乃色中之光耶 謂黑爲闇者 非但不識烏 竝黑而不知也 何則 水玄故能照 漆黑故能鑑 是故有色者 莫不有光 有形者莫不有態 觀乎美人 可以知詩矣 彼低頭 見其羞也 支頤 見其恨也 獨立見其思也 顰眉 見其愁也 有所待也 見其立欄干下 有所望也 見其立芭蕉下 若復責其立不如齋坐不如塑 則是罵楊妃之病齒 而禁樊姬之擁髻也 譏蓮步之妖妙 而叱掌舞之輕儇也 余侄宗善字繼之 工於詩 不纏一法 百體俱該 蔚然爲東方大家 視爲盛唐 則忽焉漢魏 而忽焉宋明 纔謂宋明 復有盛唐 嗚呼世人之嗤烏危鶴 亦已甚矣 而繼之之園烏忽紫忽翠 世人之欲齋塑美人 而掌舞蓮步 日益輕妙 擁髻病齒 俱各有態 無惑乎其嗔怒之日滋也 世之達士少而俗人衆 則默而不言可也 然言之不休何也 噫 燕岩老人書于烟湘閣 《燕巖集》

嬰處稿序

子佩曰陋哉 懋官之爲詩也 學古人而不見其似也 曾毫髮之不類 詎髣髴乎音聲 安野人之鄙鄙 樂時俗之瑣瑣 乃今之詩也 非古之詩也 余聞而大喜曰 此可以觀 由古視今 今誠卑矣 古人自視 未必自古 當時觀者 亦一今耳 故日月滔滔 風謠屢變 朝而飲酒者夕去其帷 千秋萬世 從此以古矣 然則今者對古之謂也 似者方彼之辭也 夫云似也似也 彼則彼也 方則非彼也 吾未見其爲彼也 紙旣白矣 墨不可以從白 像雖肖矣 畵不可以爲語 雩祀壇之下 桃渚之衕 靑甍而廟 貌之渥丹而鬚儼然 關公也 士女患瘧 納其牀下 神褫魄 逃寒祟也 孺子不嚴 瀆冒威尊 爬瞳不瞬 觸鼻不嚏 塊然泥塑也 由是觀之 外舐水匏 全呑胡椒者 不可與語味也 羨鄰人之貂裘 借衣於盛夏者 不可與語時也 假像衣冠 不足以欺孺子之眞率矣 夫慇時病俗者 莫如屈原 而楚俗尙鬼 九歌是歌 按秦之舊 帝其土宇 都其城邑 民其黔首 三章之約 不襲其法 今懋官朝鮮人也 山川風氣地異中華 言語謠俗世非漢唐 若乃效法於中華 襲體於漢唐 則吾徒見其法益高而意實卑 體益似而言益僞耳 左海雖僻國 亦千乘 羅麗雖儉 民多美俗 則字其方言 韻其民謠 自然成章 眞機發現 不事沿襲 無相假貸 從容現在 卽事森羅 惟此詩爲然 嗚呼 三百之篇 無非鳥獸草木之名 不過閭巷男女之語 則邶檜之間 地不同風 江漢之上 民各其俗 故采詩者以爲列國之風 攷其性情 驗其謠俗也 復何疑乎此詩之不古耶 若使聖人者 作於諸夏 而觀風於列國也 攷諸嬰處之稿 而三韓之鳥獸艸木 多識其名矣 貊男濟婦之性情可以觀矣 雖謂朝鮮之風可也 《燕巖集》

炯言挑筆帖序

雖小技有所忘 然後能成 而況大道乎 崔興孝通國之善書者也 嘗赴擧書卷 得一字 類王羲之坐視 終日忍不能捨 懷卷而歸 是可謂得失不存於心耳 李澄幼登樓而習畫 家失其所在 三日乃得 父怒而笞之 泣引淚而成鳥 此可謂忘榮辱於畫者也 鶴山守通國之善歌者也 入山肄 每一闋 拾沙投屐 滿屐乃歸 嘗遇盜將殺之 倚風而歌 群盜莫不感激泣下者 此所謂死生不入於心 吾始聞之歎曰 夫大道散久矣 吾未見好賢如好色者也 彼以爲技足以易其生 噫 朝聞道夕死可也 桃隱書炯菴叢言凡十三則爲一卷 屬余叙之 夫二子專用心於內者歟 夫二子游於藝者歟 將二子忘死生榮辱之分 而至此其工也 豈非過歟 若二子之能有忘 願相忘於道德也 《燕巖集》

綠天館集序

倣古爲文 如鏡之照形 可謂似也歟 曰左右相反 惡得而似也 如水之寫形 可謂似也歟 曰本末倒見 惡得而似也 如影之隨形 可謂似也歟 曰午陽則侏儒僬僥 斜日則龍伯防風 惡得而似也 如畫之描形 可謂似也歟 曰行者不動 語者無聲 惡得而似也 曰然則終不可得而似歟 曰夫何求乎似也 求似者非眞也 天下之所謂相同者 必稱酷肖 難辨者亦曰逼眞 夫語眞語肖之際 假與異在其中矣 故天下有難解而可學 絶異而相似者 鞮象寄譯 可以通意 篆籀隷楷 皆能成文 何則 所異者形 所同者心故耳 繇是觀之 心似者志意也 形似者皮毛也 李氏子洛瑞年十六 從不佞學有年矣 心靈夙開 慧識如珠 嘗携其綠天之稿 質于不佞曰 嗟乎 余之爲文纔數歲矣 其犯人之怒多矣 片言稍新 隻字涉奇 則輒問古有是否 否則怫然于色曰 安敢乃爾 噫 於古有之 我何更爲 願夫子有以定之也 不佞攢手加額 三拜以跪曰 此言甚正 可興絶學 蒼頡造字 倣於何古 顔淵好學獨無著書 苟使好古者 思蒼頡造字之時 著顔子未發之旨 文始正矣 吾子年少耳 逢人之怒 敬而謝之曰 不能博學 未攷於古矣 問猶不止 怒猶未解 曉曉然答曰 殷誥周雅三代之時文 丞相右軍 秦晉之俗筆 《燕巖集》

旬稗序

小川菴雜記域內風謠民彝 方言俗技 至於紙鳶有譜 草謎著解 曲巷窮閭 爛情熟態 倚門鼓刀 肩媚掌誓 靡不蒐載 各有條貫 口舌之所難辨 而筆則形之 志意之所未到 而開

卷輒有 凡鷄鳴狗嘷 虫翹蠡蠢 盡得其容聲 於是配以十干 名爲旬稗 一日袖以示余曰 此吾童子時手戲也 子獨不見食之有秬乎 粉米漬酒 截以蚕大 煨煂焙之 贲油漲之 其形如繭 非不潔且美也 其中空空 啖而難鮑 其質易碎 吹則雪飛 故凡物之外美而中空者謂之秬 今夫榛栗稻秔 卽人所賤 然實美而眞鮑 則可以事上帝 亦可以贄盛賓 夫文章之道亦如是 而人以其榛栗稻秔而鄙夷之 則子盍爲我辨之 余旣卒業而復之日 莊周之化蝶 不得不信 李廣之射石 終涉可疑 何則 夢寐難見 卽事易驗也 今吾子察言於鄙邇 撫事於側陋 愚夫愚婦 淺笑常茶 無非卽事 則目酸耳飫 城朝庸奴 固其然也 雖然 宿醬換器 口齒生新 恒情殊境 心目俱遷 覽斯卷者 不必問小川菴之爲何人 風謠之何方方可以得之 於是焉聯讀成韻 則性情可論 按譜爲畫 則鬚眉可徵 睐道人 甞論夕陽片帆 乍隱蘆葦 舟人漁子 雖皆拳鬢突鬢 邉渚而望 甚疑其高士陸魯望先生 嗟乎 道人先獲矣 子於道人師之也 往徵也哉 《燕巖集》

素玩亭記

完山李洛瑞 扁其貯書之室曰素玩 而請記於余 余詰之曰 夫魚游水中 目不見水者何也 所見者皆水 則猶無水也 今洛瑞之書盈棟而充架 前後左右無非書也 猶魚之游水雖效專於董生 助記於張君 借誦於東方 將無以自得矣 其可乎 洛瑞驚曰 然則將奈何 余曰 子未見夫索物者乎 瞻前則失後 顧左則遺右 何則 坐在室中 身與物相掩 眼與空相逼 故爾莫若身處室外 穴牖而窺之 一目之專 盡擧室中之物矣 洛瑞謝曰 是夫子挈我以約也 余又曰 子旣已知約之道矣 又吾敎子 不以目視之 以心照之可乎 夫日者太陽也 衣被四海 化育萬物 濕照之而成燥 闇受之而生明 然而不能蓺木而鎔金者 何也 光遍而精散故爾 若夫收萬里之遍照 聚片隙之容光 承玻璃之圓珠 規精光以如豆初亭毒而晶晶 倏騰焰而熊熊者 何也 光專而不散 精聚而爲一故爾 洛瑞謝曰 是夫子警我以悟也 余又曰 夫散在天地之間者 皆此書之精 則固非逼礙之觀 而所可求之於一室之中也 故包犧氏之觀文也 曰仰而觀乎天 俯而察乎地 孔子大其觀 文而係之曰 屈則玩其辭 夫玩者 豈目視而審之哉 口以味之 則得其旨矣 耳而聽之 則得其音矣 心以會之 則得其精矣 今子穴牖而專之於目 承珠而悟之於心矣 雖然 室牖非虛 則不能受明 晶珠非虛 則不能聚精 夫明志之道 固在於虛而受物 澹而無私 此其所以素玩也歟 洛瑞曰 吾將付諸壁 子其書之 遂爲之書 《燕巖集》

騷壇赤幟引

善爲文者 其知兵乎 字譬則士也 意譬則將也 題目者 敵國也 掌故者 戰場墟壘也 束字爲句 團句成章 猶隊伍行陣也 韻以聲之 詞以耀之 猶金皷旌旗也 照應者 烽埈也 譬喩者 遊騎也 抑揚反復者 鏖戰撕殺也 破題而結束者 先登而擒敵也 貴含蓄者 不禽 二毛也 有餘音者 振旅而凱旋也 夫長平之卒 其勇㤼非異於昔時也 弓矛戈鋋 其利鈍 非變於前日也 然而廉頗將之 則足以制勝 趙括代之 則足以自坑 故善爲兵者 無可棄 之卒 善爲文者 無可擇之字 苟得其將 則鉏耰棘矜 盡化勁悍 而裂幅揭竿 頓新精彩矣 苟得其理 則家人常談 猶列學官而童謳里諺 亦屬爾雅矣 故文之不工 非字之罪也 彼 評字句之雅俗 論篇章之高下者 皆不識合變之機 而制勝之權也 譬如不勇之將 心無 定策 猝然臨題 屹如堅城 眼前之筆墨 先挫於山上之草木 而胸裏之記誦 已化爲沙中 之猿鶴矣 故爲文者 其患常在乎自迷蹊逕 未得要領 夫蹊逕之不明 則一字難下 而常 病其遲澁 要領之未得 則周匝雖密 而猶患其疎漏 譬如陰陵失道而名騅不逝 剛車重圍 而六騾已遁矣 苟能單辭而挈領 如雪夜之入蔡 片言而抽繁 如三皷而奪關 則爲文之道 如此而至矣 友人李仲存集東人古今科軆 彙爲十卷 名之曰騷壇赤幟 嗚呼 此皆得勝之 兵而百戰之餘也 雖其軆格不同 精粗雜進 而各有勝籌 攻無堅城 其鋩鋒利刃 森如武 庫 趣時制敵 動合兵機 繼此而爲文者 率此道也 定遠之飛食 燕然之勒銘 其在是歟 其在是歟 雖然 房琯之車戰 效跡於前人而敗 虞詡之增竈 反機於古法而勝 則所以合 變之權 其又在時而不在法也 《燕巖集》

答蒼厓 之一

寄示文編 漱口洗手 莊讀以跪曰 文章儘奇矣 然名物多借 引據未襯 是爲圭瑕 請爲 老兄復之也 文章有道 如訟者之有證 如販夫之唱貨 雖辭理明直 若無他證 何以取勝 故爲文者 雜引經傳 以明己意 聖作而賢述 信莫信焉 其猶曰康誥曰明明德 其猶曰帝 典曰克明峻德 官號地名 不可相借 擔柴而唱鹽 雖終日行道 不販一薪 苟使皇居帝都 皆稱長安 歷代三公 盡號丞相 名實混淆 還爲俚穢 是卽驚座之陳公 效顰之西施 故爲 文者 穢不諱名 俚不沒迹 孟子曰 姓所同也 名所獨也 亦唯曰字所同 而文所獨也

答蒼厓 之二
還他本分 豈惟文章 一切種種萬事摠然 花潭出 遇失家而泣於塗者曰 爾奚泣 對曰 我五歲而瞽 今二十年矣 朝日出往 忽見天地萬物淸明 喜而欲歸 阡陌多歧 門戶相同 不辨我家 是以泣耳 先生曰 我誨若歸 還閉汝眼 卽便爾矣 於是 閉眼扣相 信步卽到 此無他 色相顚倒 悲喜爲用 是爲妄想 扣相信步 乃爲吾輩守分之詮諦 歸家之證印 《燕巖集》

盛京雜識
卞君要飮 邃各飮一盃 卽行不數里 遙見 數處浮圖 皓然入望 計是瀋陽漸近也 所謂 漁人爲指江城近 一塔船頭看漸長 不知畵者不知詩 畫家有濃淡法 有遠近勢 今看塔形 益覺古人作詩 必須畵意 蓋城遠城近 只看一塔短長 《熱河日記》

關內程史
世傳金學士黃元登浮碧樓 得句曰 長城一面溶溶水 大野東頭點點山 因苦吟意涸 痛哭下樓 說者謂平壤之勝 兩句盡之 千載更無添一句者 余常以此謂非佳句 溶溶非大江之勢 東頭點點之山 遠不過四十里耳 烏得稱大野哉 《熱河日記》

灤河泛舟記
灤河出長城北開平東南 流經遷安縣界 至盧龍塞 合漆河 又南至樂亭縣 入于海 遼東西以河名者皆濁 獨灤河 至孤竹下 渟瀦爲湖 其色如鏡 孤竹城在永平府南十餘里 後漢郡國志曰 右北平令支 有孤竹城 注曰 伯夷叔齊本國也 河之南岸 削壁斗起 其上有淸風樓 樓下河水益淸 河中有小嶼 嶼中疊石如屛 屛前有孤竹君之祠 泛舟祠下 水明沙白 野濶樹遠 臨河數十戶 皆影寫湖中 漁艇三四 方設網罟下 溯river而上 中流有五六丈石峯 名砥柱 奇巖恠石 環柱攢立 鳲鵙鷗數十輩 列坐沙中 方刷羽 同舟者顧而樂之曰 江山如畵 余曰 君不知江山 亦不知畵圖 江山出於畵圖乎 畵圖出於江山乎 故凡言似如類肖若者 諭同之辭也 然而以似諭似者 似似而非似也 昔人稱江瑤柱 似荔支 西湖似西子 有愚人者 復曰淡菜似龍眼 錢塘似飛燕 何如爾哉 《熱河日記》

十可笑

戴斗夜談 京師相傳十可笑 光祿寺茶湯 太醫院藥方 神樂觀祈禳 武庫司刀鎗 營繕司作場 養濟院衣粮 敎坊司婆娘 都察院憲綱 國子監學堂 翰林院文章 猶漢世諺稱擧秀才不知書 察孝廉父別居之謂也 我東諺有云 官猪腹痛 猶言越視秦瘠也 其名存實無 漢世孝廉 猶然 何況後世乎 《熱河日記》

李德懋

松江墓

李東岳安訥 聽唱松江思美人曲 有詩曰 江頭誰唱美人詞 正是孤舟月落時 惆悵戀君無限意 世間唯有女郞知 松江寓哀時憂國之誠於諺歌 有離騷之忠憤 故長歌短謠 至今藉甚 《淸脾錄》

李益齋

詞林鉅公 每推挹翠軒爲詩宗 溯而上之 推佔畢齋爲第一 余嘗讀益齋集 斷然以益齋詩爲二千年來東方名家 其詩華艷韶雅 快脫東方僻滯之習 雖在中原 優入虞楊范揭之室 成慵齋所謂益齋能老健而不能藻者 非鐵論也 以益齋不能藻 何者果能藻乎 《淸脾錄》

知己知音

大抵知音與知己有異 知己卽與知心相同 而知音者能相知文祠技藝而已 然前人以知音知己渾稱 余嘗有詩曰 丁寧有眼堪千古 珍重知音只數人 林龍村處士見此笑曰 知音數人之多 可謂有福人也 余對以知音知己有分數 龍村頷可 《淸脾錄》

李虞裳

嘗序松穆館集曰 詩文有從人起見者 有從己起見者 從人起見者 鄙無論 卽從己起見者 毋或雜之固與偏 乃爲眞見 又必須眞才而輔之然後 乃有成焉 予求之有年 得松穆館主人 李君虞裳 君於是道有邁倫之識 入玄之思 惜墨如金 鍊句如丹 筆一落紙則可

傳也 然不求知於世 以世無能知者 不求勝於人 以人無足勝者 惟間出薦余 還錮之篋而已 《清脾錄》

端陽佳節

嘗於觀齋 會韻友數人 作端陽佳節 焚香展畫 調笙聽歌 仍各有詩 觀齋詩最爲工妙 以其能曉樂律 故詩現言外之致 簾旭疎疎入 香煙冉冉斜 笙纖歌窈窕 餘意石榴花 楚亭亦賞以爲可選可傳 《清脾錄》

工於體物

唐陳詠 隔岸水牛浮鼻渡 傍溪沙鳥點頭行 劉夢得 階蟻相逢如遇語 園蜂速去恐違程 皆工於體物 《清脾錄》

楚亭

楚亭之詩 才超而氣勁 詞理明白 亦能記實⋯⋯ 嘗寄予詩 有曰 閉門三十載 衣塵集不知 書中有世界 孤笑忽伸眉 繁華配高性 文藻合貞姿 前修愼名節 少忍百年飢 余亦感其相知之深 向所謂詞理明白者 非虛語也 《清脾錄》

燕巖

燕巖古文詞 才思溢發 橫絶古今 時作平遠山水 疎散幽逈 優入大米之室 其行書小楷 得意時作 逸態橫生 奇奇怪怪 不可方物 嘗有詩曰 水碧沙明鳥嶼孤 鵾鷫身世一塵無 亦知其詩品太妙 但矜愼不出 如包龍圖之笑比河淸 不得多見 同人慨恨 嘗贈我五言詩論文章 頗宏肆可觀 《清脾錄》

南公轍

答朴山如南壽書

古之文章 無摹擬 摹擬則非文章也 文章之妙 正在信心而發 信口而譚 世人喜秦漢

吾亦好之 世人喜唐 吾亦好之 世人喜宋明 吾亦好之 如之何博取而不專一也 曰集古今諸家 欲作吾一好文字爾 《歸恩堂集》

與金國器載璉論文書

文章以氣爲主 法次之 何謂氣 氣在六經 必先讀六經 以窺其理 道之淵藪 涵泳渟蓄 充實光輝 以養吾氣 以達吾氣然後 發之於文 文不期氣 而自氣……
譬之於人 貌有神 言有味 笑有態 聲有韻 步有趣 是豈飾之使然哉 皆由於中氣之所發爾 貌無神 言無味 笑無態 聲無韻 步無趣 形殼徒存 而一泥塑而已矣 文章亦類此 氣無大小 而各具其形 惟擇之有正不正爾 故曰 在養吾氣 達吾氣…… 今人作文 患不知法 以史韓之筆力 移之於尺牘題跋 而失之矣 以明淸之小品 效之於王公之碑誌 而失之矣 韓柳之序記 歐王之碑誌 三蘇之章疏策論 自有所長 而各得其體 吾旣幸而生於諸公之後 聚古今文集 博觀細究其大小鉅纖之異 與彼此巧拙之所以然 然後向所謂 字與句與篇 各以我之權衡尺度 裁剪其輕重 則才有長短 體有優劣 勢也 而言道爲經 言治爲史 言文詞 爲子爲集者 庶幾得之矣…… 僕始學爲古文 以爲文非氣不立 有氣而無法 則陋…… 法相師而不相襲 《歸恩堂集》

答金國器第二書

且世所稱古文者 皆僞耳 與其僞也 曷若時文之切事實 而近於道哉 第恨不能得耳 果有切事實而近道者 則何必取古字古句 以眩人也 摹于漢 謂之文不文矣 倣於唐 謂之詩 不詩矣 就宋元諸公之餘響而潤色之 謂之詞曲名家 非詞曲名家矣 欲古則近於闊 欲眞則溺於膺 《歸恩堂集》

閔生詩集序

學詩者 當學琴 說文曰 琴樂器也 詩發於性情 而琴以正人心 故樂之中 琴與詩最相近焉 《歸恩堂集》

著庵集序

文章之根柢 在乎載道而明理 然聖人亦曰 言之不文 行之不遠 公之文 能卓然成一

家 而竟以經傳爲歸　發於言者　皆篤實而可傳　夫辭華而理實者　此乃天下之至文也
《歸恩堂集》

古文源流序

學問貴歷階級　故宜下學而上達　文章尙氣力　故上學而下達…　養氣不厚　見理不明 而好議論　欲以仰及於古人　則雖極文章之妙　取適于己　而有愧于人　君子蓋有所不取
《歸恩堂集》

鄭孝憲公文集序

公自少功文詞　不喜雕繪　而主於理　故無意於工　而自工詩　又興想幽夐　辭令溫潤　如 良玉韞匱而光氣不多　務出胸中之言　言盡而意愈不窮　《歸恩堂集》

丁若鏞

文體策

天地間大文章　莫如物態人情　善觀乎物態人情之變　則文體之變　可得而言也　何則 臣嘗觀物態矣　甲者坼　蟄者蠢　蘊隆者舒散　鬱伏者風揚　芸芸溉溉　千態萬狀　而求其故 則總不外冷煖二情　臣嘗觀人情矣　廉者頑　恬者慾　柔懦者鶩發　淡泊者熱沸　紛紛穰穰 千態萬狀　而求其故　則總不外利害兩端　資於物態　發於人情　顧文體奚獨不然　醇者醨 樸者斲　平易者奇詭　敦實者淺薄　典雅者鄙俚　舒緩者促急　形形色色　千變萬化　而求其 故　則不出於得失二字　夫冷焉則物不趨之　害焉則人不嚮之　失焉則文體可得而變也
《與猶堂全書》

五學論

文章之學　吾道之鉅害也　夫所謂文章者　何物　文章豈掛乎空　布乎地　可望風走而捉 之者乎　古之人　中和祇庸　以養其內德　孝悌忠信　以篤其外行　詩書禮樂　以培其基本 春秋易象　以達其事變　通天地之正理　周萬物之衆情　其知識之積於中也　地負而海涵

雲鬱而雷蟠 有不可而終閟者 然後有與之相邅者 或相入焉 或相觸焉 撓之焉 激之焉
則其宣之而發於外者 渤潏汪濊 粲爛煜霅 邇之可以感人 遠之可以動天地 而格鬼神
斯之謂文章 文章不可而外求也 故文章之在宇宙之間 其精微巧妙者易 溫柔激切者詩
典雅縝密者書 詳細而不可亂者禮 條鬯而不可棼者周禮 瓌奇吐欱而不可屈者春秋左氏
之傳 睿聖無瑕者論語 眞知性道之體而劈折枝經者孟子 刻覈深窈者老子 下此以往 醇
者或寡矣 太史遷 好奇尙俠 而自外乎禮義 揚雄不知道 劉向溺於讖緯 司馬相如俳優
而自衒… 韓愈柳宗元 雖稱中興之祖 而本之則亡 如之何其興之也 文章不自內發 迺
皆外襲以自雄 斯豈古所謂文章者哉 韓柳歐蘇 其所謂序記諸文 率皆華而無實 奇而不
正 幼而讀之 非不欣然善矣 內之不可以修身而事親 外之不可以致君而牧民 終身誦慕
而落魄牢騷 卒之不可以爲天下國家 此其爲吾道之孟蠚也 將有甚乎楊墨老佛 何也 楊
墨老佛 雖其所秉有差 要之 皆欲以克己斷慾 爲善去惡 彼韓柳歐蘇 其所自命者文章
已矣 文章 豈足以安身立命哉 使天下之心 詠歌跳舞 浸淫悅樂 釀薰膚湊 與之俱化
而邈然忘其性命之本 民國之務者 文章之學也 豈聖人之所取哉 今之所謂文章之學 又
以彼四子者 爲淳正而無味也 祖羅 祧施 郊麟 禘螺 而尤侗 錢謙益袁枚毛甡之等 似
儒似佛 邪淫譎怪 一切以求眩人之目者 是宗是師 其爲詩若詞 又凄酸幽咽 乖拗犖确
壹是可以鎖魂斷腸則止 遂以是自怡自尊 而不知老之將至 其爲吾道之害 又豈但韓柳
歐蘇之流而已 口譚六經手撮千古 而終不可以携手同歸於堯舜之門者 文章之學也
《與猶堂全書》

樂書孤存 納言議

聖人作樂 非欲以靡靡之音 悅耳蕩心 乃欲以君德闕失 被之管絃 播諸耳目 使之懲刱
奮發 以改其惡 此虞夏殷周 相傳不改之良法 乃周之衰 此法遂廢 人主無所懲畏 於是
孔子懼而作春秋 以袞以鉞以勸以懲 所謂詩亡而春秋作也 聖人以不聞過惡爲聾 以不辨
賢德爲瞽 故使其臣爲耳爲目 採聽風雅 以察治亂 彰施命服 以察賢邪 若云聲音之道與
政通 聞其樂音可知治亂 則季札適魯觀樂贊不容口 未必魯政無失 孔子在齊 聞韶 食不
知味 未必齊德方隆 審樂知政 危殆如此 豈牢固無錯之法乎 其一棒一痛 恐不如朦矇之
諷誦詩歌爲易省悟也 詩之爲道 或陳古義 使自悟之 或陳前鑒 使自戒之 或直陳時政
使自改之 其有諂媚阿順 以惑君聽者 有司黜之 斯之謂出納也 《與猶堂全書》

樂論

　昔有虞氏之命夔也 曰命汝典樂 敎胄子 典樂 典樂而已 其敎人奈何 嗟乎 人不能自然而善 必敎而後善 何則 七情交於中 而不得其和也 或欿欿然有所慊而淫焉 或怫怫然有所激而懥焉 或戚戚焉 或慄慄焉 或耽耽焉 或盻盻焉 而其心無時而得和矣 心不和 則百體從而乖面動作周旋 皆失其度 故聖人 爲之琴瑟鐘鼓磬管之音 使朝夕灌乎耳而漑乎心 得以動盪其血脈 而鼓發其和平愷悌之志 故韶之旣成 庶尹允諧 虞賓德讓 其效有如是者矣 敎人之必以樂 不其宜乎 故天子宮縣諸侯軒縣 奏而後食焉 步以肆夏 趨以采齊 大夫判縣士無故不輟琴瑟 聖人之道 非樂不行 帝王之治 非樂不成 天地萬物之情 非樂不諧 樂之爲德 若是其廣博崇深 而三代之後 獨樂全亡 不亦悲哉 百世無善治 四海無善俗 皆以樂之亡耳 爲天下者宜致意焉 《與猶堂全書》

詩經講義

　大抵 君臣也 夫婦也 朋友也 以義而合 事情相類 故君臣朋友之間 託辭於男女者 詩家之本法也… 鄭衛之詩 何以異是 且夫善則美之 惡則刺之 此詩之所以作也 美之則勸 刺之則懲 此詩之所以采而太史之所以被之管絃也 今若舍美刺二字 而求詩之所以爲詩 則不幾於舍褒貶二字 而求春秋之所以爲春秋也乎 世有刺淫之詩而無淫詩 被之管絃 靡不可也 《與猶堂全書》

跋翠羽帖

　右畫帖四卷 故太學生尹公君悅(名愹)之所作也 有嘲尹公者曰 君悅之自愛其畫 猶翡翠之自愛其羽 此翠羽之所爲名也 所作花木翎毛蟲豸之屬 皆逼臻其妙 森細活動 非粗夫笨生 把禿筆 潘水墨 謬爲奇怪以書意 不畵形自命者 所能磬比者也 尹公嘗取蛺蝶蜻蛉之屬 細視其鬚毛粉澤之微 而描其形 期於肯而後已 卽此而其精深刻苦 可知也 尹氏自恭齊以畵名 恭齊之子曰 駱西(諱德熙) 駱西之子曰君悅 凡三世而其藝益精 藝不可驟以成也 恭齊於余 爲外祖之父 故其遺墨多在余家 蓋於人物尤長 《與猶堂全書》

爲陽德人邊知意贈言

　邊君知意 千里而訪余 詢其志 志在文章 是日兒子游種樹 指以喩之曰 人之有文章

猶草木之有榮華耳 種樹之人 方其種之也 培其根 安其幹 已矣 旣而行其津液 敷其條葉 而榮華於是乎發焉 榮華不可以襲取之也 誠意正心 以培其根 篤行修身 以安其幹 窮經硏禮 以行其津液 博聞游藝 以敷其條葉 於是類其所覺 以之爲蓄 宣其所蓄 以之爲文 則人之見之者 見以爲文章 斯之謂文章 文章不可以襲取之也 子以是歸而求之 有餘師矣 《與猶堂全書》

爲草衣僧意洵贈言

詩者言志也 志本卑汙 雖强作淸高之言 不成理致 志本寡陋 雖强作曠達之言 不切事情 學詩而不稽其志 猶瀝淸泉於糞壤 求奇芬於臭樗 畢世而不可得也 然則奈何 識天人性命之理 察人心道心之分 淨其塵滓 發其淸眞 斯可矣 然則陶杜諸公 皆用力由此否 曰陶知神形相役之理 可勝言哉 杜天品本高 忠厚惻怛之仁 兼之以豪邁鷙悍之氣 凡流平生治心 其本源淸澈 未易及杜也 下此諸公 亦皆有不可當之氣岸 不可摹之才思 得之天賦 又非學焉者所能跂也 《與猶堂全書》

爲李仁榮贈言

余在洌上 一日 有妙少年至 背有荷 視之書笈也 問之 曰我李仁榮也 (數句刪) 問其年 十有九 問其志 志在文章 雖不利於功名 終身落拓無悔也 瀉其笈 皆詩人才子奇峭淸新之作 或細文如蠅頭 或小言如蚊睫 傾其腹 泌泌如葫蘆之吐水 蓋富於笈數十倍也 視其目 烱烱有流光 視其額 隆隆若犀通之外暎也 余曰 噫嘻 子坐 吾語子 夫文章何物 學識之積於中 而文章之發於外也 猶膏粱之飽於腸 而光澤發於膚革也 猶酒醪之灌於肚而紅潮發於顔面也 惡可以襲而取之乎 養心以和中之德 繕性以孝友之行 敬以持之 誠以貫之 庸而不變 勉勉望道 以四書居吾之身 以六經廣吾之識 以諸史達古今之變 禮樂刑政之具 典章法度之故 森羅胸次之中而與物相遇 與事相値 與是非相觸 與利害相形 卽吾之所蓄積 壹鬱於中者 洋溢動盪 思欲一出於世 爲天不萬世之觀 而其勢有弗能以遏之 則我不得不一吐其所欲出 而人之見之者相謂曰 文章斯之謂文章 安有撥草瞻風 疾奔急走 求所謂文章者而捉之吞之乎 世所謂文章之學 乃聖道之孟蠚 不可相容 然汙而下之 籍使爲之 亦其中有門有路有氣有脈 亦必本之以經傳 翼之以諸史諸子 積渾厚沖融之氣 養淵永敦遼之趣 上之思所以黼黻王猷 下之思所以旗鼓一世

然後方得云不錄錄 今也不然 以羅貫中爲祧 以施耐菴金聖歎爲昭穆 喋喋猩鸚之舌 左翻右弄 以自文其淫媟機險之辭 而竊竊然自娛自樂者 惡足以爲文章 若夫凄酸幽咽之詩句 非溫柔敦厚之遺敎 栖心於淫蕩之巢 游目於悲憤之場 銷魂斷腹之語 引之如蠶絲 刻骨鐫髓之詞 出之如蟲唫 讀之如靑月窺椽而山鬼吹歔 陰飆滅燭而怨女啾泣 若是者 不唯於文章家爲紫鄭 抑其氣象慘悽心地刻薄 上之不可以受天之胡福 下之不可以免世之機辟 知命者當大驚疾避之弗暇 矧躬篤以隨之哉 吾東科學之法 始於雙冀 備於春亭 凡習此藝者 銷磨精神 抛擲光陰 使人鹵莽蔑裂 以沒其齒 誠異端之最而世道之鉅憂也 然國法未變 有順而已 非此路則君臣之義 無所問焉 故靜菴退溪諸先生 咸治此藝 以發其身 今子何人 乃欲屣脫而弗顧耶 爲性命之學 猶且不絶 矧爲此淫巧小說之支流 酸寒短句之餘裔 以輕拋此身世乎 仰不事父母 俯不育妻子 近之不能顯門戶以庇宗族 遠之不能尊朝廷而澤黎庶 思以追配於羅施之廡 不亦狂且愚哉 願子自妓以往 絶意文章之學 亟歸養老母 內篤孝友之行 外勤經傳之工 使聖賢格言 常常浸灌 俾之不畔 旁治功令之業 以圖發身 以冀事君 以備昭代之端物 以作後世之偉人 勿以沾沾之嗜而輕棄此千金之軀也 苟子之不改 卽馬弔江牌狹斜之游 亦無以加於是也 《與猶堂全書》

寄淵兒

向來醒叟之詩 見之矣 其論汝詩 切切中病 汝當服膺 其所自作者 雖佳 亦非吾所好也 後世時律 當以杜工部爲孔子 蓋其詩之所以冠冕百家者 以得三百篇遺意也 三百篇者 皆忠臣孝子烈婦良友 惻怛忠厚之發 不愛君憂國 非詩也 不傷時憤俗 非詩也 非有美刺勸懲之義 非詩也 故志不立 學不醇 不聞大道 不能有致君澤民之心者 不能作詩 汝其勉之

杜詩用事無跡 看來如自作 細察皆有本(有出處)所以爲聖 韓退之詩 字法皆有所本(有出處) 句語多其自作 所以爲大賢也 蘇子瞻詩 句句用事而有痕有跡 瞥看不曉意味 必也左考右檢 採其根本 然後僅通其義 所以爲博士也 乃此蘇詩 以吾三父子之才 須終身專工 方得刻鵠 人生此世 可爲者多 何可爲此乎 全不用事 吟風詠月 譚棊說酒 苟能押韻者 此三家村裏村夫子之詩也 此後所作 須以用事爲主 雖然我邦之人動用中國之事 亦是陋品 須取三國史 高麗史 國朝寶鑑 輿地勝覽 懲毖錄 燃藜述 及他東方文字 採其事實 考其地方 入於詩用 然後方可以名世而傳後 柳惠風十六國懷古詩 爲中國人所刻 此可驗也 東事櫛本爲此設 今大淵無借汝之理 十七史東夷傳中 必抄採名

跡 乃可用也 《與猶堂全書》

寄二兒

近一二少年 取元明間輕佻妄客酸寒尖碎之詞 摹擬爲絶句短律 竊竊然自負其爲超世文章 傲睨眨薄 欲掃蕩今古 吾嘗愍之 必先以經學立著基址 然後涉獵前史 知其得失理亂之源 又須留心實用之學 樂觀古人經濟文字 此心常存澤萬民育萬物底意思 然後方做得讀書君子 如是然後或遇煙朝月夕 濃陰小雨 勃然意觸 飄然思至 自然而詠 自然而成 天籟瀏然 此是詩家活潑門地 勿以我迂也

數十年來怪有一種議論 盛斥東方文學 凡先獻文集 至不欲寓目 此大病痛 士大夫子弟 不識國朝故事 不見先輩議論 雖其學貫穿今古 自是鹵莽 但詩集不須急看 而疏箚墓文書牘之屬 須廣其眼目 又如鵝州雜錄 盤池漫錄 靑野謾輯等書 不可不廣搜博觀也 《與猶堂全書》

趙秀三

允五詩序

朝鮮之湖南 猶中州之有蘇杭也 其山川明媚 土地衍沃 塊厚淸麗之氣 種種發諸物而橘柚榴薑 竹箭椑柿槃枲 吉貝之布 金梱鏤荊之材 長腰不鑿之米 籡篼之扇 白硾之紙 凡派之四方 湊于京國 便民利用者 皆地出也 故其人亦多俊慧秀穎 文學才技之足以搖諸隣邦 傳於後世者 在在有 而今柳君允五 則其一人也 始余南遊也 君贊詩來見於完山客舍 余固己喜其雋永 遂與訂交而歸 及君尾余至京居 則滿懷袖者 又其詩也 余乃知君之樂與余遊 不遠千里也 出家藏杜詩一帙相贈 爲其欲袪綺繪 而懋老蒼已 後余之再遊南邑 復與君日夕過從 益多見君詩 華者漸實 脆者漸朝 則雖不語而愈竊喜之

今君又叩余於余歸四年之後 學益富才益進 語益馴格益新 淵然蒼然 已造草堂門逕 撤開六代笆籬 崇嶺古松 未足標其峻 摩霄鷲䴇 不能喩其勍 區區藻麗 余不敢爲君贊也 吁 君之用力 顧己至矣 而余之贈君者 亦與有幸也 君之詩其將派四方湊京國 如竹箭橘柚之人悅戶蓄也耶 且余亟見君 詩之亟進也若此 則後數年有一大鳴於南國 世以

爲上下數百歲 湖南絶調者必君也 余方爲君俟之 故於其歸也 敍以弁其詩 《秋齋集》

與朴生

年少時喜作輕薄綺麗語 自十數年來 自覺其非 尙務於蒼老忠厚 用力旣久 稍稍滌除 今則已改觀矣 然如馳馬試劒之俠少子弟 老大折節讀書 諄諄爲一大儒 時於酒後忽爾 扼腕劇談 僕詩亦如此 往往有故態闖出 只自痛責強作而已 不能如古人至誠惻怛 此己所獨知 而人不能盡知處也 李炯菴懋官 極賞僕少時作 見輒屢回高詠 仍嘆曰 此詩向老必一大變 詩今變 而炯菴之墳草 已十數宿矣 每中宵寤嘆 恨無所訂其善變不善變也 賢旣有云云 則其知之覶之 亦能如僕之自知 炯菴之知我耶否 必有定評 更惠良規 《秋齋集》

金鑢

題墨吐香草本卷後

李君其相⋯⋯ 其文纖細 而情思泉湧 其詩輕淸而格調峭刻 其相之言曰 吾今世人也 吾自爲吾詩吾文 何關乎先秦兩漢 何繫乎魏晉三唐 其相尤工于塡詞 余不以爲奇也 《潭庭遺稿》

題文無子文鈔卷後

世言 李其相不能古文 此其相自道也 其相之意 以爲學古而僞者 不若學乎今之猶可爲有用也 耳食者從而和之 以爲其相不能古文 哀哉 《潭庭遺稿》

題桃花流水館小稿卷後

論人之文者 論其古今 可也 論其大小 可也 若云 小品而非古 則此耳 食者之言耳 ⋯⋯ 看文看花 以牧丹芍藥之富艷 而棄石竹繡毬 以秋菊冬梅之枯淡 而惡緋桃紅杏 是可謂知花乎 《潭庭遺稿》

鄭農塢詩集序

歐陽永叔論梅都官詩 以爲窮而益工 黃魯直論杜子美詩 以爲老益工 談者皆曰 至言… 予獨以爲非窮而能工 老而能工 直工者益工也 何則 予閱三唐以下至宋元明淸及我東人詩集 幾數十百種 其窮者益酸寒 老者益燕拙 而其工者幾稀 由是觀之 惟工者可工 而窮不必工人 老不必工人也 明矣 《潭庭遺稿》

申緯

東人論詩絕句

虞趙諸公共漸摩 蜀吳萬里壯經過 文章爾雅陶鎔化 功到于今儘覺多
　　　*
長嘯牧翁倚風磴 綠波添淚鄭知常 雄豪艶逸難上下 偉丈夫前窈窕娘
齊名陳李有誰知 片羽零金恰小詩 密葉翳花雲漏日 一江春雨碧絲絲
　　李詩有 密葉翳花春後在 薄雲漏日雨中明
　　陳詩有 漁店閉門人語細 一江春雨碧絲絲
　　　*
四佳繁富孰窺藩 閑鴨遊蜂寫景渾 一種淸華廊廟氣 白雲如海滿前村
　　　*
白衣妙選稱從事 何異將身到鳳池 樂府至今傳絕唱 松江歌曲石洲詩 《申紫霞詩集》

洪奭周

文章云者 非詞藻賦詠之謂也 然有德者必有言 深於道者 其文辭無不工也 《鶴岡散筆》
　　　*

東坡言 塗巷小兒 聽說古話 至三國事 聞玄德敗 則嚬蹙有涕者 聞曹操敗 則大喜唱快 豈北宋之時 已有如今所謂三國演義 流傳于街衖婦孺之口者耶 人心好惡之公 無古今知愚一也 《鶴岡散筆》

*

人不能自傳 必待能言者而後傳 言之不文 則行之不遠 此文章所以可重也 《鶴岡散筆》

*

器玩書畵之古者 賢士大夫 往往多好之非好器玩書畵也 好夫古也 所貴乎好古者 爲其可以觀古人之制度也 爲其可以想古人之遺風也 然此直古人之一端耳 唯是之好而不知其有眞可好者 則亦不足以言好古矣 《鶴岡散筆》

*

詩者 韻語也 固不可以不協于聲律 特今之所謂律者 非古之聲律耳 若無韻之文 則又異乎是矣 騈儷之作 雖非古文 亦文之一體也 《鶴岡散筆》

*

歐陽公謂曾子固曰 爲文勿造語及模擬前人 此蓋爲王介甫發也 文章如曾王者 乃可以此爲戒 若新學後生 亦安得不步趨前人也 然步趨與模擬 又自不同 嗚呼有明中葉以後三百年 文章之弊 兩言而盡之 《鶴岡散筆》

*

古人之文無造語乎 曰造語與立言不同 達意以言 言自中理 前人之所未及發 而後之人奉爲典訓 若此者所謂立言也 求奇於字句之間 標新於前載之外 非理是主 而唯辭之是治 此所謂造語也 《鶴岡散筆》

*

理勝辭達 而昌之以氣 此韓愈氏之所以爲文宗也⋯ 或曰 惟陳言之務去 非退之之語乎 陳言之去 安得不造語也 曰子以陳言爲但指古人之已言者而已乎 古人之已言者 退之固未嘗不用也⋯ 然則所謂陳言者 果何所指也 曰文者 達意而已矣 古人之言 苟可以達吾意 則又何不可用之 《鶴岡散筆》

*

余嘗謂文章有才有氣亦有力 才無古今而力則有之 氣則可養而力不可强 《鶴岡散筆》

*

古人之文 固有似造語者 然直寫其意中之所存 特不襲前人耳 非有意於造語也 退之則有意於造語矣 然亦未嘗務爲嶮怪也 如百孔千瘡 單獨一人 牢不可破等語 今皆爲村巷俚談 婦孺之所能曉解其始 則未嘗非造語也 《鶴岡散筆》

*

文以達意爲主 意以當理爲貴 理者無古今之異者也 用古人之語 而可以達吾意 則用古語可也 苟吾意之所欲言 而古人有未及言者 則造語亦可也 用古人之語 而改其字以求新 陋莫甚焉 《鶴岡散筆》

*

方言語錄之用於文辭 作家之大忌也 然古之語 助皆今之語錄也 凡經典子史之文聱牙而不可讀者 非語錄則皆方言也 《鶴岡散筆》

*

詩之爲用 主於感人 自三百篇以後 千有餘年之間 雖高下異體 邪正殊感 其詩之本乎性情 發於天機則一也 及顔謝作而對偶盛 沈宋起而格律嚴 靡之以黃白 束之以平仄 務博於故實 鬪巧於險韻 於是乎 組織粉澤之功勝 而興觀群怨之用隱矣 其出也 不本乎性情 其發也 非由乎天機 求其能感人也 安可得其彷彿哉 余嘗謂 聖人有作 或當求詩於閭巷匹婦之嫗謠 而必不求之於後世之律詩 倘亦朱夫子之遺意歟 《鶴岡散筆》

*

古人之與今人 其相去亦遠矣 而古人之文 鮮有不可通者 人情無古今之殊也 言者情之發也 而詩爲尤然 故古人之文 近於人情者 未有如三百篇者也 《鶴岡散筆》

*

文以明敎爲本 詩以感人爲尙 夫子論詩 首言可以興 興也者 感發之謂也 且興觀群怨其歸皆感人也 三百篇尙矣 楚人之騷 漢人之古詩 唐人之樂府歌行 尙有可以慷慨悲惻嗚咽 而流涕者 亦有可以儼然而神迂迢然而興會者 其於感人 猶庶幾焉 若鋪錦錯繡 媲白綴黃 鬪險以爲工 標新以爲異者 雖麗如唐樂 奇如長吉 巧如黃魯直 博如錢謙益 皆非吾所謂詩也 然則齊梁之子夜讀曲 元人之琵琶會 眞淫詞麗語 皆使人躍然而枉 斯亦可以儕於三百篇歟 曰奚獨是也 雖今日之閭巷謳謠 凡可以感人者 皆詩之流也 然其感則一也 而所感之邪正不同 苟非正也 則感人愈深 而其壞人之心術也愈酷 此聖人所以放鄭聲也 此聖人所以論詩 而必主乎思無邪也 《鶴岡散筆》

*

　　箋疏繁而經旨晦　評話盛而文章衰　議論多則成功少　理固然也　論文而主於明敎　論詩而主於感人　一言而盡矣　曰體裁　曰格調　曰風韻　皆己支矣　況於聲病之舛合　對偶之疎密　使事用韻之巧拙也哉　《鶴岡散筆》

*

　　詩之爲文　本乎性情　發乎天機　其意眞摯　其辭條達　其氣流動　其用則以感人爲主　其功歸於興勸懲創　其效至於移風易俗　自三百篇以下　至于漢晉之風謠　雖高下異調　雅俚殊趣　至其眞摯條達流動而感人者　亦未始不同也　粉澤盛而性靈隱　組織工而天眞喪　其弊則自靈運俑妓　吾所以不能無言也　《鶴岡散筆》

*

　　詩以義爲主　苟其義之至當而不可以他易　則雖無韻不害也　一韻無字　則旁通他韻又不得於他韻　則寧無韻　以韻從我者　古人之詩也　以我從韻者　今人之詩也　《鶴岡散筆》

*

　　爲善以致福　猶集義以養氣也　是集義所生者　非義襲而取之也　行一事合義而遽望其氣之塞于天地　是所謂襲而取之也　《鶴岡散筆》

*

　　天下之亂　㔩不由於盜賊　盜賊之起　㔩不由於民困　生民之困　㔩不由於在位者之奢侈　杜子美詩曰　不過行儉德　盜賊本王臣　旨哉言乎　是豈可以區區詞章視哉　《鶴岡散筆》

金正喜

人才說

　　耳多未聞　目多未見　而出其鄙委牽拘之識　相天下之文　寧復有文乎　文之妙　不在步趨形似之間　自然靈氣恍忽而來　不思而至　怪怪奇奇　莫可名狀　《阮堂集》

與李汝人最相

　　夫過情之詞　不實之譽　是君子所恥　非徒君子之所恥　抑且文章之大忌　今左右留心文

章 先犯其忌 僕之惑滋甚矣 僕之用工 不出通行之經史 若通行之經史 似皆左右所知也 以其所知之無隻字半句之加之別 而反以求之 强取東海鯉魚角來 左右其果虛受之耶 但今留心文章者 有第一義諦 當先自無自欺始也 自無自欺始 黃內通理萬竅玲瓏 寧有黃內通理 萬竅玲瓏 不能文章者乎 是不可以求之人 自求有餘者也 《阮堂集》

題兒輩詩卷後

須就東坡山谷兩集 熟看爛讀 千周萬遍 自有神明告人 最忌心矗 又忌欲連 又忌赤手捕龍 獅子頻申 捉象亦全力 捕兔亦全力 《阮堂集》

題默庵稿

烏在其橫塗亂點 盲拈瞎批 目之以警句 定之以絶唱 如金聖嘆輩之姿肆無忌 供人一笑 是默庵之所不肯受 亦拙之所不欲爲也 且嘗讀古詩十九首 何曾有一語警句 一篇絶唱 使後人得以拈出耶… 世俗有二病 一是騎驢覓驢也 一是騎驢不肯下也 既知驢而不肯下 又是最難醫者也 《阮堂集》

題彛齋東南二詩後

性靈格調 具備然後 詩道乃工 然大易云 進退得喪 不失其正 夫不失其正者 以詩道言之 必以格調 裁整性靈 以免乎淫放鬼怪而後 非徒詩道乃工 亦不失其正也 況於進退得喪之際乎 噫今東南二詩 所以性靈格調之具備焉耳 《阮堂集》

雜識

文之體 類十三 而所以爲文者八 曰神理氣味格律聲色 神理氣味者 文之精也 格律聲色者 文之粗也 然苟捨其粗 則精者亦胡而寓焉 學者之於古人 必始而遇其粗 中而遇其精 終則御其精者 而遺其粗者 今不能遇其粗 而何以遇其精 至於御其精而遺其粗也

世每以文爲小道而忽之 是以文爲戲者也 非文則道無以寓焉 文與道相須 不可岐而貳之也 所以易文言 爲文之祖 而繫之末端 以吉人之辭躁人之辭 申複言之 文之不可不愼如此也 何可以下筆不休 無所裁制騁氣弔詭 積字積句 以爲文也 此尤大戒也 又何論於遇其精遇其粗也 《阮堂集》

古文之體 奇正濃澹詳略 本無定法 要其爲文之旨有四 曰明道 曰經世 曰闡幽 曰正俗 有是四者而後 以法律約之 夫然後 可以羽翼經史而傳之天下後世

　　　＊

凡詩道亦廣大 無不具備 有雄渾 有纖濃 有高古 有淸奇 各從其性靈 以所近不可得以拘泥於一段 論詩者 不論其人性情 以自己所習熟斷之 以雄渾而非纖濃 豈渾函萬象寸心千古之義也 《阮堂集》

　　　＊

以韻爲主 而以意相從 中有欲言 不能通達矣 近代專以此見長 名曰和韻 實則趁韻宜其血脈橫亘 句聯意斷也 有志之士 當不囿於俗 沈歸愚語 《阮堂集》

題丹礀冠嶽山詩

冠嶽詩之第四句 一碧幾千年 極爲雄奇 人所易解 且或可能 至於第二句之 巖松相鉤連 外看若順筆過去 一尋常接來者 此非胸中有五千卷卷 筆底具金剛杵 不可能 天然湊泊 雖作者 亦不自知 何況凡識俗諦 可能而可解也 吾人妙處 專在此一境 所以古作者之異於今人也 《阮堂集》

李尙迪

書紅姬墓守護約後

詩云未知文生於情 情生於文 蓋情有淺深 文有工拙 有文有情 情文相生者 殆幾希矣 而君情於文 文亦副其情 噫其文可及 其情不可及也 《恩誦堂集》

찾아보기

ㄱ

가을 들어 병이 조금 나았다 308
가을 생각〔秋思〕 187
감군은感君恩 175
감흥시感興詩 132
강구요康衢謠 220
강기姜夔 171
강태공姜太公 160
강희맹姜希孟 143, 144
강희안姜希顔 146
검은 팥〔詠黑豆〕 109
견이인로서〔遣李仁老書〕 23
견황보항서〔遣皇甫沆書〕 24
견흥遣興 176
경운도耕雲圖 146
계고당기稽古堂記 213~214
계원필경桂苑筆耕 170
계찰季札 323, 380
고려사 338
고문원류서古文源流序 317
고별리곡古別離曲 175

고영수高英秀 61, 62
고인顧仁 145
고조기高兆基 117, 118
공명선公明宣 238, 240, 242
공민왕 145
공어체물工於體物 300
공자孔子 25, 85, 139, 209, 222, 239, 274, 323, 362
공작관문고자서孔雀館文稿自序 243~245
과거에 낙방한 최 선배에게〔送崔先輩下第西遊序〕 55~56
곽예郭預 96, 98
곽희郭熙 168
관가정觀稼亭 121
관내정사關內程史 285~286
관동도關東圖 180
관동별곡 175, 190
관복고서觀復稿序 197
관산별곡 175
관서별곡 175
관악산冠嶽山 378

광대가 382~386
광문廣文 237
광형匡衡 232
구름〔詠雲〕 96, 115
구삼국사 26
구시마문驅詩魔文 35~39
구양수歐陽脩 63, 64, 91, 114, 127, 313, 322, 349, 357
구우瞿佑 138
국조보감國朝寶鑑 338
국조시산國朝詩刪 188
국풍國風 220
군국지郡國志 287
굴원屈原 135, 139, 202, 261
권근權近 119, 143
권돈인權敦仁 374
권미權美 148
권필權韠 223, 352
귀돌 164
귀신론鬼神論 135~136
귀은당집歸恩堂集 311, 313, 314, 315, 316, 317, 318
규원閨怨 117
균여전均如傳 19
귤수橘叟 140
그림에 대하여〔論畵〕 145~146
금릉오제金陵五題 88
금오문외임옥독서 이형암유영재야金吾門外賃屋讀書 李炯菴柳泠齋夜 307

기夔 325
기량杞梁 251
기연아奇淵兒 337~338
기이아奇二兒 339~340
기준조祁雋藻 299
기채耆蔡 148
김구金坵 101
김대정金大丁 148
김도치金都致 149
김려金鑢 346, 347, 348, 349
김만중金萬重 189, 191, 194, 201, 202, 203, 204
김복金福 149
김복산金卜山 149
김부식金富軾 26, 142
김상헌金尚憲 202
김생의 '관동도'에 쓰다〔題金生關東圖〕 180
김서金瑞 146
김소재金小材 150
김수녕金壽寧 143, 144
김수온金守溫 143
김시습金時習 130, 132, 133, 135, 137, 138, 160
김식金湜 168, 169
김신번金臣番 148
김신정金莘鼎 67, 68
김위金喟 373
김자려金自麗 148

김재련에게 주는 글〔與金國器載璉論
　文書〕 312~313
김정희金正喜　366, 367, 368, 371,
　372, 373, 374, 375, 378
김종직金宗直　294
김창협金昌協　192, 195
김창흡金昌翕　194, 195, 196, 197, 198,
　199, 200
김춘택金春澤　201
김홍기金弘其　237
김황원金黃元　285
김효남金孝男　146
꾀꼬리 소리를 듣고〔聞鸎〕 102

ㄴ

나관중羅貫中　191
낙서洛瑞 → 이서구李書九
난하범주기灤河泛舟記　287~289
날리는 배꽃〔落梨花〕 101
날리는 배꽃〔賦落梨花〕 100
남공철南公轍　311, 312, 314, 315,
　316, 317, 318
남급南汲　146
남명가南冥歌　175
남정가南征歌　175
납언의納言議　323~324
낭환집蜋丸集　255

낭환집서蜋丸集序　253~256
노국대장공주魯國大長公主　145
노래 삼긴 사람　184
노수신盧守愼　174, 223
녹천관집綠天館集　267
녹천관집서綠天館集序　266~268
논문장論文章　144
논시論詩　40~42
논시論試　367~370
논시절구論詩絶句　380~381
논시중미지약언〔論詩中微旨略言〕
　28~30
논어論語　99, 238
논음악論音樂　147~150
논화論畵　145~146
농암집農巖集　193
농암집 뒤에 쓴다〔仲氏文集後序〕
　196
농암집에 부쳐〔仲氏農巖先生文集序〕
　195
느낀 대로〔感興詩〕 132
능양시집서菱洋詩集序　257~259

ㄷ

다시 김재련에게〔答金國器第二書〕
　314
단양가절端陽佳節　299

단전의 관악산 시에 쓴다〔題丹鄭冠
    嶽山詩〕 378
담정유고藫庭遺稿 346, 347, 348,
    349
담헌서湛軒書 222, 223, 225, 226,
    227
답김국기제이서答金國器第二書 314
답박산여남수서答朴山如南壽書 311
답전이지논문서答全履之論文書
    31~32
답창애 지이答蒼厓 之二 281~282
답창애 지일答蒼厓 之一 279~280
대동강大同江 93
대동풍요서大東風謠序 220~222
대두야담戴頭夜談 290
대선사 호공을 보내며〔送大禪師瑚公
    之定慧社詩序〕 81
대학大學 279
도간陶侃 139
도선길都善吉 148
도은桃隱 265
도잠陶潛 86
도화유수관소고 뒤에 쓴다〔題桃花流
    水館小稿卷後〕 348
독곡가讀曲歌 362
동국이상국집東國李相國集 27, 30,
    32, 34, 39, 41, 43, 46, 50, 53, 56,
    57, 59, 60, 62, 64
동남 이시東南二詩 374

동명왕 25, 27
동명왕 본기 26
동명왕편 병서東明王篇幷序 25~27
동방삭東方朔 272
동사즐본東事櫛本 338
동시東施 280
동이전東夷傳 338
동인논시절구東人論詩絶句
    350~352
동인시화東人詩話 110, 112, 113,
    114, 116, 118, 119, 121, 122, 123
동중서董仲舒 272
동파지림東坡志林 191
두 아들에게〔奇二兒〕 339~340
두보杜甫 37, 78, 91, 174, 223, 337,
    342, 349, 365, 370
두헌竇憲 278

ㅁ

마자재馬子才 127
매요신梅堯臣 114, 349
매월당집梅月堂集 130, 132, 134, 136,
    137, 141
맹자孟子 91, 127, 227, 280
맹호연孟浩然 174
먼 곳에 부치는 시〔寄遠〕 117
면앙정가俛仰亭歌 175

명농초고明農初稿　307, 308
명비후편明妃後篇　91
명암유고서鳴巖遺藁序　199
명종　164
모영전毛穎傳　139
못가에 봄풀이 나온다〔池塘生春草〕　114
묘사에 대하여〔工於體物〕　300
묘향산으로 가는 준 상인에게〔送峻上人遊妙香山序〕　126
묵암의 시집에 쓴다〔題默庵稿〕　373
묵적墨翟　322
묵토향초본 뒤에 쓴다〔題墨吐香草本卷後〕　346
문무자문초 뒤에 쓴다〔題文無子文鈔卷後〕　347
문장에 대하여〔論文章〕　144
문체책文體策　319~320
문회재기文會齋記　212
민몽룡閔夢龍　157
민생시집서閔生詩集序　315

ㅂ

박군현구가 부쌍로도朴君玄球家 賦雙鷺圖　52~54
박남수에게 답하는 글〔答朴山如南壽書〕　311

박물지博物志　272
박생에게 주는 글〔與朴生〕　344~345
박은朴誾　201, 223, 294
박제가朴齊家　241, 242, 299, 301, 302, 306
박제가에게 주는 노래〔長歌贈楚亭 謝饋紅酒〕　305
박종선朴宗善　259
박지원朴趾源　228, 236, 239, 243, 246, 250, 253, 257, 260, 264, 266, 269, 272, 275, 279, 281, 283, 285, 287, 290, 303, 304
박충원朴忠元　162, 163
박팽년朴彭年　143
반고班固　231, 243
반지만록盤池漫錄　340
반초班超　278
반추루에게〔與潘秋庫書〕　227
발취우첩跋翠羽帖　328~329
밤에 벗이 찾아오다〔金吾門外賃屋讀書 李烱庵柳泠齋夜〕　307
방경각외전자서放璚閣外傳自序　236~238
방관房琯　278
배련裵連　146
백거이白居易　26, 90
백광홍白光弘　175
백광훈白光勳　174, 181, 187
백기伯寄　251

백옥봉시집서白玉峰詩集序　181
백운소설白雲小說　60
백이伯夷　161, 287
백인伯仁　148
번희樊姬　258
변계량卞季良　143, 335
변관해卞觀海　283
변시辨詩　368~371
변지의에게 주는 말〔爲陽德人邊知意贈言〕　330~331
보한집補閑集　68, 70, 72, 74, 76, 80
보한집에 부쳐〔續破閑集序〕　73~74
보현십원가를 옮기며〔譯歌序〕　19
복희씨伏羲氏　250, 274
봄풀〔春草〕　87, 114
봉충奉忠　116
북정北征　174
북헌집北軒集　204
분고焚藁　43~44
비 오는 날 홀로 앉아〔雨中獨坐〕　219
비파회琵琶會　364

ㅅ

사가문집四佳文集　125, 126, 127, 128, 129
사령운謝靈運　87, 114, 361, 364

사마광司馬光　191
사마상여司馬相如　322
사마천司馬遷　127, 135, 231, 243, 313, 322
사미인곡思美人曲　175, 190, 202, 292
사씨남정기謝氏南征記　203
사안謝安　89
사찬史贊　104
산양 군자山陽君子 → 구우瞿佑
삼국사기　26, 338
삼국지三國志　191
삼국지연의三國志演義　191, 355
삼연집三淵集　194, 195, 196, 197, 198, 199, 200
상고종봉사上高宗奉事　133
상림춘上林春　149
상촌집象村集　179, 180, 181, 182, 183
생각나는 대로 기록하다〔雜識〕　375~377
생각을 적는다〔夜坐書懷〕　307
서거정徐居正　107, 111, 113, 114, 115, 117, 119, 120, 122, 123, 124, 126, 127, 128, 129, 143
서경書經　268, 279
서경덕徐敬德　281
서시西施　288
서울서 벗을 보내며〔洛中別友〕　187
서응徐凝　114

서익성徐益成 149
서장관 이 모를 보내는 시에 부쳐[送
　李書狀詩序] 128
서청시화西淸詩話 61, 62, 63
서포만필西浦漫筆 190, 191
서포집서西浦集序 194
서하집西河集 23, 24
서한유논운룡잡설후書韓愈論雲龍雜
　說後 33～34
서홍희묘수호약부書紅姬墓守護約後
　379
석가가 산에서 내려오는 화폭[釋迦
　出山像] 145
석령石齡 146
석주石洲 → 권필權韠
설문해자說文解字 315
설총薛聰 132
성경잡지盛京雜識 283～284
성삼문成三問 143
성소부부고性所覆瓿藁 186
성여학成汝學 158
성임成任 143, 144
성종 166, 168, 169
성현成俔 142, 145, 147, 170, 294
성호사설星湖僿說 206
세조 149
세조실록世祖實錄 144
세종 149, 166
소단적치인 騷壇赤幟引 275～278

소명선시昭明選詩 226
소상팔경瀟湘八景 113
소순蘇洵 91
소식蘇軾 22, 90, 114, 172, 201, 322,
　338, 354, 370, 372
소악韶樂 323, 326
소완정기素玩亭記 272～274
소천암小川菴 269, 271
소철蘇轍 127
속미인곡續美人曲 175, 190, 202
속파한집續破閑集序 73～74
손득지에게 다시 보내노라[孫翰長復
　和次韻寄之] 47～51
손무孫武 231
손숙오孫叔敖 91, 92
손용주에게[與孫蓉洲書] 226
손한장부화차운기지孫翰長復和次韻
　寄之 47～51
솔을 그린 병풍을 두고[璨首座方丈 所
　蓄畵老松屛風 使予賦之] 58～59
송강묘松江墓 292～293
송강시집서松江詩集序 182
송대선사호공지정혜사시서送大禪師
　瑚公之定慧社詩序 81
송덕문宋德文 211
송도 여행기 머리말[遊松都錄序]
　127
송목관집松穆館集 297
송순宋純 175

찾아보기 | 471

시경강의續講義 327
시경詩經 41, 84, 118, 220, 221, 222,
  238, 251, 252, 262, 263, 327, 362
시경강의 75
『시경강의詩經講義入錄』 155
시가 사람을 공손하게 하는 데 대
  하여 [溫柔敦厚] 130~131
시경詩經 218
시경찬구詩經纂句 380~381
승검초 같은 生薑子種 95
시구시해句詩解 269~271
시중 325, 326
시조 102
시키는 들고[從耳間採薰懷雅]
  쓰자산이가 제정당에서 읽이 읽는
시제審帝 161, 287
수묘강호 그에게 있는[葆水種] 123
수강기가 저자의 麻趣 175
隱 96
수강의이 세계인 읽어가기에[清軍京谿]
  을 탁본체大坎上 147
溪序 55~56
축출인 읽기에서 사문이 送暮來羅下築陸
  361
山庄 126
춘곡사이의 높이게 시신대[潛江上人緩仰事
춘기자시시送春基秀持序 128
춘기자색관子 147, 148

시가진 등이나는 글[體春文]
  35~39
시공인을 詩經人錄 155
시대의 그에게[籬薰] 368~371
시를 붓을 드로[幷藁] 43~44
시임에 비결을 담았다[籬薰中薰且
  隱民] 28~30
시에 대하여[籬薰] 40~42
시에 대하여[詩薰] 215
시에 詩薰 218
시광인 신왕명 174
시업 신첨경수 26
신군국 143
신자주 162
신사한 신한학 350, 353
신자흘이 시신대 신회역 紫薰 352, 353
신자보 신초효 382
신잔단재 신자준 361
184
신풍 179, 180, 181, 182, 183,
  남기자 소고十六圖傳名圖 338
장기箋襄 335
짓는 것을 그것이다[什若之就雖, 嵌
  等義圖] 52~54

이들 읽기계[若讀記] 337~338
이종린 84
아이들의 시집 안에 숨다[圓的書籍蔵身] 372
이근정 무별회집록 340
이달혜 385
이담속찬 325~326
아시고족잡서만가 323~324
안정복 145, 146, 166, 168, 169
이기경 춘추 146
안사신에게[贈雅信] 97
안방준 79
아유배참 268
안기지 짐정지 361
어사거래 축류 307
얼지 세봐리 258
야기 짐춘축기려 26
양하의 봉상 187
약동속편 255, 256, 322
약계잡례 93, 94
안지혼말 322
엄응섭 239
어부사시사 175
이수광지봉유설 156, 157, 159, 161, 163, 165, 167, 169
안평대군 172
어진그림기전공신사절도상초본회

안내하 303~304
지방지호장들의 讚書詩子 45~46
이참부정직정치강시을이기자친화적
인참봉론 → 기봉술보
이지긴기[魯纘遺稿跋] 338
90, 92, 94, 98, 99, 101, 103
이종기 속집[穆齊遺稿 續集] 87,
84~85
이종기의 원집[穆齊遺稿原集文文序]
82~83
이한복 177
이해선 175
이가시숙와집 19
이지중엔명지 338
이고시산격재후 224~225
이인몽圖 146
아이이마거성지오경자 367
이시사분쇄류한 133~134
338, 340
324, 326, 327, 329, 331, 332, 336,
이봉일지 한경쇠증후 320, 322,
이영방 385
이재장오소종연폐천주낙 60
이봉중소속시경감쇠후 226
이사응필산부 91
이서우 사양쇄후쇠후 227
이세방지사 344~345
文集 312~313

왕희지王羲之 268
川 120
왕상王上之祿帖王羲之
63~64
왕상지王上之 사안석謝安石의 편지 중에서
[王上之祿謔]
왕수지王修之 63, 64, 313, 357
왕민지王敏之 386
왕제王祭冊頁 370
왕인공王仁之의 사안석謝安石 부고장 63~64
왕일王逸 61, 239
왕진王珍 89
왕탁王鐸 373, 374, 377, 378
왕희지王羲之 366, 367, 370, 372, 373, 374, 377, 378
요극일姚克一 139
요최고遼最古 321~322
용산문당당龍 146
용인종用印 121
용제필봉用筆 20
용지필봉用筆 71
용지호산莊 154, 155
우기도우 231
우세남虞世南 260~263
우풍 276
291
268, 271, 274, 278, 280, 282, 284, 286, 289,
연의심撰義의 日星
249, 252, 256, 259, 263, 265,
응인종應寢仁祖中 306
응여진기산應山淡山兪로 60

왕안지王羲正 233, 238, 242, 245,
왕희지 [羲之] 216~217
왕희지 177
왕지시이정편시帖 198
왕편재 → 이징화편帖
왕지현 164
왕지중용중용 219
왕지곤문 60
왕지류 241, 242, 278
왕지로근 174
왕래이서서 134
왕시호 25
왕이인중중중용의儀協廳人藤和虞
당편 330~331
왕정일일동중용일쪽편왕지 333~336
왕정일삼이상 浦二編 160
왕동중동用 327
332
왕이인중중중중중중중용서信홍홍海唐周
왕들의 왕벌품 338
왕권경록謙 140
왕동향용用華 156, 157, 158, 160,
162, 164, 166, 168, 191
왕리왕왕 191, 354
왕심일용用泗 143
왕동중우시遊松和柏序 127

474 우리 시대의 미당 서정주

이광수 174
114, 122, 142, 153, 173, 223, 351
60, 61, 63, 66, 77, 78, 79, 113,
35, 40, 43, 45, 47, 52, 55, 57, 58,
21, 25, 28, 31, 33.
이규보李奎報 270
이낭승 119, 143
214, 215, 216, 218, 219
이계진其深集 209, 210, 211, 212.
이규보 143
담이[離騷] 147~150
등신불[騰基佛] 325~326
등지다 60
등용문登龍集 379, 381
당방과부 145
당용섭 328
당유사九山禪林宗 341~343
당수산대림大林 328, 329
당인전不體顧禪 328
등조기에[喩條發華] 224~225
등구영조業 271
당영塘山 322
당영필운송도 279, 316
당절전가규 38, 139, 313, 322
당자증의계[喩柳日浦] 133~134
341~343
당공운의 시장의 뒷부 [乙九譯擇]
당우柳連嶺 38, 88, 300
당용담規馬뒤 77

이동록李東麓 260, 262, 265, 271,
292, 294, 295, 297, 299, 300,
301, 303, 305, 306, 344.
이민지木于下 148, 149
이민록 148
이낭송송당集 370
이매달 37, 79, 91, 223, 370
이당록 268
이산시이신단山集集 61~62
이상승긍기樂 22
이산회출강 379, 380
이상용 113, 119, 122, 143, 154,
173, 350
이사구등규 267, 272, 273, 274
이영훈가록 143
이/離騷 202, 362
이상장來永 170, 176
이사장禪士 119, 143, 154, 173
이소승勝運 149
이성근東東作 96, 115, 116
이인교추경집 292
이진시도규 238, 297
이순규 346, 347
이주승출병 297
이수규유승樂集 297~298
이등부 251
이仙經 148
이도澤 205

이익재李益齋 294
이인로李仁老 20, 68, 111, 112, 113, 142, 173
이인로에게 보내는 편지〔遣李仁老書〕 23
이인영에게 주는 말〔爲李仁榮贈言〕 333~336
이장손李長孫 146
이재성李在誠 277
이재의 동남이시 뒤에 쓴다〔題彛齋東南二詩後〕 374
이제현李齊賢 81, 82, 84, 86, 88, 91, 93, 95, 99, 100, 102, 104, 113, 143, 173, 294, 350
이제현에 대하여〔李益齋〕 294
이지심李知深 69
이징李澄 264
이최상에게 주다〔與李汝人最相〕 367
이하李賀 38, 362
이학규李學逵 337
이해조李海朝 199
이행李荇 174
이홍재李弘載 247
이황李滉 335
익재집益齋集 81, 83, 85, 87, 90, 92, 94, 98, 99, 101, 103, 104
인재설人才說 366
임억령林億齡 174
임용촌林龍村 295

임제林悌 176, 254
임춘林椿 21, 23, 24, 102, 103, 142

ㅈ

자소집서自笑集序 246~249
자안子安 148
자야가子夜歌 364
잘못 이음〔承誤事議〕 57
잡지雜識 375~377
장가증초정 사궤홍주長歌贈楚亭 謝饋紅酒 306
장일張鎰 95, 98
장자莊子 139, 238, 270
장진주사將進酒辭 175
장춘張春 148
장한가長恨歌 26
장화張華 272
저암집서著庵集序 316
전겸익錢謙益 362
전등신화에 쓰노라〔題剪燈新話後〕 138~141
전이지의 글에 대답한다〔答全履之論文書〕 31~32
정기안鄭基安 318
정농오시집서鄭農塢詩集序 349
정도전鄭道傳 143
정령위丁令威 255

찾아보기 | 475

정몽주鄭夢周 143, 154, 173
정범鄭凡 149
정사룡鄭士龍 174
정약용丁若鏞 319, 321, 323, 325, 327, 328, 330, 332, 333, 337, 339
정옥경鄭玉京 149
정윤의鄭允宜 97
정종영鄭宗榮 157
정지상鄭知常 93, 98, 142, 173, 350
정철鄭澈 175, 182, 190, 202, 203, 292, 293, 352
정풍鄭風 327
정효헌공문집서鄭孝憲公文集序 318
제갈량諸葛亮 133, 134
제김생관동도 題金生關東圖 180
제녹양역 題綠楊驛 71
제단전관악산시題丹廛冠嶽山詩 378
제도원역 題桃源驛 72
제도화유수관소고권후題桃花流水館小稿卷後 348
제묵암고題默庵稿 373
제묵토향초본권후題墨吐香草本卷後 346
제문무자문초권후題文無子文鈔卷後 347
제아배시권후題兒輩詩卷後 372
제왕자매도시題王子梅盜詩圖 353~354
제운齊雲 → 박제가朴齊家

제이재동남이시후題彝齋東南二詩後 374
제전등신화후題剪燈新話後 138~141
제지봉시권후題芝峰詩卷後 153~154
제풍주성두루題豐州城頭樓 69
조괄趙括 276
조광조趙光祖 335
조비연趙飛燕 288
조수趙須 123
조수삼趙秀三 341, 344
조식曹植 37
조조曹操 61, 191, 355
종북소선자서鍾北小選自序 250~252
좌소산인에게〔贈左蘇山人〕 228~235
주공周公 251
주역周易 250, 274, 321, 374
주자朱子 134, 222, 361
주지籌之 149
중씨농암선생문집서仲氏農巖先生文集序 195
중씨문집후서仲氏文集後序 196
중 의순에게 주는 말〔爲草衣僧意洵贈言〕 332
증공曾鞏 357
증이화사정시서贈李畵師楨詩序 179

증자曾子　240
증좌소산인贈左蘇山人　228~235
지계집서芝溪集序　211
지기지음知己知音　295~296
지봉 시집 뒤에 쓴다〔題芝峰詩卷後〕
　　153~154
지봉유설芝峰類說　175, 178
진근陳瑾　120
진사산秦四山　146
진수陳壽　191
진여의陳與義　86
진영陳詠　300
진일집서眞逸集序　129
진준陳遵　280
진화陳澕　113, 173, 351
질뢰疾雷　216~217
징비록懲毖錄　338

ㅊ

차천로　153, 155, 174
찬수좌방장 소축화로송병풍 사여부지
　　璨首座方丈 所蓄畫老松屛風 使予賦之
　　58~59
참동계參同契　134
창애에게 보낸 답장 1〔答蒼厓 之一〕
　　279~280
창애에게 보낸 답장 2〔答蒼厓 之二〕
　　281~282
창힐씨蒼頡氏　250, 267, 268
척부인戚夫人　386
천수사 벽에 쓴다〔題天水寺壁〕　111
천지편天地篇　137
청구영언靑丘永言　184
청비록淸脾錄　293, 294, 296, 298,
　　299, 300, 302, 304
청산백운도靑山白雲圖　145
청야만집靑野蕞輯　340
청장관집靑莊館集　305, 306
청천강淸川江　146
청학동靑鶴洞　146
초사楚辭　63~64
초정楚亭　301~302
초정집서楚亭集序　239~242
최경崔涇　145, 146
최숙창崔叔昌　146
최유崔裕　72
최자崔滋　65, 69, 71, 72, 73, 75,
　　77, 102, 103
최저崔渚　146
최치원崔致遠　132, 142, 153, 170,
　　223
최항崔恒　109, 143
최해崔瀣　113
최행귀崔行歸　19
최효건崔孝騫　200
최흥효崔興孝　264

추재집秋齋集 343, 345
춘대春臺 202
춘암집서春庵集序 210
춘추春秋 321
출사표出師表 133
출새곡出塞曲 386
충렬왕 116
취우첩에 부쳐〔跋翠羽帖〕 328~329
침진琛珍 148

ㅌ

탄지坦之 100
태현경太玄經 255, 256
통감通鑑 191
통전通典 25
퇴계가退溪歌 175

ㅍ

파한집破閑集 22
펄펄 뛰어노는 물고기〔淵首座方丈觀
　鄭得恭所畫魚簇子〕 45~46
풍요속선서風謠續選序 209

ㅎ

하간전河間傳 139
하산집서何山集序 200
하위지河緯地 143
학강산필鶴岡散筆 356, 360, 364,
　365
학산수鶴山守 264
학시學詩 130~131
한림별곡 175
한명회韓明澮 160
한신韓信 240, 242
한유韓愈 91, 123, 127, 134, 139,
　171, 174, 313, 322, 338, 358, 359,
한유의 잡설 끝에 쓴다〔書韓愈論雲龍
　雜說後〕 33~34
한정록閑情錄 186
핵위편覈僞篇 183
허균許筠 185, 187
허오계許吾繼 149
현종 본기玄宗本紀 26
형암총언炯菴叢言 265
형언도필첩서炯言挑筆帖序
　264~265
호전胡銓 133, 134
홍간洪侃 99
홍대용洪大容 220, 223, 224, 226,
　227
홍석주洪奭周 355, 357, 361, 365

478 | 우리 겨레의 미학 사상

찾아보기 | 479

홍양호諸葛亮찬 209, 210, 211, 212, 213, 215, 216, 218, 219
홍직필洪直弼 146
홍희운 수원에서[華虹陵寢守護別分] 223
환가 이장에서 드는 사이 시문[還家 379
환가[還家祔序] 179
황구기黃龜巖 386
황기로黃耆老 149
황도정에게 드는데 않지[還每雨況書] 24
황경지黃燈驛 21, 22, 172, 349, 362, 370, 372
황희黃喜 253
휘인제揮鱗醴 174
후한서後漢書 287
희청希澄 148

겨레고전문학선집 13

우리 겨레의 미의식과 사상

2006년 4월 20일 1판 1쇄 펴냄 | 2013년 4월 26일 1판 4쇄 펴냄 | 글쓴이 이 황, 박수일, 장기수, 이수광, 박종화, 남효온, 장유, 김종직, 정약용, 이익 | 편역 김찬곤, 김성칠, 박홍규, 배병일, 공창호, 이상수, 조현설, 최인근 | 편집 유문숙, 김용심, 김로미, 이경희 | 표지디자인 공미경 | 본문디자인 비마인bemine | 제작 심준엽 | 영업 김지은, 나길훈, 안명선, 양병희, 원숙영, 조현정 | 홍보 조규성 | 관리 서정민, 정영지 | 인쇄와 제본 (주)상지사P&B | 펴낸이 윤구병 | 펴낸곳 (주)도서출판 보리 | 출판 등록 1991년 8월 6일 제 9-279호 | 주소 경기도 파주시 직지길 492 우편 번호 413-756 | 전화 영업 (031) 955-3535 편집 (031) 955-3673 팩스 (031) 955-3678 | 잡음 (031) 955-3533 | 홈페이지 www.boribook.com | 전자 우편 bori@boribook.com

ⓒ 보리, 2006 | 이 책의 내용을 쓰고자 할 때는, 꼭 저작권자와 출판사의 허락을 받아야 합니다. | 잘 못 된 책은 바꾸어 드립니다. | 값 22,000원

ISBN 89-8428-233-2 04810
89-8428-185-9 04810(세트)

이 책의 국립중앙도서관 출판시도서목록(CIP)은 e-CIP 홈페이지(http://www.nl.go.kr/cip.php)에서 볼 수 있습니다. (CIP 제어 번호: CIP2006000743)

이 책은 한국문화예술위원회의 문예진흥기금 지원을 받았습니다.